सत्यजित रे
की
लोकप्रिय कहानियाँ

सत्यजित रे
की
लोकप्रिय कहानियाँ

प्रकाशक

प्रभात प्रकाशन प्रा. लि.

4/19 आसफ अली रोड, नई दिल्ली-110002

फोन : 011-23289777 • हेल्पलाइन नं. : 7827007777

इ-मेल : prabhatbooks@gmail.com ❖ वेब ठिकाना : www.prabhatbooks.com

संस्करण

2026

अनुवाद

भविष्य कुमार सिन्हा

पेपरबैक मूल्य

तीन सौ पचास रुपए

मुद्रक

श्री साई प्रिंटर्स, साहिबाबाद

———— ★ ————

SATYAJIT RAY KI LOKPRIYA KAHANIYAN

Published by **PRABHAT PRAKASHAN PVT. LTD.**
4/19 Asaf Ali Road, New Delhi-110002

ISBN 978-93-5186-552-0

₹ 350.00 (PB)

अनुक्रम

रतन बाबू और वो आदमी

रतन बाबू ने ट्रेन से उतरकर प्लेटफॉर्म पर पाँव रखते ही चैन की साँस ली। अच्छी-खासी चहल-पहल थी स्टेशन पर। एक शिरीष वृक्ष अपनी लंबी गरदन उठा कर स्टेशन के मुख्य कार्यालय के पीछे से झाँक रहा था। इसकी हरी पत्तियों के बीच एक लाल निशान था, जहाँ एक पतंग एक शाखा में अटकी हुई थी। आस-पास मौजूद लोगों में व्यस्तता का कोई संकेत नहीं था। हवा में मिट्टी की एक सुखद महक रही थी। कुल मिलाकर रतन बाबू को वातावरण मोहक लग रहा था।

उसके पास बस एक छोटा बिस्तरबंद और चमड़े का एक सूटकेस था, इसलिए उसे कुली की भी जरूरत नहीं थी। उसने दोनों हाथों से अपना सामान उठाया और बाहर चल दिया।

बाहर निकलते ही उसे एक साइकिल रिक्शा मिल गया। 'किधर जाएँगे सर?' धारियोंवाला जाँघिया पहने उस जवान रिक्शाचालक ने पूछा।

'क्या तुम्हें न्यू महामाया होटल मालूम है?' रतन बाबू ने पूछा।

रिक्शा चालक सिर हिलाकर बोला, 'बैठिए न, सर।'

रतन बाबू को घूमने-फिरने का बहुत शौक था। जब कभी अवसर मिलता, वह कलकत्ता के बाहर चले जाते, हालाँकि ऐसा कम ही होता था। रतन बाबू एक नियमित नौकरी में थे। भारतीय भूवैज्ञानिक सर्वेक्षण के कलकत्ता कार्यालय में वह पिछले चौबीस साल से क्लर्की कर रहे थे। वह अपनी छुट्टियाँ बचाकर रखते थे और उन्हें पूजा अवकाश के साथ जोड़कर साल में एक माह लंबा अवकाश बना लेते थे और फिर अकेले ही, जिधर जी चाहा, भ्रमणार्थ चल देते थे। वह कभी किसी को साथ नहीं ले जाते थे, और न ही यह विचार कभी उनके मन आया। एक समय था, जब रतन बाबू ने किसी के साथ की जरूरत महसूस की थी; वास्तव में,

इस बारे में एक बार उन्होंने केशव बाबू से बात भी की थी, जो ऑफिस में उनके साथवाले डेस्क पर ही बैठते थे। यह छुट्टियों से कुछ दिन पहले की बात है, और रतन बाबू अभी अपने भ्रमण का कार्यक्रम बना ही रहे थे। 'आप भी बहुत कुछ मेरे जैसे ही आत्मनिर्भर और घूमने के शौकीन हैं।' रतन बाबू ने कहा था। 'इस बार क्यों न हम एक साथ किसी जगह चलें?'

केशव बाबू ने अपना पेन कान के पीछे अटका लिया था, अपनी हथेलियों को जोड़ा और एक तिरछी मुसकान के साथ कहा, 'मुझे नहीं लगता कि तुम्हारी और मेरी पसंद एक जैसी है, तुम जानते हो। तुम ऐसी-ऐसी जगह जाते हो, जहाँ का नाम भी किसी ने नहीं सुना है, जहाँ देखने लायक कुछ नहीं होता है, न ठहरने की अच्छी जगह होती है, न खाना खाने के लिए अच्छे होटल। नहीं सर, मैं तो हरिनामी जाने वाला हूँ और अपने बहनोई के यहाँ भी जाऊँगा।'

समय गुजरने के साथ-साथ रतन बाबू समझ चुके थे कि वस्तुत: कोई ऐसा नहीं है, जो उनसे पूर्णतया सहमत हो। उनकी पसंद और नापसंद औसत आदमी की पसंद-नापसंद से बिल्कुल अलग है। अत: किसी उपयुक्त साथी को खोजने की आशा छोड़ देना ही सबसे ठीक है।

निस्संदेह रतन बाबू की खासियतें असाधारण किस्म की थीं। केशव बाबू का कहना बिल्कुल सही था। रतन बाबू को कभी वो स्थान पसंद नहीं आते थे, जहाँ लोग आमतौर पर छुट्टियाँ मनाने जाया करते हैं। 'ठीक है', वह कहते, 'पुरी में समुद्र है और जगन्नाथ मंदिर है; आप दार्जिलिंग से कंचनजंगा देख सकते हैं और हजारीबाग में पहाड़ियाँ तथा जंगल हैं और राँची में हुद्रू जल-प्रपात। तो क्या? आपने इनके बारे में तफसील से इतनी बार सुना है कि आपको ऐसा ही लगता है जैसे कि आपने इन्हें खुद देखा हो।'

रतन बाबू किसी ऐसे छोटे शहर की खोज में थे, जहाँ एक रेल स्टेशन हो और ज्यादा दूरी पर न हो। हर साल वह छुट्टियों से पहले टाइम टेबल खोलते, ऐसा कोई शहर तलाशते और फिर उधर चल देते। कोई भी यह जानने की परवाह नहीं करता था कि वह कहाँ जा रहे हैं और न वह खुद किसी को बताते। वास्तव में, ऐसे भी अवसर आए हैं उनकी जिंदगी में, जब रतन बाबू ने उन स्थानों को चुना, जिनके बारे में उन्होंने कभी सुना तक नहीं था और जब कभी उनका वहाँ जाना हुआ, उन्होंने ऐसी चीजों को ढूँढ़ निकाला जो उन्हें खुशी देती थीं। दूसरों को ये चीजें तुच्छ लग सकती हैं, जैसे कि राजाभत्खोआ में वह पुराना अंजीर वृक्ष, जो कुल''' नारियल वृक्ष के चारों तरफ लिपटा हुआ था; या महाराजगंज में पर नील

फैक्टरी के अवशेष; या मोइना में मिठाई की एक दुकान में बिकनेवाली स्वादिष्ट दाल बर्फी...

इस बार रतन बाबू ने टाटानगर से पंद्रह मील दूर शीनी नामक एक कस्बे में जाने का फैसला लिया था। शीनी का नाम रतन बाबू ने टाइम-टेबल से नहीं उठाया था। शीनी के बारे में उनके एक सहकर्मी मुकुल मित्र ने उन्हें बताया था। न्यू महा... होटल में ठहरने का सुझाव भी उसने ही दिया था।

रतन बाबू की दृष्टि में होटल काफी अच्छा था। कमरा बड़ा तो नहीं था, लेकिन उससे कोई फर्क नहीं पड़ता था। कमरे में पूर्व और दक्षिण की ओर खिड़कियाँ थीं, जिनसे बाहर का मनोरम दृश्य दिखाई देता था। नौकर पाँचा मीठे स्वभाव का मिलनसार लड़का था। रतन बाबू को पूरे साल, हर दिन दो बार कुनकुने पानी में नहाने की आदत थी, और पाँचा ने उन्हें भरोसा दिलाया कि इस बारे में उन्हें कोई तकलीफ नहीं होगी। खाना जैसा भी पकता था, रतन बाबू को उससे कोई तकलीफ नहीं थी। खाने को लेकर वह तुनकमिजाज नहीं थे। वह एक ही बात पर जोर देते थे, चावल के साथ उन्हें झोलमाछ चाहिए था और चपातियों के साथ दाल और सब्जी। रतन बाबू ने होटल में दाखिल होते ही पाँचा को यह बता दिया था, और पाँचा ने यह सूचना होटल के मैनेजर तक पहुँचा दी थी।

रतन बाबू को किसी भी नई जगह पहुँचने पर दोपहर को सैर के लिए निकलने की भी आदत थी। शीनी में पहला दिन कोई अपवाद कैसे हो सकता था। रतन बाबू ने पाँचा द्वारा लाई गई चाय झटपट पीकर खत्म की और फिर सैर के लिए बाहर निकल पड़े।

कुछ मिनट चलने के बाद ही उन्होंने खुद को खुले इलाके में पाया। मैदान ऊबड़-खाबड़ था और रास्ते आड़े-तिरछे। रतन बाबू ने यूँ ही एक रास्ता पकड़ा और चल दिए। करीब आधा घंटा चलने के बाद उन्हें एक रमणीय स्थान मिल गया। यह एक तालाब था नीलकमल से भरा हुआ। तालाब के चारों ओर विविध प्रकार के पक्षी उड़ रहे थे। उनमें से कुछ पक्षियों को रतन बाबू ने पहचान लिया, जैसे कि सारस, कुनाल, रामचिरैया और नीलकंठ। शेष पक्षी पहचान के नहीं थे।

रतन बाबू हर दिन सारी दोपहरी इसी तालाब के किनारे बैठकर काट सकते थे; लेकिन दूसरे दिन उन्होंने कुछ नया खोजने के उद्देश्य से दूसरा रास्ता पकड़ लिया। करीब एक मील चलने पर उन्हें रुकना पड़ गया, क्योंकि बकरियों का एक झुंड उनका रास्ता काट रहा था। सड़क खाली होते ही वह आगे चले और करीब पाँच मिनट बाद उन्हें लकड़ी का एक पुल दिखाई दिया। वह जाकर पुल के ऊपर

खड़े हो गए। पूर्व की तरफ रेलवे स्टेशन था; पश्चिम की तरफ समांतर पटरियाँ नजर आ रही थीं, जहाँ तक दृष्टि जा सकती थी। कैसा हो, यदि कोई ट्रेन अचानक आ जाए और घड़घड़ाती हुई नीचे से निकल जाए? यह बात सोचकर ही रतन बाबू रोमांचित हो उठे।

चूँकि उनकी आँखें नीचे रेल पटरी पर लगी हुई थीं, वह देख नहीं पाए कि एक और आदमी आकर उनकी बगल में खड़ा हो गया है। रतन बाबू ने मुड़कर देखा और कुछ चौंक से गए।

उस अजनबी ने धोती और कमीज पहनी हुई थी और कंधे पर गहरे पीले बादामी रंग का शॉल डाला हुआ था। उसने द्विफोकसी (बाइफोकल) चश्मा पहना हुआ था और उसके पैरों में भूरे रंग के कैनवस के जूते थे। रतन बाबू को कुछ अजीब-सा महसूस हुआ। इस आदमी को पहले कहाँ देखा था? क्या वह कुछ-कुछ जाना-पहचाना नहीं लग रहा था? मझोला कद, मध्यम रंग-रूप, आँखों में गहरी सोच का भाव···उसकी उम्र क्या हागी? पचास से ऊपर तो बिल्कुल नहीं।

अजनबी मुसकराया और अपने हाथ जोड़कर उसने नमस्कार किया। रतन बाबू भी बदले में नमस्कार करने वाले थे कि तभी उनके मन में अचानक यह बात कौंध गई कि उसे देखकर उन्हें कुछ विचित्रता का एहसास क्यों हो रहा था। रतन बाबू ने वह चेहरा अपने दर्पण में अनेकानेक बार देखा था। भयानक समरूपता थी। चौकोर-सा जबड़ा, फटी ठोढ़ी, ठीक उसी तरह बीच से माँग निकालकर कढ़े हुए बाल, अच्छी तरह कतरी हुई मूँछें, कानों की ललकी की शक्ल—सबकुछ बहुत समान था। फर्क सिर्फ इतना था कि अजनबी का रंग कुछ ज्यादा साफ था, भौंहें कुछ अधिक घनी थीं और सिर के पीछे के बाल कुछ अधिक लंबे थे।

वह अजनबी बोला, तो रतन बाबू को एक और धक्का लगा। उनके पड़ोस के एक लड़के, सुशांतो ने एक बार उनकी आवाज रिकॉर्ड की थी और फिर टेप चला कर उन्हें सुनाई थी। उस आवाज और अब सुनी आवाज में कोई अंतर नहीं था।

'मेरा नाम मनिलाल मजूमदार है। मैं समझता हूँ, आप न्यू महामाया में ठहरे हुए हैं?'

रतनलाल-मनिलाल···नामों में भी गजब की समानता थी। रतन बाबू ने अपना असमंजस झाड़ा और फिर अपना परिचय दिया।

अजनबी बोला, 'मुझे नहीं लगता कि आप जानते हैं; लेकिन मैंने एक बार आपको पहले देखा हुआ है।'

‘कहाँ?’

‘क्या आप पिछले वर्ष घूलियाँ में नहीं थे?’

रतन बाबू की भौंहें खड़ी हो गईं। ‘मुझे मत बताओ कि तुम भी वहाँ थे।’

‘हाँ सर! मैं हर पूजा पर घूमने जाता हूँ। केवल अपने भरोसे। कोई दोस्त साथ में नहीं होता है। नए-नए स्थानों को अकेले खोजना और देखना बहुत अच्छा लगता है। मेरे एक सहयोगी ने मुझे शीनी देखने का सुझाव दिया था। अच्छी जगह है न?

रतन बाबू ने थूक निगला और फिर सहमति में सिर हिलाया। मन में अविश्वास और बेचैनी का अजीब-सा मिला-जुला एहसास हो रहा था।

‘क्या आपने तालाब के दूसरी ओर जाकर देखा है, जहाँ शाम के समय ढेरों पक्षी इकट्ठा होते हैं?’ मनिलाल बाबू ने पूछा।

रतन बाबू ने जवाब दिया, ‘हाँ, देखा है।’

‘कुछ पक्षियों को तो मैंने पहचान लिया।’ मनिलाल बाबू ने कहा, ‘दूसरे पक्षियों को मैंने बंगाल में पहले कभी नहीं देखा। आप क्या सोचते हैं?’

इस बीच रतन बाबू सँभल चुके थे। वह बोले, ‘मुझे भी ऐसा ही महसूस हुआ था; मैं भी कुछ पक्षियों को पहचान नहीं सका।’

तभी उन्होंने एक गरजती आवाज सुनी। यह रेलगाड़ी की आवाज थी। रेलगाड़ी पूर्व की तरफ से आ रही थी और रतन बाबू ने पास आती गाड़ी की रोशनी को बढ़ते हुए देखा। दोनों लोग पुल की रेलिंग के और करीब पहुँच गए। गाड़ी खड़खड़ाते हुए आई और पुल के नीचे से तेजी से आगे निकल गई। पुल को हिलाकर वे दोनों दूसरी तरफ की रेलिंग के पास चले गए और रेलगाड़ी, को तब तक देखते रहे जब तक वह आँख से ओझल नहीं हो गई। रतन बाबू को वही सिहरन, वही रोमांच महसूस हुआ, जो उन्हें लड़कपन में महसूस होता था।

‘कितनी अजीब बात!’ मनिलाल बाबू ने कहा, ‘इस उम्र में भी मुझे रेलगाड़ियों का आना-जाना उतना ही रोमांचित करता है।’

लौटते हुए रतन बाबू को पता चला कि मनिलाल बाबू तीन दिन पहले शीनी आए थे। वह कलिका होटल में ठहरे हुए थे। उनका घर कलकत्ता में था, जहाँ वह एक ट्रेडिंग कंपनी में नौकरी करते हैं। कोई व्यक्ति किसी दूसरे के वेतन के बारे में नहीं पूछता है, लेकिन रतन बाबू ने ज्यादा सोच-विचार न करके सवाल करने का दु:साहस कर ही डाला। जवाब सुनकर रतन बाबू हैरान रह गए। ऐसा कैसे मुमकिन था? रतन बाबू और मनिलाल बाबू दोनों का वेतन एक बराबर था—437 रुपए

प्रति माह और दोनों को पूजा बोनस भी एक समान मिला था।

रतन बाबू के लिए यह विश्वास करना कठिन था कि दूसरे आदमी ने उनके बारे में सबकुछ पहले ही पता कर लिया था। अब वह कोई रहस्यमय नाटक खेल रहा है। रतन बाबू इस सोच में पड़ गए कि पहले तो किसी ने भी उनके बारे में जानने की कभी परवाह नहीं की; वह हर बात अपने तक ही सीमित रखते थे। ऑफिस के बाहर वह केवल अपने नौकर से बात करते थे और कभी किसी और को बुलाते नहीं थे, न किसी से भेंट करते थे। अगर कोई यह जानना भी चाहता कि वह किस समय सोते हैं, उनको कितना वेतन मिलता है, खाने में उनकी पसंद क्या है, वह कौन सा अखबार पढ़ते हैं और उन्होंने कौन-कौन से नाटक और फिल्में अभी हाल में देखी हैं, तो वह उनसे ही जान सकता था; क्योंकि वह अपनी बातें अपने तक ही रखते थे। और फिर भी, एक-एक बात उससे मेल खा रही थी; जो बात यह आदमी कह रहा था।

वह मनिलाल बाबू से यह नहीं कह सके। वह बस, उस आदमी का कहा सुनते रहे और अद्‌भुत समानता पर आश्चर्यचकित होते रहे। उसने अपनी आदतों, अपने शौक के बारे में कुछ नहीं बताया।

वे पहले रतन बाबू के होटल तक आए और उसके सामने रुक गए।

'यहाँ खाना कैसा मिलता है?' मनिलाल बाबू ने पूछा।

'वे फिश करी (झोल माछ) अच्छा बनाते हैं।' रतन बाबू ने जवाब दिया। 'बाकी सब ठीक-ठाक है।'

'मेरे होटल का खाना मुझे कुछ बेस्वाद लगता है।' मनिलाल बाबू ने कहा। 'मैंने सुना है कि जगन्नाथ होटल में लूची और छोलर दाल बहुत मजेदार बनती है। आज रात हम दोनों खाने के लिए वहीं क्यों न चलें?'

'मुझे कोई आपत्ति नहीं।' रतन बाबू ने कहा, 'क्या हम आठ बजे के आस-पास मिलें?'

'ठीक है। मैं आपकी प्रतीक्षा करूँगा। फिर हम साथ चलेंगे।' मनिलाल बाबू के चले जाने के बाद रतन बाबू कुछ देर सड़क पर चहल-कदमी करते रहे। अँधेरा हो चला था। रात एकदम साफ-सुथरी थी। इतनी स्वच्छ कि तारों भरे आकाश में आकाश-गंगा को एक किनारे से दूसरे किनारे तक साफ देखा जा सकता था। कितनी अजीब घटना है यह। इतने वर्षों तक रतन बाबू को यही क्षोभ रहा कि वह कभी कोई ऐसा व्यक्ति नहीं पा सके, जिसकी रुचियाँ उनके जैसी हों और जिसे वह मित्र बना सकें। अब अंततः, शीनी में उन्हें एक ऐसा व्यक्ति मिल ही गया, जो

हर प्रकार से उन्हें अपनी कार्बन-कॉपी लगता था। उनकी सूरत-शक्ल में बहुत मामूली-सा फर्क था, वरना हर दृष्टि से दोनों में इतनी समानता था, जो जुड़वाँ बंधुओं में भी कम ही मिलती है।

क्या यह समझ लिया जाए कि रतन बाबू को अंततः एक दोस्त मिल गया?

रतन बाबू को तत्काल इस प्रश्न का कोई उत्तर नहीं मिल सका। हो सकता है, उस आदमी को थोड़ा और अच्छी तरह जानने पर उन्हें जवाब मिल जाए। हाँ, एक बात स्पष्ट थी कि अब उनके मन में ऐसी भावना नहीं रह गई थी कि वह नितांत अकेले हैं। किसी को भी उनका साथ पसंद नहीं। इतने वर्षों तक हूबहू उनके जैसा दूसरा आदमी मौजूद रहा है और संयोग से उस आदमी से उनकी भेंट हो गई।

जगन्नाथ भोजनालय में खाने की मेज पर आमने-सामने हुए, रतन लाल ने गौर किया कि मनिलाल बाबू उसी प्रकार नाक चढ़ाकर तृप्त होते हुए खाते हैं जैसे वह खुद खाते हैं। खाने के दौरान पानी नहीं पीते हैं, जैसे वह खुद नहीं पीते हैं और दाल में नींबू निचोड़ते हैं, जैसे वह खुद करते हैं। रतनलाल बाबू को खाने के अंत में मीठा दही खाने की आदत थी, मनिलाल बाबू ने भी वही किया।

खाना खाते हुए रतनलाल बाबू को यह सोच कर कुछ बेचैनी महसूस हुई कि दूसरी मेजों पर खाना खा रहे लोग उन्हें देख रहे हैं। क्या वे लोग यह देखकर चकित हैं कि हम दोनों के बीच कितनी समानता है? क्या यह समानता इतनी सुप्रकट है कि देखनेवाले देखते रह जाएँ?

रात्रिभोज के पश्चात् दोनों ने कुछ देर चाँदनी रात में टहलने का आनंद उठाया। रतन बाबू के मन में बराबर एक प्रश्न उठ रहा था, जो वह पूछना चाहते थे, और अब उनसे पूछे बिना रहा नहीं गया—'क्या आप पचास के हो गए हैं?'

मनिलाल बाबू मुसकराए। 'जल्दी हो जाऊँगा।' मनिलाल बाबू ने कहा, 'मैं 29 दिसंबर को पचास वर्ष का हो जाऊँगा।'

रतन बाबू का सिर चकरा गया। वे दोनों क्या एक ही दिन पैदा हुए; 29 दिसंबर, 1916 को। आधा घंटे बाद एक-दूसरे से विदा लेते समय मनिलाल बाबू ने कहा, 'आपसे मिलना, बात करना बहुत सुखद अनुभव रहा। लोगों के साथ मेरी ज्यादा पटती नहीं है; लेकिन आप एक अपवाद हैं। अब हम छुट्टियों का मजा उठा सकते हैं।'

आमतौर पर रतन बाबू दस बजे तक सोने चले जाते थे। सोने से पहले किसी पत्रिका के पन्ने पलटेंगे और फिर धीरे-धीरे नींद से पलकें भारी होने लग जाएँगी।

तब वह पत्रिका नीचे रख देंगे, लैंप बुझा देंगे और कुछ पल बीतते ही हल्के-हल्के खर्राटे भरने लगेंगे। लेकिन आज उन्हें नींद नहीं आ रही थी, न उन्हें कुछ पढ़ने की इच्छा हो रही थी। रतन बाबू ने पत्रिका उठाई और फिर नीचे रख दी।

मनिलाल मजूमदार

रतन बाबू ने कहीं पढ़ा था कि पृथ्वी पर बसनेवाले लाखों-करोड़ों लोगों में से कोई भी दो लोग हू ब हू एक समान नहीं होते हैं। और फिर भी, हर व्यक्ति में बराबर के लक्षण पाए जाते हैं—आँख, कान, नाक, होंठ इत्यादि। लेकिन अगर दो लोग एक जैसे दिखते भी हों, तब क्या यह भी संभव है कि उनकी रुचियाँ, भावनाएँ और मनोवृत्ति भी समान हों—जैसी समानता वह स्वयं और अपने नए दोस्त के बीच पाते हैं? आयु, पेशा, आवाज, चाल, यहाँ तक कि उनके चश्मों की पावर भी समान थी। कोई भी सोच सकता है कि ऐसा होना नामुमकिन है; लेकिन यहाँ तो नामुमकिन को मुमकिन बनानेवाला सबूत मौजूद है। और पिछले चार घंटों में रतन बाबू ने बार-बार यह जाना है कि नामुमकिन कुछ भी नहीं है।

आधी रात के करीब रतन बाबू बिस्तर से उठ गए। उन्होंने सुराही से कुछ पानी लिया और अपने सिर पर डाल लिया। ऐसी दशा में नींद आना संभव नहीं था। उन्होंने एक हलका-सा तौलिया सिर पर रख लिया और फिर सोने चले गए। शायद गीला तकिया उनके सिर को कुछ देर ठंडक दे सके।

आस-पड़ोस में खामोशी छा गई थी। एक उल्लू चीत्कार करता हुआ उड़ गया। खिड़की से चाँदनी अंदर बिस्तर तक चली आई। रतन बाबू का मन धीरे-धीरे पुनः शांत हो गया और स्वतः उनकी आँखों में गहरी नींद बस गई।

अगले दिन सुबह करीब आठ बजे उनकी नींद टूटी। मनिलाल बाबू को करीब नौ बजे आना था। मंगलवार था—जिस दिन शहर से लगभग एक मील दूर साप्ताहिक बाजार या हाट लगता था। दोनों पहले ही एक साथ यह इच्छा जाहिर कर चुके थे कि वे हाट देखने जरूर जाएँगे, कुछ खरीदने नहीं बल्कि वहाँ की रौनक देखने के इरादे से।

रतन बाबू नौ बजने तक नाश्ता कर चुके थे। मेज पर पड़ी तश्तरी से उन्होंने सौंफ मिश्रित खैनी मुख शुद्धि हेतु चुटकी भर मुँह में डाली और होटल के बाहर आ गए। उसी समय उन्होंने मनिलाल को आते हुए देखा।

'मैं पिछली रात काफी देर तक सो नहीं सका।' मनिलाल के मुँह से पहली बात यही निकली' 'मैं लेटे-लेटे यही सोचता रहा कि हम दोनों में कितनी अधिक

समानता है। सुबह आठ बजने में पाँच मिनट बाकी थे, जब मेरी आँख खुली। सामान्यत: मैं सुबह छह बजे उठ जाता हूँ।'

रतन बाबू कुछ कहते-कहते रुक गए। फिर दोनों हाट की ओर चल दिए। उन्हें रास्ते में सड़क किनारे खड़े कुछ लड़कों के झुंड के पास से गुजरना पड़ा।

'अरे देखो-देखो, साँपनाथ और नागनाथ जा रहे हैं!' उनमें से एक चिल्लाया। रतन बाबू ने उस टिप्पणी को अनसुना करने की भरसक कोशिश की और आगे निकल गए। हाट तक पहुँचने में उन्हें लगभग बीस मिनट लगे।

बाजार में बड़ी चहल-पहल थी। वहाँ फलों, सब्जियों, बरतनों, कपड़ों की दुकानें थीं और मवेशी की खरीद-फरोख्त भी हो रही थी। दोनों लोग भीड़ में घुसकर बिक्री के लिए प्रदर्शित वस्तुओं पर निगाह डालते हुए आगे चलते गए।

वो कौन था? क्या वो पाँचा नहीं था? किसी कारणवश रतन बाबू ने होटल के नौकर के सामने आने से खुद को बचा लिया। 'साँपनाथ और नागनाथ' वाली टिप्पणी उन्हें चुभ गई थी और वह नहीं चाहते थे कि मनिलाल बाबू के साथ उन्हें कोई देखे।

भीड़ में धक्कम-धक्का करते निकलते हुए, रतन बाबू के मन में एक बात कौंध गई। उन्होंने महसूस किया कि वह किसी मित्र के बिना अकेले ही ज्यादा ठीक थे। उनको किसी दोस्त की जरूरत नहीं थी। और किसी भी हालत में मनिलाल बाबू जैसा दोस्त तो बिल्कुल नहीं। वह जब-जब मनिलाल बाबू से बात करते, उन्हें ऐसा लगता मानो वह खुद से ही बात कर रहे हों। पूछने के पहले ही सवालों के सारे जवाब उन्हें मिल गए थे। बहस की कोई गुंजाइश नहीं थी, न गलतफहमी की कोई संभावना थी। क्या ये दोस्ती के संकेत थे? उनके दो सहकर्मी कार्तिक रे और मुकुंद चक्रवर्ती अंतरंग मित्र थे। क्या इसका यह मतलब था कि उनके बीच कोई बहस नहीं होती थी? बेशक वे बहस करते थे, फिर भी वे दोस्त बने रहे और आज भी हैं वे—पक्के दोस्त।

यह विचार उनके दिमाग में गूँजता रहा और रतन बाबू इस बात पर सोच-विचार करने से मुक्ति नहीं पा सके कि बेहतर होता, यदि मनिलाल बाबू उनके जीवन में न आए होते। यदि एक जैसे दो व्यक्ति मौजूद हों, तब भी यह ठीक नहीं होगा कि उनकी एक-दूसरे से भेंट हो। रतन बाबू को इस विचार से ही कँपकँपी छूटने लगी कि कलकत्ता लौटने के बाद भी उनका मिलना-जुलना जारी रह सकता है।

एक दुकान पर छड़ियाँ बिक रही थीं। रतन बाबू को बहुत समय से एक छड़ी रखने की चाह थी, लेकिन मनिलाल बाबू को दुकानदार से सौदेबाजी करते

देखकर, वह रुक गए। मनिलाल बाबू ने दो छड़ियाँ खरीद लीं और एक छड़ी रतन बाबू को देते हुए कहा, 'आशा है, अब इसे हमारी दोस्ती की निशानी के रूप में स्वीकार करने से मना नहीं करेंगे।'

वापस होटल जाने के रास्ते में मनिलाल बाबू ने अपने बारे में—अपने बचपन, अपने माता-पिता, अपने स्कूल और कॉलेज के दिनों के बारे में बहुत कुछ बताया। रतन बाबू को ऐसा महसूस हुआ जैसे उनकी अपनी जीवन गाथा दुहराई जा रही है।

दोपहर के समय जब वे दोनों रेलवे पुल की तरफ जा रहे थे, तब रतन बाबू के मन में एक योजना आई। उन्हें ज्यादा बात नहीं करनी थी, इसलिए उन्हें सोचने का समय मिल गया। वह दोपहर से ही इस सोच-विचार में पड़े हुए थे कि इस आदमी से छुटकारा कैसे पाया जाए। लेकिन छुटकारा पाने का कोई तरीका उन्हें सूझ नहीं रहा था। रतन बाबू ने जैसे ही पश्चिम में घने होते बादलों की ओर नजर घुमाई, उसी क्षण उनके दिमाग में एक योजना बिजली की तरह साफ कौंध गई। उन्होंने देखा कि वे दोनों पुल की रेलिंग के सहारे खड़े हुए हैं। दूरी पर एक ट्रेन अर्थात् रेलगाड़ी आती दिखाई दे रही है। इंजन जैसे ही बीस गज की दूरी के अंदर आया, रतन बाबू ने अपनी पूरी ताकत बटोरी और एक जोर का धक्का दे दिया...उन्होंने अनिच्छा से अपनी आँखें बंद कर लीं। उन्होंने पुनः आँखें खोलीं और अपने साथी को एक नजर भर देखा। मनिलाल बाबू निश्चिंत लग रहे थे। लेकिन अगर दोनों में इस कदर समानता थी तो शायद वह भी रतन बाबू से छुटकारा पाने के बारे में सोच रहे थे।

लेकिन देखने से नहीं लगता था कि ऐसी कोई योजना उस आदमी के मन में भी उमड़ रही होगी। वास्तव में, वह तो किसी हिंदी फिल्म का एक गीत गुनगुनाने के आदी थे।

काले बादलों ने सूरज को पूरी तरह ढक लिया था, जो वैसे भी कुछ ही क्षणों में अस्त होने वाला था। रतन बाबू ने चारों ओर देखा और पाया कि वे अकेले ही हैं। शुक्रिया ईश्वर का। अगर कोई और मौजूद रहा होता तो उनकी योजना धरी-की-धरी रह जाती।

अजीब बात थी कि हत्या करने का पक्का इरादा मन में रखने के बावजूद रतन बाबू खुद को एक अपराधी के रूप में नहीं देख रहे थे। अगर मनिलाल बाबू के आचार-व्यवहार तथा अन्य सभी लक्षणों में कुछ भी रतन बाबू को व्यक्तित्व के गुणों से भिन्न होता तो रतन बाबू के मन में मनिलाल बाबू की हत्या करने का विचार कभी पैदा नहीं होता। लेकिन अब उनका यह विचार पक्का हो चला था कि

एक ही समय उन दोनों के जीवित रहने का कोई अर्थ नहीं है। इतना ही काफी था कि वह अकेले मौजूद रहें।

दोनों पुल पर आ पहुँचे

'आज कुछ घुटन-सी है'; मनिलाल बाबू बोले, 'रात में वर्षा हो सकती है, और फिर शीत-लहर चल पड़ेगी।'

रतन बाबू ने चोरी से अपनी कलाई घड़ी पर नजर डाली—छह बजने में बारह मिनट शेष। ट्रेन के आने का समय बँधा हुआ है। कुछ अधिक समय नहीं रह गया था। रतन बाबू ने अपना तनाव कम करने के लिए एक जँभाई ली।

'अगर बरसात होती भी है,' उन्होंने कहा, 'तब भी चार या पाँच घंटे तक अभी उसकी कोई संभावना नहीं है।'

'क्या एक सुपारी खाना चाहेंगे?'

मनिलाल बाबू ने अपनी जेब से टीन की एक छोटी सी गोल डिबिया निकाली। रतन बाबू के पास भी पान-सुपारी से भरी ऐसी ही एक डिब्बी थी, लेकिन उसका जिक्र उन्होंने मनिलाल बाबू से नहीं किया था। उन्होंने सुपारी निकाली और झट से मुँह में डाल ली।

तभी उन्होंने ट्रेन की आवाज सुनी।

मनिलाल बाबू रेलिंग के पास चले गए, फिर अपनी घड़ी में समय देखकर बोले, 'निर्धारित समय से सात मिनट पहले।'

आसमान में घने बादलों के कारण संध्या सामान्य की अपेक्षा कुछ अधिक ही अँधियारी हो गई थी। इंजन में आगे लगी बत्ती अँधेरे में अधिक तेज चमक रही थी। ट्रेन भी काफी दूर थी, पर उसकी रोशनी हर पल और तेज होती जा रही थी।

किंग···क्रि·········ग

एक साइकिल सवार सड़क से पुल की तरफ आ रहा था। हे भगवान्! क्या वह यहाँ रुकने वाला है?

नहीं। रतन बाबू की आशंका निराधार साबित हुई। साइकिल सवार उनके पास से तेजी से आगे निकल गया और सड़के के दूसरी ओर गहराते अँधियारे में खो गया।

ट्रेन तेज रफ्तार से चली आ रही थी। उसकी बत्ती की चौंधियाती रोशनी में दूरी का अनुमान लगाना संभव नहीं था। कुछ ही क्षणों में पुल थरथराने लगेगा।

ट्रेन की आवाज अब कानों के परदे चीरने लगी थी।

मनिलाल बाबू दोनों हाथ से रेलिंग पकड़े हुए नीचे देख रहे थे। आकाश में एक बिजली तड़की और रतन बाबू ने अपनी सारी ताकत जुटाई। अपनी हथेलियों को चौड़ा कर मनिलाल बाबू की पीठ से लगाया और गहरी साँस खींची। मनिलाल बाबू का शरीर चार फीट ऊँची रेलिंग को लाँघकर अचानक नीचे घड़घड़ाते इंजन की ओर जा गिरा। उसी क्षण पुल काँपने लगा।

रतन बाबू ने अपनी शॉल अपनी गरदन के चारों ओर कसकर लपेटी और फिर वह अपने रास्ते पर वापस चल दिए।

सैर के अंत में उन्हें कुछ दूरी बरसात की मोटी-मोटी बूँदों से बचने के लिए दौड़कर तय करनी पड़ी। वह करीब-करीब हाँफते हुए होटल में दाखिल हुए।

जैसे ही उन्होंने होटल में प्रवेश किया, उन्हें लगा कि कुछ गलत है।

वह कहाँ आ गए? न्यू महामाया होटल की लॉबी तो ऐसी नहीं थी—मेजें, कुरसियाँ, दीवार पर तसवीरें। चारों तरफ देखने पर उनकी निगाह अचानक दीवार पर लगे साइनबोर्ड पर पड़ी। यह कैसी बेवकूफी! वह 'न्यू महामाया' के बजाय 'कलिका होटल' में आ गए थे। क्या यही वो होटल नहीं है, जहाँ मनिलाल बाबू ठहरे हुए थे?

'तो आप भीगने से बच नहीं सके?' कोई उनसे बात कर रहा था।

रतन बाबू घूमे और उन्हें घुँघराले बालोंवाले और हरा शॉल लपेटे हुए एक आदमी देखा, जो शायद उसी होटल का कोई बाशिंदा था। वह हाथ में चाय का प्याला लिए उनकी ओर देख रहा था।

'क्षमा करें', उस आदमी ने रतन बाबू का चेहरा देखकर कहा, 'एक पल के लिये मुझे लगा कि आप मनिलाल बाबू हैं।'

यही वह गलती थी, जिसके कारण रतन बाबू के मन में पहली बार संदेह पैदा हुआ। क्या उन्होंने उस अपराध को अंजाम देते वक्त पूरी सावधानी बरती थी? बहुत लोगों ने उनको साथ-साथ जाते हुए देखा होगा, लेकिन क्या उन्होंने असल में गौर किया था? क्या उन्हें याद होगा, जो उन्होंने देखा था और अगर उन्हें याद भी हो तो क्या वे उन पर संदेह करेंगे? रतन बाबू को पक्का यकीन था कि जब वे शहर के बाहर पहुँच गए थे, उसके बाद उन्हें किसी ने नहीं देखा था। और उस पुल पर पहुँचने के बाद... अरे हाँ, वह साइकिल सवार। उसने जरूर उन्हें देखा होगा। लेकिन उस समय तक तो काफी अँधेरा हो चुका था और साइकिल वाला बड़ी तेजी से आगे चला गया था। क्या संभव है कि उनके चेहरे उसे याद हों? बिल्कुल नहीं।

रतन बाबू जितना सोचते, उतना ही अधिक आश्वस्त महसूस करते। इसमें

कोई शक नहीं कि मनिलाल बाबू का शव खोज लिया जाएगा। लेकिन यह मानने के लिए वह कतई तैयार नहीं थे कि संदेह की उँगली उनकी ओर उठेगी और उन पर अभियोग चलेगा, उन्हें दोषी ठहराया जाएगा और हत्या के अपराध में फाँसी पर लटका दिया जाएगा।

चूँकि अभी तक बरसात रुकी नहीं थी, रतन बाबू एक प्याला चाय पीने के लिए ठहर गए। साढ़े सात बजे के आस-पास बरसात रुकी और वह सीधे, न्यू महामाया चले गए। उनको यह सोचकर मन-ही-मन हँसी छूट रही थी कि वह गलती से किस तरह दूसरे होटल में पहुँच गए।

रात्रिभोज में उन्होंने अच्छी तरह खाया और मजे के साथ खाया; फिर वह एक पत्रिका लेकर बिस्तर में घुस गए। ऑस्ट्रेलिया की आदिवासी जातियों पर एक लेख पढ़ा, पलंग के पासवाली बत्ती बुझाई और पूरी तरह निश्चिंत हाकर निद्रामग्न हो गए। एक बार फिर वह अपने भरोसे थे और अद्वितीय। उनका कोई मित्र नहीं था और न उन्हें आवश्यकता थी। अपने शेष दिन वह उसी ढंग से बिताएँगे जैसे पहले बिताया करते थे। इससे बेहतर क्या हो सकता है?

बरसात फिर शुरू हो गई थी। बीच-बीच में बिजली तड़क रही थी और बादल गरज रहे थे। लेकिन किसी बात से कोई फर्क नहीं पड़ता था। रतन बाबू पहले ही खर्राटे भर रहे थे।

'क्या वह छड़ी आपने हाट से खरीदी, सर?' पाँचा ने पूछा, जब वह सुबह की चाय लेकर आया।

'हाँ।' रतन बाबू ने कहा।

'इसके लिए आपने कितने पैसे दिए?'

रतन बाबू ने कीमत बता दी। फिर उन्होंने यूँ ही पूछ लिया, 'क्या तुम भी हाट में थे?'

पाँचा के चेहरे पर एक चौड़ी मुसकान बिखर गई। 'हाँ, सर।' उसने कहा, 'और मैंने आपको देखा। क्या आपने मुझे नहीं देखा?'

'क्यों, नहीं तो।'

बात यहीं खत्म हो गई।

चाय पीने के बाद रतन बाबू ने 'कलिका होटल' का रास्ता पकड़ा। घुँघराले बालोंवाला आदमी होटल के बाहर लोगों के एक समूह से बात कर रहा था। उन्होंने मनिलाल बाबू का नाम सुना और यह भी सुना कि 'आत्महत्या' शब्द का प्रयोग कई बार किया गया है। वह थोड़ा और समीप चले गए, ताकि ठीक से सुन

सकें। इतना ही नहीं, उन्होंने एक सवाल पूछने का भी साहस दिखाया।

'कौन मर गया है?'

घुँघराले बालोंवाले आदमी ने कहा, 'यह वही आदमी था, जिसे मैंने आप समझने की गलती की थी।'

'आत्महत्या''' क्या यह आत्महत्या थी?'

'ऐसा ही लगता है। मनिलाल बाबू का शव पुल के नीचे रेल पटरी के पास मिला। ऐसा प्रतीत होता है, वह जान-बूझकर पुल से नीचे कूद गए। वह एक विचित्र किस्म के आदमी थे। किसी से बोलते-चालते नहीं थे। हम उनके बारे में बात किया करते थे।'

'मुझे लगता है कि शव'''

'पुलिस अभिरक्षा में। वह कलकत्ता से यहाँ हवा-पानी बदलने के लिए आया था। यहाँ किसी को जानता नहीं था। इससे अधिक कुछ पता नहीं चल पाया है।'

रतन बाबू ने अपना सिर हिलाया, कुछ किड़-किड़ की आवाजें निकालीं और चले गए।

आत्महत्या, खुदकुशी! तो हत्या की बात किसी के दिमाग में आई ही नहीं। किस्मत उसके साथ थी। कितना आसान था यह हत्या करने का काम! रतन बाबू को आश्चर्य हुआ कि लोग इसे हत्या का मामला कहने से क्यों घबरा गए।

रतन बाबू को बहुत हलका महसूस हुआ। दो दिन बाद वह अब फिर अकेले चलने योग्य हो जाएँगे। यह सोचकर ही उन्हें सुख की अनुभूति होने लगी।

रतन बाबू ने अपनी कमीज का एक बटन टूटा हुआ पाया तो समझ गए कि यह शायद कल ही टूटा होगा, जिस समय वह मनिलाल को नीचे धक्का दे रहे थे। उन्होंने दर्जी की दुकान से दूसरा बटन लगवा लिया। फिर उन्होंने एक स्टोर में जाकर नीम टूथपेस्ट की एक ट्यूब खरीदी।

स्टोर से निकलकर जैसे ही वह कुछ कदम आगे बढ़े, उन्हें एक घर से आती कीर्तन की आवाज सुनाई दी। कुछ देर खड़े होकर वह भजन सुनते रहे, तत्पश्चात् वह शहर के बाहर खुले मैदान की ओर चल पड़े। यह रास्ता नया था। वह करीब एक-डेढ़ मील तक चलकर गए और फिर ग्यारह बजे के लगभग होटल वापस आ गए, स्नान किया, लंच किया और पलंग पर पसर गए, दोपहरी का आराम फरमाने के लिए।

हमेशा की तरह वह करीब तीन बजे उठे। उन्हें खयाल आया कि इस शाम

एक बार और पुल की तरफ जाना होगा। कारण स्पष्ट था, कल वह ट्रेन को देखने का आनंद नहीं उठा पाए थे। आसमान बादलों से भरा हुआ था, लेकिन तत्काल बरसात होने के आसार नहीं थे। मन प्रसन्न था कि आज वह ट्रेन की पहली झलक मिलने से लेकर तब तक उसे देखते रहेंगे जब तक कि ट्रेन दूर क्षितिज में गुम न हो जाए।

तीसरे पहर की चाय पाँच बजे के लगभग पीने के बाद वह नीचे लॉबी में चले गए। होटल का मैनेजर शंभू बाबू अपनी सीट पर बैठा हुआ था। उसने रतन बाबू को देखा और बोला, 'कल जो आदमी मारा गया, क्या आप उसे जानते थे?'

रतन बाबू ने आश्चर्य जताते हुए शंभू बाबू की ओर देखा। फिर उन्होंने कहा, 'आप क्यों पूछते हैं?'

'वो सिर्फ इसलिए, क्योंकि पाँचा कह रहा था कि उसने आप दोनों को हाट में साथ-साथ घूमते हुए देखा था।'

रतन बाबू मुसकराए। 'असल में यहाँ किसी व्यक्ति से मेरी जान-पहचान नहीं हुई है।' उन्होंने शांतिपूर्वक कहा। 'हाट में कुछेक लोगों से मैंने बात अवश्य की थी; लेकिन सच यह है कि मुझे यह भी पता नहीं कि किस आदमी की जान गई है।'

'मैं समझता हूँ।' शंभू बाबू ने हँसते हुए कहा। वह स्वभाव से हँसोड़ थे और हँसे बिना रह नहीं सकते थे। 'वह भी हवा-पानी बदलने के इरादे से आए थे।' शंभू बाबू ने आगे जोड़ा—'वह कलिका में ठहरे थे।'

'मैं मानता हूँ।'

रतन बाबू बाहर निकल गए। पुल तक दो मील का फासला था। अगर जल्दी नहीं दिखाई देती तो वह ट्रेन देखने से चूक जाते।

सड़क चलते किसी भी व्यक्ति ने उन्हें संदेह भरी आँखों से नहीं देखा। कल जो छोकरे मिले थे, वे आज उस जगह नहीं थे, उनकी 'नागनाथ और साँपनाथ' वाली टिप्पणी बुरी तरह चुभ गई थी। उनको आश्चर्य हुआ कि वे लड़के आज कहाँ चले गए। कहीं नजदीक से ढोल बजने की आवाज आ रही थी। पड़ोस में कहीं पूजोत्सव मनाया जा रहा था। लड़के उधर ही चले गए होंगे। बढ़िया।

अंततः वह खुले मैदान में अकेले ही रह गए। मनिलाल बाबू से मुलाकात न होने तक वह अपने भाग्य से संतुष्ट थे; लेकिन आज वह पहले की अपेक्षा बहुत अधिक हलका और तनाव-मुक्त महसूस कर रहे थे।

बाबला पेड़ वह रहा। यहाँ से पुल थोड़ी दूर था। आसमान आज भी मेघाच्छन्न

था। लेकिन आज बादल कल की तरह घने काले नहीं थे। ये भूरे बादल थे और मंद बयार न जाने कहाँ चली गई थी। आसमान मटमैला तथा मौन था, निश्चेष्ट और ठहरा हुआ।

पुल दिखाई पड़ने के साथ ही रतन बाबू का दिल खुशी से उछल पड़ा। वह तेजी से कदम बढ़ाने लगे। कौन जानता है, ट्रेन अपने समय से कुछ पहले ही आ पहुँचे। क्रौंच पक्षियों का एक दल सिर के ऊपर से उड़ गया। प्रवासी पक्षी? वह पहचान नहीं सके।

पुल पर खड़े होने के साथ ही रतन बाबू को सांध्यकाल की नीरवता का एहसास हो आया। चारों तरफ सन्नाटा छाया हुआ था। उन्होंने अपने कानों पर जोर डाला, शहर की तरफ से ढोल बजने की मंद आवाज आ रही थी। अन्यथा पूरी खामोशी थी।

वह पुल की रेलिंग के पास चले गए। उन्हें सिग्नल दिखाई दे रहा था और उसके आगे स्टेशन। अब यह क्या था? रेलिंग के थोड़ा नीचे की ओर लकड़ी की एक दरार में कोई चमकीली वस्तु पड़ी थी। रतन बाबू ने नीचे झुककर उस वस्तु को निकाल लिया। वह टीन की एक छोटी सी गोल डिब्बी थी, जिसमें सुपारी भरी हुई थी। रतन बाबू को हँसी आ गई। उन्होंने वह डिब्बी रेलिंग के ऊपर उछालकर फेंक दी। डिब्बी के जमीन से टकराने की आवाज उन्होंने सुनी। कौन जाने यह कब तक वहाँ पड़ी रहेगी?

वो रोशनी कैसी थी?

आह, रेलगाड़ी। अभी तक कोई आवाज नहीं, तेजी से आगे आता हुआ सिर्फ एक प्रकाश बिंदु। रतन बाबू सीधे खड़े हुए। इंजन के भाप पर लगी बत्ती की तेज रोशनी को मुग्ध होकर देखते रहे। अचानक हवा का एक तीव्र झोंका आया और उनकी शॉल कंधे से हट गई। उन्होंने शॉल को दुबारा ठीक से लपेट लिया।

अब वह ट्रेन की आवाज सुन सकते थे। यह पास आते तूफान की एक धीमी गड़गड़ाहट जैसी थी।

रतन बाबू को अचानक ऐसा महसूस हुआ जैसे कोई उनके पीछे खड़ा हुआ है। हालाँकि ट्रेन से आँखें हटाना मुश्किल था, फिर भी उन्होंने जल्दी से एक दम चारों ओर घुमाकर देखा, कहीं कोई नहीं था। अँधेरा भी इतना नहीं था जितना एक दिन पहले था, अतः दृश्यता बेहतर थी। नहीं, वह खुद थे और आती हुई ट्रेन थी, इनके अलावा मीलों तक आस-पास कोई नहीं था।

ट्रेन अब सौ गज के अंदर थी।

रतन बाबू रेलिंग के बहुत करीब चले गए। यह ट्रेन पुराने जमाने की भाप के इंजन से चलनेवाली ट्रेन होती तो वह इतने किनारे तक कभी न जाते, क्योंकि तब इंजन का धुआँ उनकी आँखों में घुस जाता। यह धुआँ रहित डीजल इंजन था। सिर्फ एक गहरी, जमीन को हिला देनेवाली गड़गड़ाहट थी और आँखों को चौंधिया देनेवाली तेज रोशनी थी।

अब ट्रेन पुल के नीचे से गुजरने वाली थी।

रतन बाबू ने अपनी कुहनियाँ रेलिंग पर टिकाईं और ट्रेन को नीचे से गुजरते देखने के लिए आगे की ओर झुक गए।

ठीक उसी क्षण हाथों का एक जोड़ा पीछे से ऊपर आया और उसने रतन बाबू को बहुत जोर का एक धक्का दिया। रतन बाबू चार फीट ऊँची रेलिंग के ऊपर से धड़ाम नीचे जा गिरे।

हमेशा की तरह ट्रेन ने पुल के नीचे से गुजरते हुए पुल को थरथरा दिया और तेजी से पश्चिम की ओर चली गई, जिधर आसमान का रंग अभी-अभी नीललोहित हो चला था।

रतन बाबू अब पुल पर खड़े नहीं होते हैं, लेकिन उनकी मौजूदगी की एक निशानी के रूप में, एक छोटी-सी चमकीली वस्तु लकड़ी की रेलिंग की एक दरार में अटकी हुई है।

यह ऐलुमिनियम की एक डिब्बी है और उसके अंदर सुपारी भरी हुई है।

□

बोंकू बाबू का दोस्त

कभी किसी ने बोंकू बाबू को क्रुद्ध होते नहीं देखा था। सच कहें तो यह कल्पना करना कठिन था कि अगर किसी दिन उन्हें गुस्सा आ गया तो वह न जाने क्या कहेंगे या क्या कर देंगे।

ऐसा भी नहीं है कि उनके पास क्रोधित होने का अभी कोई कारण ही न रहा हो। बोंकू बाबू पिछले बीस वर्ष से काकुरगाछी प्राइमरी स्कूल में भूगोल और बंगाली पढ़ा रहे थे। हर वर्ष पुराने छात्रों की जगह नए छात्रों का एक समूह आ जाता था; लेकिन, लेकिन छात्र चाहे पुराने हों या नए, बोंकू बाबू को परेशान या चिढ़ाने-तंग करने की परंपरा सभी छात्रों में कायम भी। कोई ब्लैकबोर्ड पर उनका चित्र खींच देता; कुछ उनकी कुरसी पर गोंद लगा देते; या काली-पूजा की रात वे 'पटाखों की लड़ी' में आग लगाकर उनके पीछे छोड़ देते।

बोंकू बाबू ऐसी किसी शरारत से क्षुब्ध नहीं होते। बस, कभी-कभी वह अपना गला खखारते और कहते, 'शर्म करो, लड़को!'

शांत बने रहने का उनके पास एक ही रास्ता था कि वह अन्यथा कुछ करने की स्थिति में नहीं थे। अगर वह अपना आपा खो देते और गुस्से में आकर अपनी नौकरी छोड़ देते तो उन्हें मालूम था कि इस आयु में दूसरी नौकरी पाना बहुत मुश्किल है। दूसरा एक यह भी था कि हर कक्षा में कुछ अच्छे विद्यार्थी हमेशा रहते हैं, नटखटी लड़कों से कक्षा भरी होने के बावजूद। इन गिने-चुने अच्छे लड़कों को पढ़ाना बोंकू बाबू के विचार में इतना लाभप्रद था कि वह एक शिक्षक के रूप में अपने जीवन को धन्य मानते थे। यदा-कदा वह उन लड़कों को अपने घर बुलाते, उन्हें नाश्ता कराते और उन्हें विदेशों तथा रोमांचक साहसिक कार्यों की कहानियाँ सुनाया करते। बोंकू बाबू ने उन्हें अफ्रीका में जीवन के बारे में बताया, उत्तरी ध्रुव के बारे में बताया, ब्रुजिल में नर मांस खानेवाली मछलियों के

बारे में बताया और अटलांटिक नामक उस महाद्वीप के बारे में जानकारी दी, जो समुद्र में डूब गया। वह एक अच्छे गयोड़िया थे, अपने श्रोताओं को वह वशीभूत कर देते थे।

सप्ताहांत के दौरान बोंकू बाबू पेशे से वकील श्रीपत मजूमदार के घर चले जाते, क्योंकि उन्हें शाम का समय ऐसे नियमनिष्ठ पुराने विद्यार्थियों के साथ बिताना अच्छा लगता था। कई अवसरों पर वह इस इरादे के साथ लौट कर आए कि, 'बस बहुत हुआ, अब दुबारा कभी नहीं।' कारण सिर्फ यह था कि वह अपने स्कूल में लड़कों के नटखटपन को तो सहन कर सकते थे, लेकिन वे जब बड़े होकर अधेड़ उम्र में पहुँचकर भी उनका मजाक उड़ाने लग जाएँ तो उनके लिए सहन करना बहुत मुश्किल था। श्रीपत बाबू द्वारा आयोजित इस तरह की संध्याकालीन बैठकों में, लगभग हर उपस्थित व्यक्ति उनकी हँसी उड़ाने लगा था और कभी-कभी बात इस हद तक पहुँच जाती कि उनकी सहन शक्ति जवाब देने लगती थी।

अभी कुछ समय पहले की बात है—दो महीने भी नहीं हुए होंगे, जब हम इकट्ठा हुए थे। वे प्रेतात्माओं के बारे में बात कर रहे थे। सामान्यतया बोंकू बाबू अपना मुँह बंद रखते थे। उस दिन, किन्हीं अज्ञात कारणों से, उनका मुँह खुल गया और वह ऐलान कर बैठे कि भूतों से उन्हें डर नहीं लगता है। बस, इतना ही कहा। लेकिन दूसरों को एक सुनहरा अवसर देने के लिए इतना ही पर्याप्त था। उस रात जब वह लौट रहे थे, रास्ते में किसी 'भूत' ने उन पर हमला कर दिया। जैसे ही वह इमली के पेड़ के पास से गुजर रहे थे, एक लंबी, पतली, आकृति ऊपर से नीचे कूदी और उनकी पीठ पर आ गिरी। उस भूत ने लगता है, उस बैठक में किसी के सुझाव पर अपने बदन पर काली स्याही पोत रखी थी।

बोंकू बाबू भयभीत नहीं हुए; किंतु उन्हें चोट लग गई थी। तीन दिन तक उनकी गरदन में दर्द होता रहा। सबसे बुरी बात यह थी—उनका कुरता फट गया और पूरे कुरते पर काले-काले धब्बे पड़ गए थे। यह किस प्रकार का मजाक था?

ऐसी गंभीर शरारत के अलावा उन्हें दूसरे किस्म के हल्के -फुलके 'मजाक' का निशाना अकसर बनाया जाता था। कभी-कभी उनका छाता या उनके जूते छिपा दिए जाते, कभी पान में मसाला न डालकर धूल-मिट्टी भर दी जाती और वह पान उन्हें दे दिया जाता; या फिर उन्हें गाना सुनाने के लिए बाध्य किया जाता।

फिर भी बोंकू बाबू को ऐसी गोष्ठियों में आना पड़ता। अगर वह नहीं जाएँगे, तो श्रीपत बाबू क्या सोचेंगे? गाँव में, श्रीपत बाबू का रुतबा तो था ही, बोंकू बाबू के बिना उनकी महफिल का मजा अधूरा रह जाता था। श्रीपत मजूमदार

के अनुसार, कुछ हँसी-दिल्लगी का मजा लेना बहुत जरूरी होता है। सबको ऐसा मनोरंजन कौन दे सकता था। अन्यथा बैठक करने का मतलब ही क्या था? इसी कारण बोंकू बाबू के न चाहने पर भी बोंकू बाबू को जबरन बुलवाया जाता था।

एक विशेष दिन बातचीत उपग्रहों के बारे में हो रही थी। सूर्यास्त के तत्काल बाद उत्तरी आकाश में कोई तेज प्रकाशवान वस्तु चलती हुई देखी गई थी। ऐसी ही रोशनी तीन माह पहले देखी गई थी, जिसके बारे में तरह-तरह के अनुमान लगाए जाने लगे थे। अंत में, वह एक रूसी उपग्रह निकला, जिसका नाम खोत्का—या पोश्का था! जो भी हो, इस उपग्रह का काम 400 मील की ऊँचाई पर पृथ्वी के चक्कर काटना और वैज्ञानिकों के लिए बहुत सारी महत्त्वपूर्ण सूचनाएँ उपलब्ध कराना था।

उस शाम बोंकू बाबू पहले व्यक्ति थे, जिन्होंने वह अजीब रोशनी देखी थी। फिर उन्होंने निधु बाबू को बुलाया और वह रोशनी उन्हें दिखाई। तथापि, वह जब तक गोष्ठी में पहुँचे, तब तक निधु बाबू उस रोशनी को सबसे पहले देखने का पूरा श्रेय ले चुके थे और बहुत शेखी बघार रहे थे। बोंकू बाबू ने कुछ नहीं कहा।

उपग्रहों के विषय में किसी को भी अधिक जानकारी नहीं थी, लेकिन उन्हें अपने-अपने विचार व्यक्त करने से कोई रोक नहीं सकता था। चंदी बाबू बोले, 'आप जो चाहें कह सकते हैं, लेकिन हमें उपग्रहों के बारे में चिंता करके अपना समय नष्ट नहीं करना चाहिए। कोई व्यक्ति आकाश के किसी अज्ञात कोने में कोई प्रकाश बिंदु देख लेता है और सारे अखबार उसकी चर्चा से भर जाते हैं। फिर हम कोई रिपोर्ट पढ़ते हैं, उसे अत्यंत विलक्षण मान लेते हैं। अपने घर के बैठकखानों में बैठकर शायद पान चबाते हुए हम उसके बारे में गपशप करते हैं और ऐसे बरताव करते हैं जैसे हमने कुछ हासिल कर लिया है। धोखेबाज!'

रमाकांत ने इस टिप्पणी का प्रतिकार किया। वह अभी जवान था। 'नहीं, हम जो लोग यहाँ बैठे हैं, इनमें से कोई नहीं हो सकता; लेकिन यह मानव की उपलब्धि है, निश्चित रूप से। और एक बड़ी सफलता है उस दिशा में।'

'हे, अब छोड़ो भी इसे! बेशक, यह एक मानवीय उपलब्धि है। मनुष्य के अलावा कौन उपग्रह बनाएगा? कोई बंदरों का झुंड तो यह काम करेगा नहीं', क्या आप बंदरों से यह अपेक्षा करेंगे?

'ठीक है।' निधु बाबू ने कहा, 'अब हम उपग्रहों की बात न करें। आखिरकार है तो यह एक मशीन ही, जो पृथ्वी के चक्कर लगाते हैं, जैसा वे कहते हैं। घूमती हुई चकरी से भिन्न नहीं। लट्टू को अगर आप घुमाएँगे तो वह घूमने लग जाएगा;

या कोई पंख आप चलाना चाहें तो एक स्विच दबा दीजिए, पंखा घूमना शुरू हो जाएगा। उपग्रह भी इसी तरह का होता है। लेकिन जरा रॉकेट के बारे में सोचो। रॉकेट को इतनी आसानी से खारिज नहीं किया जा सकता। कर सकते हैं क्या?'

चंदी बाबू ने अपनी नाक सिकोड़ी। 'रॉकेट? क्यों, रॉकेट किस काम का है? ठीक है, अगर कोई रॉकेट हमारे देश में बना होता, कलकत्ता में मैदान से उड़ान भरता और हम सब टिकट लेकर उसका तमाशा देखने जाते तो जरूर बहुत अच्छा होता। लेकिन....'

'आप ठीक कहते हैं,' रमाकांत ने सहमति जताई, 'यहाँ रॉकेट हमारे लिए कोई अर्थ नहीं रखता।'

अगले वक्ता भैरव चक्रवर्ती थे—'मान लो, किसी दूसरे ग्रह से कोई प्राणी पृथ्वी पर आ जाए?'

'तो क्या? अगर वो आ भी जाए, तब भी आप और मैं उसे कभी देख नहीं पाएँगे।'

'हाँ, यह बहुत सही बात है।'

सबकी आँखें अपने-अपने चाय के प्याले की तरफ मुड़ गईं। अब कहने के लिए कुछ शेष नहीं रह गया लगता था। कुछ क्षण की खामोशी के बाद बोंकू बाबू ने अपना गला साफ किया और वह बड़ी विनम्रता से बोले, 'मान लीजिए' एक पल के लिए मान लीजिए, अगर वे यहाँ आ जाएँ?'

निधु बाबू ने पूरी हैरानी का बहाना किया। 'हे बणकुम (बकवादी)! कुछ कहना चाहता है! क्या कहा तुमने, बणकुम? यहाँ कौन आने वाला है? किधर से?'

बोंकू बाबू ने अपने शब्द दोहरा दिए। उनका सुर अभी भी विनम्र था—'मान लीजिए, किसी दूसरे ग्रह से कोई यहाँ आ जाए?'

जैसी उसकी आदत थी, भैरव चक्रवर्ती ने बोंकू बाबू की पीठ पर जोर से धौल जमाई और रूखेपन से खीझते हुए कहा, 'शाबाश! क्या बढ़िया बात कही! दूसरे ग्रह का वह प्राणी किस जगह उतरने वाला है? मास्को में नहीं, न लंदन, न न्यूयार्क और न कलकत्ता में, लेकिन यहाँ? काँकुरगाछी में? आप बड़ी बात सोचते हैं। क्यों, ठीक है न?'

बोंकू बाबू चुप हो गए। लेकिन उनके मन में कई प्रश्न उठने लगे। क्या यह वास्तव में संभव है? यदि कोई अन्य देशीय प्राणी पृथ्वी पर उतरता है तो क्या इस बात से कोई अंतर पड़ेगा कि वह पहले कहाँ जाता है? हो सकता है, वह

दुनिया के किसी दूसरे हिस्से में सीधे न जाना चाहे। थोड़ी देर के लिए ऊपर यह मान भी लें कि काँकुरगाछी में ऐसा कुछ होने की कोई संभावना नहीं है, लेकिन पूरे यकीन के साथ कौन कह सकता है कि ऐसा कतई नहीं हो सकता?

श्रीपत बाबू अब तक मौन थे। अब वह थोड़ा हिले-डुले तो सब उनकी ओर देखने लगे। उन्होंने अपना प्याला नीचे रखा और फिर एक बड़े ज्ञाता की तरह बोले 'देखो, यदि किसी दूसरे ग्रह से कोई प्राणी पृथ्वी पर आता है तो मैं आपको विश्वास दिला सकता हूँ कि वह इस ईश्वर-परित्यक्त जगह पर कभी नहीं आएगा। वे लोग मूर्ख नहीं हैं। मेरा मानना है कि वे साहिब लोग हैं और वे किसी पश्चिमी देश में उतरेंगे, जहाँ सभी साहिब रहते हैं। समझे?'

बोंकू बाबू को छोड़ सब लोग श्रीपत बाबू से सहमत थे।

चंदी बाबू ने विषय को और तूल देने का फैसला किया। उसने चुपके से निधु बाबू को उकसाया, बोंकू बाबू की ओर इशारा किया और भोला बनते हुए कहा 'क्यों, मैं समझता हूँ कि बोंकू बाबू बिल्कुल सही हैं। क्या यह स्वाभाविक नहीं है कि दूसरे ग्रह के प्राणी उसी जगह आना चाहेंगे, जहाँ हमारे बोंकू बिहारी जैसे लोग रहते हैं? अगर वे कोई नमूना ले जाना चाहें तो उन्हें कुछ बेहतर मिल सकेगा?'

'नहीं, मैं ऐसा नहीं मानता!' निधु बाबू बीच में कूद पड़े। 'उनके दिमाग की तो बात ही रहने दो, उनकी सूरत-शक्ल पर विचार करो। हाँ, बणकुभ वाकई एक आदर्श नमूना है।'

'ठीक, किसी म्यूजियम में रखने योग्य।' या किसी चिड़ियाघर में, रमाकांत ने भी एक टिप्पणी ठोक दी।

बोंकू बाबू ने जवाब नहीं दिया, लेकिन मन-ही-मन उन्हें आश्चर्य अवश्य हुआ—'यदि किसी को कोई नमूनाएँ चाहिए, तो क्या दूसरे भी उतने ही उपयुक्त नहीं हैं? श्रीपत बाबू को देखो' उनकी ठोड़ी किसी ऊँट की पीठ जैसी है। और वो भैरव चक्रवर्ती, उसकी आँखें कछुए की आँखों जैसी हैं। निधु बाबू छछूँदर की तरह लगते हैं। रमाकांत एक बकरे की माफिक और चंदी बाबू एक चमगादड़ के समान। अगर एक चिड़ियाघर को भरना हो तो…'

उनकी आँखों में आँसू भर आए। बोंकू बाबू यह सोचकर बैठक में आए थे कि वह कुछ देर खुद को खुश रख सकेंगे; लेकिन ऐसा नहीं होना था। वह अब यहाँ और नहीं रुक सकते थे। वह उठकर खड़े हो गए।

'क्यों, क्या बात है? क्या आप अभी से जा रहे हैं?' श्रीपत बाबू ने चिंता

जताते हुए पूछा।

'हाँ, देर हो रही है।'

'देर? उँह, बिल्कुल भी देर नहीं हुई है। वैसे भी, कल छुट्टी है। बैठ जाओ, थोड़ी और चाय पियो।'

'नहीं, शुक्रिया। मुझे जाना जरूरी है। कुछ कॉपियाँ जाँचनी हैं। नमस्कार।'

'ध्यान से जाना, बोंकूद।' रमाकांत ने चेतावनी दी, 'रात अँधेरी है, याद रहे। और आज शनिवार है।' भूत-प्रेतों के लिए बड़ा शुभ दिन है।'

बोंकू बाबू ने बाँस का बगीचा अभी आधा ही पार किया था, जब उन्होंने वह रोशनी देखी। वह सारा क्षेत्र पोंचा घोष का था। बोंकू बाबू के पास कोई टॉर्च या लालटेन नहीं थी। उसकी कोई आवश्यकता भी नहीं थी। साँपों के निकलने और घूमने के लिए ठंड बहुत ज्यादा थी और बोंकू बाबू को अपना रास्ता अच्छी तरह पता था। आम तौर पर बहुत लोग उस मार्ग से नहीं जाते थे, लेकिन बोंकू बाबू के लिए यह एक छोटा रास्ता था।···

पिछले कुछ पलों में उन्हें पता चल गया था कि कुछ असामान्य बात है। पहले तो वह उस पर उँगली नहीं रख सके। कारण चाहे जो हो, आज रात हालात कुछ अलग थे। क्या गलत था? क्या गायब था? अचानक उन्हें ध्यान आया कि झींगुर और टिड्डे सब शांत हैं। एक भी टिड्डा नहीं बोल रहा है। आम तौर पर झींगुर एवं टिड्डों की आवाज और भी अधिक तेज हो जाती थी बाँसों के बगीचे में अधिक गहरे जाकर। आज घोर शांति थी। क्या हो गया झींगुरों को? क्या वे सब सो गए?

उलझन में थे बोंकू बाबू। उन्होंने बीसेक कदम और बढ़ा और फिर उन्हें रोशनी दिखाई देने लगी। पहले तो उन्हें लगा कि आस-पास कोई आग भड़क उठी है। बाँस वन के ठीक बीच में, एक तलैया के निकट खेती हेतु साफ की गई जमीन में एक काफी बड़ा मैदान गुलाबी रोशनी में चमक रहा था। हर शाखा और हर पत्ती पर मंद प्रकाश पड़ रहा था। नीचे, तलैया के पीछे के भूभाग में अधिक तेज गुलाबी प्रकाश था। लेकिन यह आग नहीं थी, क्योंकि यह जो कुछ भी था, एकदम निश्चेष्ट था।

बोंकू बाबू ने चलना जारी रखा।

शीघ्र उनके कानों में गुंजन होने लगी। उनको ऐसा महसूस हुआ, मानो कोई जोर-जोर से लंबे नकीले स्वर में गुनगुना रहा है। उसे रोकने का कोई उपाय उनके पास नहीं था। बोंकू बाबू को झुरझुरी होने लगी, फिर भी एक जबरदस्त जिज्ञासा

उन्हें आगे खींच ले गई।

जैसे ही वह बाँस के तनों के एक झुरमुट से आगे निकले, कोई वस्तु उन्हें दिखाई दी। यह वस्तु शीशे के एक बड़े कटोरे जैसी थी, जिसे पूरे तालाब पर उलटा रख दिया गया था। उसकी परमासी रंगत के अंदर से एक तेज, किंतु हलकी गुलाबी रोशनी बाहर आ रही थी और सारे क्षेत्र को अपनी चमक से भर रही थी। बोंकू बाबू ने कभी सपने में भी ऐसे अद्भुत दृश्य की कल्पना नहीं की थी।

चकित होकर कुछ क्षणों तक इस दृश्य को ताकने के बाद बोंकू बाबू ने गौर किया कि वह वस्तु यद्यपि निश्चल थी, फिर भी निर्जीव नहीं लगती थी। उसमें एक विचित्र पुकार की झिलमिलाहट थी। और शीशे का गोला उसी तरह उठ-गिर रहा था जैसे साँस लेते समय छाती फूलती और गिरती है।

उसे अच्छी तरह देखने के उद्देश्य से वह दो-चार कदम और आगे बढ़ गए, लेकिन अचानक उन्हें ऐसा लगा जैसे बिजली का करंट उनके शरीर के पार हो गया हो। अगले ही क्षण वह पूरी तरह स्थिर, अर्थात् निष्कंप हो गए। किसी अदृश्य रस्सी से उनके हाथ और पाँव बाँध दिए गए थे। वह न आगे जा सकते थे और न पीछे।

कुछ पलों के बाद बोंकू बाबू ने—उसी जगह बँधकर खड़े-खड़े देखा कि उस वस्तु ने साँस लेना धीरे-धीरे बंद कर दिया है। उनके कानों में हो रही गूँज और गुनगुनाहट उसी क्षण बंद हो गई। क्षण भर बाद एक आवाज निकली, जिसने रात के सन्नाटे को तोड़ दिया। आवाज मानवीय प्रतीत होती थी, किंतु बहुत अधिक बारीक आवाज थी।

'मिलिपि-पिंग क्रक! मिलिपि-पिंग क्रक।' उसने जोर से कहा।

बोंकू बाबू चौंक गए। इसका क्या मतलब था? यह कौन सी भाषा थी। और बोलनेवाला किधर था?

उसके अगले शब्दों को सुनकर बोंकू बाबू का दिल दुबारा उछल गया।

'आप कौन हैं? आप कौन हैं?'

क्यों, ये तो अंग्रेजी शब्द थे! क्या यह प्रश्न उनसे पूछा गया था? बोंकू बाबू साँस लील गए।

'मैं बोंकू बिहारी दत्त, सर। बोंकू बिहारी दत्त।' उन्होंने जवाब दिया।

'क्या तुम अंग्रेज ही? क्या तुम अंग्रेज हो?' आवाज ने आगे पूछा।

'नहीं सर!' बोंकू बाबू ने पलटकर जोर से बोला, 'बंगाली, सर। एक बंगाली कायस्थ।'

इसके बाद कुछ पल की खामोशी। फिर आवाज लौट आई। इस बार लहजा एकदम स्पष्ट था—'नमस्कार।'

बोंकू बाबू ने चैन की साँस ली और नमस्कार के बदले 'नमस्कार' कहा। फिर अचानक उन्होंने महसूस किया कि जिन अदृश्य बंधनों ने उन्हें कसकर बाँध रखा था, वे गायब हो गए थे। वह भाग जाने के लिए अब मुक्त थे, लेकिन भागे नहीं। अब उनकी चकित आँखें देख सकती थीं कि शीशे के खोल का एक हिस्सा एक तरफ खिसकते हुए एक द्वार की भाँति खुल रहा था।

उस द्वार से एक सिर बाहर निकला—एक सफाचट, चिकनी गेंद जैसा—और फिर एक अनोखे प्राणी का शरीर।

उसके बाजू और उसकी टाँगें बहुत पतली थीं। उसके सिर को छोड़कर, उसका सारा शरीर एक चमकदार व गुलाबी पोशाक से ढका हुआ था। उसके सिर के दोनों ओर कानों की जगह एक-एक छेद था, चेहरे पर नाक की जगह दो छेद थे, और जहाँ मुँह होना चाहिए था, वहाँ एक और छेद था। बालों का कहीं नामो-निशान नहीं था। उसकी आँखें गोल और चटकीले पीले रंग की थीं। अँधेरे में आँखें बहुत चमक रही थीं।

वह प्राणी धीरे-धीरे चलकर बोंकू बाबू की तरफ आया और उनसे दो-चार फीट की दूरी पर रुक गया। फिर उसने अपलक, सीधे उनकी ओर ताकते हुए देखा। बोंकू बाबू ने स्वतः अपने हाथ जोड़ दिए। करीब एक मिनट उनको घूरने के बाद वह प्राणी उसी आवाज में बोला, जो बाँसुरी से निकलनेवाले सुरों से अधिक मिलती थी—'क्या तुम मानव हो?'

'हाँ।'

'क्या यह पृथ्वी है?'

'हाँ।'

'आ हा, मैंने यही सोचा था। मेरे उपकरण ठीक से काम नहीं कर रहे हैं। मुझे प्लूटो के पास जाना था। मुझे निश्चित नहीं था कि मैं कहाँ उतरा हूँ, इसी कारण मैं तुमसे उस भाषा में पहले बोला, जो भाषा प्लूटो पर बोली जाती है। जब तुमने जवाब नहीं दिया तो मैं समझ सकता था कि मैं पृथ्वी पर उतरा हूँ। समय और प्रयास पूरा बरबाद हो गया। एक बार पहले भी ऐसा हो चुका है। मंगल ग्रह की ओर जाने की बजाय मैं भटककर जूपिटर के पास चला गया। उसने मुझे पूरा एक दिन रोके रखा। हे-हे-हे!'

बोंकू बाबू से कुछ कहते नहीं बना। वह बहुत बेचैन महसूस कर रहे थे,

क्योंकि उस प्राणी ने लंबी व पतली उँगलियोंवाली अपनी बाँहों और टाँगों से उन्हें दबाना शुरू कर दिया था। ऐसा कर चुकने के बाद उसने अपना परिचय दिया,' मैं ऐसा हूँ, क्रेनियस ग्रह का निवासी। मानव से कहीं अधिक श्रेष्ठ।'

क्या! मुश्किल से चार फीट का, इतने पतले-दुबले अंगों और अजीब से चेहरे वाला यह प्राणी मनुष्य से श्रेष्ठ है? बोंकू बाबू की हँसी छूटने वाली थी। ऐंग ने तुरंत उनके मन को पढ़ लिया।

'इतना शक्की होने की कोई जरूरत नहीं है। मैं इसे साबित कर सकता हूँ। तुम कितनी भाषाएँ जानते हो?'

बोंकू बाबू ने अपना सिर खुजाया। 'बंगाली, अंग्रेजी और···हिंदी···थोड़ी-बहुत हिंदी···मेरा मतलब···'

'आपका मतलब है, ढाई?'

'हाँ।'

'मैं 14,000 भाषाएँ जानता हूँ। आपके सौर जगत् में एक भी भाषा ऐसी नहीं है, जो मैं नहीं जानता हूँ। आपके जगत् के बाहर ग्रहों पर बोली जानेवाली इकतीस भाषाएँ भी मुझे आती हैं। उनमें से पच्चीस ग्रहों पर मैं जा चुका हूँ। तुम्हारी उम्र क्या है।'

'मैं 50 वर्ष का हूँ।'

'मैं 33 वर्ष का हूँ। क्या तुम जानवर खाते हो?'

बोंकू बाबू ने हाल ही में काली पूजा के दिन मांस कोरमा खाया था। वह इनकार कैसे कर सकते थे?

'हमने कई सदी पहले मांस खाना छोड़ दिया,' ऐंग ने उन्हें बताया। 'उसके पहले हम अधिकतर प्राणियों का मांस खाया करते थे। मैं तुमको भी खा जाता।'

बोंकू बाबू ने मुश्किल से निगला।

'एक नजर इसे देखो!' ऐंग ने उन्हें एक छोटी सी चीज दी। यह किसी को भी ज्यादा करीब आने से रोक देगी। यह वस्तु किसी भी शत्रु को, वास्तव में शारीरिक रूप से चोट पहुँचाए बिना, पूरी तरह से शक्तिहीन कर सकती है।'

अब बोंकू बाबू वास्तव में हक्के-बक्के रह गए। उनका मन पहले से कम चकित अनुभव कर रहा था।

ऐंग ने कहा, 'क्या कोई ऐसी जगह है, जो आप देखने जाना चाहते हैं या कोई ऐसा दृश्य, जिसे देखने की आपकी इच्छा थी, लेकिन कभी देख नहीं सके?'

बोंकू बाबू ने सोचा—क्यों, पूरी दुनिया ही देखना बाकी है। वह भूगोल

पढ़ाते थे, लेकिन बंगाल में कुछ गाँवों और शहरों के अलावा उन्होंने देखा ही क्या है? बंगाल में इतना कुछ देखने योग्य है कि उन्हें कभी इतना अवसर नहीं मिला कि जाकर देख पाते। हिमालय की बर्फ ढकी पहाड़ियाँ दीघा में सागर, सुंदरवन के जंगल या फिर शिवपुर में वह प्रसिद्ध बरगद का वृक्ष।

फिर भी उन्होंने ऐंग को इनमें से किसी के बारे में कुछ नहीं बताया। बहुत कुछ है जो मैं देखना चाहूँगा। उन्होंने अंतत: स्वीकार किया, 'लेकिन सबसे बढ़ कर'''मैं उत्तरी ध्रुव देखना चाहूँगा। मैं एक गरम देश से हूँ, इसलिए, आप समझ सकते हैं।'

ऐंग ने एक छोटी ट्यूब निकाली, जिसका एक सिरे पर शीशे का ढक्कन था। 'इसमें आँख लगाकर देखो!' ऐंग ने न्योता दिया।

बोंकू बाबू ने शीशे में ताका और महसूस किया कि उनके बाल खड़े हो गए हैं। क्या यह सच हो सकता है? क्या वह अपनी आँखों पर असल में विश्वास कर सकते हैं? उनकी आँखों के सामने एक विशाल बर्फीला, बर्फ के बड़े-बड़े टीलों से भरा हुआ मैदान था। सर्वत्र हिम और बर्फ बिछी हुई थी। उनके सिर के ऊपर, गहरे नीले आसमान के सम्मुख, इंद्रधनुष के सारे रंग भिन्न-भिन्न आकृतियाँ बना रहे थे और वे आकृतियाँ हर क्षण एक नया रूप ले रही थीं। उत्तर-ध्रुवीय ज्योति! वह क्या था? एक इग्लू। ध्रुवीय रीछों का झुंड वहाँ था। ठहरो, एक और जानवर था। एक विचित्र, विशेष प्रकार का जीव'''हाँ। यह एक वालरस (दरियाई घोड़ा) था। वास्तव में वे दो थे और लड़ रहे थे। उनके गजदंत अनावृत थे—मूली जितने बड़े और लंबे और वे एक-दूसरे पर हमला कर रहे थे। मुलायम व सफेद बर्फ पर चटकीले लाल रक्त की धाराएँ बह रही थीं।

वह दिसंबर का महीना था और बोंकू बर्फ की परतों के नीचे छिपे एक क्षेत्र को देख रहे थे। फिर भी उनका पसीना छूट लगा।

'ब्राजील के बारे में क्या विचार है? क्या तुम वहाँ जाना नहीं चाहते?' ऐंग ने पूछा।

बोंकू बाबू को तुरंत उन घातक मांसखोर मछलियों की याद आ गई, जिन्हें स्थानीय भाषा में 'पिरान्ह' कहा जाता है। आश्चर्य। ऐंग को कैसे मालूम कि वह क्या देखना चाहेगा?

बोंकू बाबू ने दोबारा उस ट्यूब में देखा। उन्हें एक घना जंगल नजर आया। जंगल इतना था कि सूरज की रोशनी भी पेड़ों के बीच से छनकर वहाँ मुश्किल से पहुँच पाती थी। उस वन में एक विशालकाय पेड़ था और उसकी एक शाखा

से जो लटक रहा था, वह क्या था? हे भगवान्! इतने साँप की वह कभी कल्पना भी नहीं कर सकते थे। अनकोंदा साँप! यह नाम उनके मन में कौंध गया। हाँ, इसके बारे में उन्होंने कहीं पढ़ा था। इसे अजगर के मुकाबले बहुत बड़ा बताया गया था।

लेकिन मछली कहाँ थी? ओह, एक नजर थी पास में। नहर के किनारों पर घड़ियाल पड़े हुए धूप में सो रहे थे। उनमें से एक हिला। वह पानी के अंदर जानेवाला था। छपाक! बोंकू बाबू छपाक की आवाज सुन भी सके। लेकिन···वह था क्या? घड़ियाल बहुत जल्दी पानी से बाहर निकल आया था। क्या···यह वही··· घड़ियाल की आँखें बाहर निकली हुई थीं। बोंकू बाबू ने गौर किया कि उसके पेट पर कोई मांस बाकी नहीं रह गया था। उसकी हड्डियाँ साफ दिखाई दे रही थीं। उसके बाकी बचे मांस को पाँच मछलियाँ अपने पैने दाँतों से काटने-खाने में जुटी हुई थीं। पिरान्ह मछलियाँ।

बोंकू बाबू इस दृश्य को और अधिक सहन नहीं कर सके। उनका अंग-अंग काँपने लगा और दर्द से सिर घूमने लगा।

क्या अब आप मानते हैं कि हम श्रेष्ठ हैं? ऐंग ने जानना चाहा। बोंकू बाबू ने अपने सूखे होठों पर जीभ फिराई।

'हाँ, क्यों नहीं। निश्चित रूप से। बेशक,' वह टरटराए।

'बहुत अच्छा। अब सुनो, मैं तुम पर नजर रखे हुए हूँ। और मैंने तुम्हारे बाजुओं तुम्हारी टाँगों को जाँच-परख लिया है। तुम एक बहुत घटिया जाति के हो। इसमें कोई संदेह नहीं है। फिर भी, मानव जाति जैसी होती है, उसके लिहाज से तुम बहुत बुरे नहीं हो। मेरा मतलब है, तुम एक भले आदमी हो। लेकिन तुम्हारे अंदर एक बड़ा दोष है। तुम बहुत दब्बू और नरम हो। इसी कारण तुमने जीवन में इतनी कम तरक्की की है। तुम्हें अन्याय के खिलाफ हमेशा अपनी आवाज उठानी चाहिए और यदि कोई तुम्हें ठेस पहुँचाता है या किसी कारण के बिना तुम्हारा अपमान करता है तो हमेशा उसका विरोध करना चाहिए। अन्याय या अपमान को चुपचाप सहन कर लेना गलत है—न केवल मनुष्य के लिए, बल्कि किसी भी जीव के लिए, कहीं भी। खैर, तुमसे मिलकर अच्छा लगा। हालाँकि सच तो यह है कि इस समय मुझे यहाँ नहीं होना चाहिए था। तुम्हारी पृथ्वी पर अब और अधिक समय नष्ट करना बेकार है। मुझे चलना चाहिए।'

'गुडबाई मि. ऐंग। मुझे खुशी है कि मैंने आपका···'

बोंकू बाबू अपना वाक्य पूरा नहीं कर सके। एक पल से भी कम समय में

जो हो रहा था, उसे वह समझ पाते, उसके पहले ही ऐंग उछलकर अपने अंतरिक्ष यान में चढ़ गया था और पोंचा घोष के बाँस उपवन के बहुत ऊपर जा चुका था। फिर वह पूरी तरह लुप्त हो गया। बोंकू बाबू ने गौर किया कि टिड्डों ने फिर से चीं-चीं करना शुरू कर दिया है। वास्तव में बहुत रात हो गई थी।

बोंकू बाबू पुन: अपने घर की तरफ चल पड़े। उनके मन में अभी तक एक आश्चर्यजनक धुंध थी। धीरे-धीरे हाल की घटनाओं की पूरी उलझन दूर होने लगी। एक आदमी नहीं, वह कोई आदमी नहीं था—वह ऐंग था—किसी अज्ञात ग्रह से यहाँ आया था, जो जानता था कि किसी ने तो उपग्रह का नाम कभी सुना होगा और उस व्यक्ति से उसने बात की कितना अद्भुत! पूर्णतया अविश्वसनीय! दुनिया में करोड़ों-अरबों लोग बसते हैं; लेकिन ऐसा अद्भुत अनुभव पाने का अवसर किसे मिला? बोंकूबिहारी दत्त, काँकुरगाछी प्राइमरी स्कूल में भूगोल और बंगाली के अध्यापक को। किसी और को नहीं। आज से कम-से-कम इस विशेष मामले में तो, इस समस्त विस्तृत विश्व में वह अद्वितीय था।

बोंकू बाबू ने महसूस किया कि वह अब चल नहीं रहे हैं। उनके पैरों में जैसे स्प्रिंग लग गए थे और वह चलने के बजाय वास्तव में नाचते हुए जा रहे थे।

अगला दिन रविवार था। श्रीपत बाबू के घर में होनेवाली सामान्य साप्ताहिक बैठक में सब लोग पहुँच गए थे। स्थानीय समाचार-पत्र में उस विचित्र रोशनी के बारे में एक रिपोर्ट छपी थी; लेकिन यह एक छोटी सी रिपोर्ट थी। लिखा था कि बंगाल में केवल दो स्थानों पर गिने-चुने लोगों ने उस रोशनी को देखा था। अत: इस रिपोर्ट को भी उसी श्रेणी में रखा जा रहा था, जिसमें उड़न तश्तरी देखे जाने संबंधी रिपोर्टों को रख दिया गया था।

आज की महफिल में पोंचा घोष भी मौजूद था। वह अपने बाँस वन के बारे में बात कर रहा था। वन के बीच तालाब के चारों ओर लगे बाँस वृक्षों के सारे पत्ते झड़ गए थे। जाड़ों में पत्तों का झड़ना कोई असामान्य बात नहीं थी, लेकिन रात भर में इतने सारे वृक्षों का पूरी तरह नंगा हो जाना निश्चित रूप से एक असाधारण घटना थी। हर कोई इस संबंध में बात कर रहा था। तभी भैरव चक्रवर्ती अचानक बोल पड़े, 'आज बोंकू को इतना विलंब क्यों हो रहा है?'

सब लोग चुप हो गए। अब तक किसी ने भी बोंकू बाबू की गैर-मौजूदगी की ओर ध्यान नहीं दिया था।

'मुझे नहीं लगता कि बणकुम आज अपना चेहरा दिखाने आएगा। क्या कल

उसे कुछ कम सुनना पड़ा था, जब उसने अपना मुँह खोला?' निधु बाबू ने कहा।

'नहीं, नहीं।' श्रीपत बाबू ने चिंता जताई, 'बोंकू को हमारे बीच अवश्य होना चाहिए। रामकनाई, जाओ और हो सके तो उसे लेकर आओ।'

'ठीक है, अपनी चाय खत्म होते ही जाता हूँ मैं।' रामकनाई ने जवाब दिया और वह चाय का घूँट भरने ही लगा था, तभी बोंकू बाबू ने कमरे में प्रवेश किया। नहीं, 'प्रवेश किया' कहना गलत होगा। यह एक छोटा सा तूफान था, जो एक छोटे कद के, साँवले आदमी के रूप में। हवा के तेज झोंके की तरह घुसा चला आया था सबको स्तब्ध करने।

फिर वह हरकत में आ गया। बोंकू बाबू ने ठहाका लगाया, और करीब एक मिनट तक वह जोर-जोर से हँसते रहे; इस तरह हँसते उन्हें पहले किसी ने नहीं देखा था, खुद बोंकू बाबू ने भी नहीं।

जब उन्होंने अंततः हँसना बंद किया, उन्होंने अपना गला साफ किया और बोलना शुरू कर दिया।

'दोस्तो! मुझे आप लोगों को यह बताते हुए बड़ी खुशी हो रही है कि आज के बाद आप मुझे अपनी महफिल में कभी नहीं देखेंगे। आज मेरे यहाँ आने का एक ही कारण है कि मैं जाने से पहले आपको कुछ बातें बताना चाहूँगा। पहली बात यह आप सबके लिए है—आप लोग बहुत कुछ बकवास करते हैं। सिर्फ मूर्ख ही उन चीजों के बारे में बहुत बोलते हैं, जिनके बारे में उन्हें कुछ पता नहीं होता है। दूसरी बात, यह चंदी बाबू के लिए है—आपकी उम्र में दूसरे लोगों के जूते और छाते छिपा कर रखना न केवल छिछोरी हरकत है, बल्कि पूरी तरह गलत भी है। कृपया मेरा छाता और मेरे बादामी रंग के कैनवस शूज कल मेरे घर लेकर आएँ। निधु बाबू, अगर आप मुझे बणकुम पुकारते हैं तो मैं आपको बुद्धू बुलाऊँगा, और आपको उस नाम का अभ्यस्त हो जाना चाहिए। और श्रीपत बाबू, आप एक महत्त्वपूर्ण व्यक्ति हैं, बेशक आपको चाटुकार रखने का पूरा हक है। लेकिन मैं आपको बता दूँ, आज से आप मुझे उनकी सूची से निकाल बाहर कर सकते हैं। अगर आप चाहें तो मैं अपनी बिल्ली भेज सकता हूँ। वह पाँव चाटने में बहुत अच्छी है। और···अरे, आप भी यहाँ मौजूद हैं पोंचा बाबू! मैं आपको तथा अन्य सभी को सूचित करना चाहता हूँ कि कल रात क्रेनियस नामक ग्रह से एक ऐंग आया था और आपके बाँस वन में तलैया पर उतरा था। हमारी आपस में खूब बातचीत हुई। वह आदमी···क्षमा करें, ऐंग···बहुत स्नेही और मिलनसार था।'

बोंकू बाबू ने अपना भाषण समाप्त किया और भैरव चक्रवर्ती की पीठ पर

ऐसी जोरदार धौल जमाई कि उसका दम घुटने लगा। फिर बोंकू बाबू बाहर निकल गए तेज कदमों से चलते हुए, अपना सिर ऊँचा रखे हुए।

उसी क्षण रामकनाई के हाथ से प्याला छूटकर गिरा और टुकड़े-टुकड़े हो गया और वहाँ मौजूद अधिकतर लोगों के ऊपर चाय छिटक गई।

□

दो जादूगर

'पाँच, छह, सात, आठ, नौ, दस, ग्यारह।' सुरपति ने संदूकों की गिनती पूरी की और अपने सहायक अनिल की ओर मुड़ा। 'ठीक है।' उसने कहा, 'इनको ब्रेक बैन में रखवा दो। सिर्फ पच्चीस मिनट बचे हैं।'

'मैंने आपका आरक्षण देख लिया है सर', अनिल ने कहा, 'यह एक कूपे में है। दोनों बर्थ आपके नाम में आरक्षित हैं। यह सही रहेगा।' फिर वह थोड़ा हँसा और आगे बोला, 'गार्ड आपका प्रशंसक है। उसने न्यू एंपायर में आपका शो देखा है। यहाँ सर, इस तरफ आइए!'

गार्ड बीरेन बक्शी एक हाथ आगे बढ़ाए और एक चौड़ी मुसकान लिए आगे आया।

'मुझे उस मशहूर हाथ से हाथ मिलाने की अनुमति दें।' उसने कहा, 'जिस हाथ ने वे सारे करतब दिखाए और मुझे बहुत अधिक खुश होने का अवसर दिया। यह वास्तव में गर्व की बात है।'

सुरपति मंडल की ग्यारह संदूकों में से किसी भी संदूक को देखकर सहज ही समझ में आ जाता कि वह कौन है। प्रत्येक संदूक के दोनों तरफ और उसके ढक्कन पर भी बड़े-बड़े अक्षरों में 'मंडल के चमत्कार' लिखा हुआ था। उसे और किसी परिचय की आवश्यकता नहीं थी। उसका पिछला शो करीब दो माह पहले कलकत्ता स्थित 'न्यू एंपायर' थिएटर में हुआ था, जहाँ बड़ी संख्या में मौजूद दर्शकों ने उसके मैजिक शो से सम्मोहित होकर बार-बार तालियों की गड़गड़ाहट से उसकी वास्तविक प्रशंसा की थी। अखबारों में भी उसके शो की बहुत तारीफ छपी थी। जनता की माँग पर, सप्ताह भर के शो की अवधि बढ़ाकर चार सप्ताह करनी पड़ी थी। अंततः, सुरपति को यह वादा करना पड़ा कि वह क्रिसमस की

छुट्टियों के दौरान दुबारा शो करने आएगा।

'यदि आपको कोई मदद चाहिए तो मुझे जरूर बताएँ।' गार्ड ने सुरपति को कूपे में दाखिल कराते हुए कहा। सुरपति ने चारों तरफ निगाह डालकर देखा और राहत की साँस ली। वह छोटा डिब्बा उसे पसंद आया।

'तो फिर ठीक है, सर। क्या मुझे जाने की इजाजत है?'

'बहुत-बहुत धन्यवाद।'

गार्ड चला गया।

सुरपति खिड़की के पास बैठ गया और फिर उसने सिगरेट की एक डिब्बी निकाली। उसने सोचा, यह तो अभी उसकी सफलता की शुरुआत है। उत्तर प्रदेश, दिल्ली, आगरा, इलाहाबाद, वाराणसी, लखनऊ। अभी उसे अनेक दूसरे राज्यों में जाना था, बहुत स्थानों का दौरा करना था। एक पूरी नई दुनिया उसकी प्रतीक्षा कर रही थी। वह विदेश यात्रा पर जाएगा और उन्हें दिखा देगा कि कैसे बंगाल से आया एक युवक विश्व में कहीं भी सफल हो सकता है—अमेरिका जैसे देश में भी, जिस देश ने मशहूर हूदिनी को जन्म दिया। अरे हाँ, वह उनको सब दिखाएगा। यह तो शुरुआत ही है।

अनिल हाँफता हुआ आया। 'सबकुछ ठीक हैं।' उसने कहा।

'क्या तुमने ताले देखे?'

'हाँ, सर।'

'अच्छा किया।'

'मैं आपके डिब्बे से तीसरी बोगी में हूँ।'

'क्या उन्होंने 'रास्ता साफ' का सिग्नल दे दिया है?'

'वे सिग्नल देने वाले हैं। मैं अब जाऊँगा, सर। क्या आप बर्दवान में एक चाय लेना चाहेंगे?'

'हाँ, वह अच्छा रहेगा।'

'तब मैं ले आऊँगा।'

अनिल चला गया। सुरपति ने सिगरेट सुलगाई और यूँ ही खिड़की के बाहर देखने लगा। धक्कम-धक्का करती भीड़, इधर-उधर दौड़ते कुली और फेरी लगाने वालों की चीख-चिल्लाहट की आवाज जल्दी पीछे छूट गई। उसका मन अपने बाल्यकाल में लौट गया। अब वह तैंतीस वर्ष का था। उस विशेष दिन वह आठ वर्ष से अधिक का नहीं रहा होगा। वह जिस गाँव में रहता था, उस गाँव में सड़क किनारे एक बूढ़ी औरत अपने सामने एक बोरा लिये बैठी रहती थी, उसके चारों

ओर एक बड़ी भीड़ जुटी हुई थी। उसकी उम्र कितनी रही होगी? साठ? नब्बे वर्ष? कुछ भी हो सकती थी। उसकी उम्र से कोई फर्क नहीं पड़ता। महत्त्वपूर्ण वह था, जो वह अपने हाथों से करती थी। वह कोई भी एक वस्त—एक सिक्का, एक पत्थर का गोला, एक शकोरा, एक सुपारी या एक अमरूद भी हाथ में लेती—और वह वस्तु उन सबकी आँखों के सामने गायब हो जाती। वह बूढ़ी तब तक लगातार पटर-पटर बोलती रहती जब तक कि गायब हुई वस्तु न जाने कहाँ से दुबारा सामने न आ जाती। उसने कालू काका से एक रुपया लिया और वह गायब हो गया। बहुत परेशान कालू काका को गुस्सा आने लगा। बूढ़ी औरत हँसी और हे छूमंतर! वह रुपया सबके सामने मौजूद था। कालू काका की आँखें हैरान रह गईं।

उसके बाद सुरपति किसी चीज पर ज्यादा ध्यान नहीं लगा सका। उस बूढ़ी औरत को उसने फिर कभी नहीं देखा। न ऐसी आश्चर्यजनक करामात उसने कहीं और देखी।

सोलह वर्ष का होने पर वह आगे की पढ़ाई के लिए कलकत्ता चला आया था। कलकत्ता आने पर उसने सबसे पहला काम यह किया कि जादू पर जितनी भी पुस्तकें वह खरीद सकता था, उसने खरीद लीं और उन पुस्तकों में बताई गई युक्तियों का अभ्यास करना शुरू कर दिया। अभ्यास करने के लिए ताश-पत्तों के कई बंडल लेकर किसी दर्पण के सामने घंटों खड़ा रहना पड़ता, और लिखे हुए एक-एक अनुदेश के अनुसार काम करना पड़ता। लेकिन बहुत जल्द, उसने सब कुछ सीख लिया। उसने छोटी-छोटी सभाओं और दोस्तों द्वारा आयोजित पार्टियों में अपने करतबों का प्रदर्शन शुरू कर दिया।

जब वह कॉलेज के द्वितीय वर्ष का छात्र था, उसके एक मित्र गौतम ने सुरपति को अपनी बहन के विवाह में बुलाया। वह शाम, बाद में एक जादूगर की हैसियत से सुरपति के प्रशिक्षण के इतिहास में सबसे अधिक स्मरणीय शाम सिद्ध हुई, क्योंकि उस दिन सुरपति की भेंट पहली बार त्रिपुर बाबू से हुई।

स्विन्हो स्ट्रीट में एक घर के पीछे एक बहुत बड़ा शामियाना लगा हुआ था। त्रिपुरचरन मलिक उस शामियाने के नीचे बैठे हुए थे और विवाह में उपस्थित दूसरे मेहमानों ने उन्हें घेरा हुआ था। एक नजर देखने में वह बहुत साधारण लगते थे। अड़तालीस वर्ष की उम्र, घुँघराले बाल—एक तरफ माँग निकालकर कढ़े हुए, होंठों पर मुसकान, मुँह के दोनों कानों पर चमकते पान के रस की धार। ऐसे लाखों लोग रोजाना देखने को मिलते हैं, त्रिपुरचरन उनसे कतई भिन्न नहीं था। लेकिन उनके सामने बिछे गद्दे पर जो हो रहा था उसे देखकर कोई भी उनके बारे में

अपनी राय बदलने में एक क्षण भी नहीं लगाता। सुरपति को पहले तो अपनी आँखों पर विश्वास नहीं हुआ। चाँदी का एक सिक्का लुढ़कता हुआ करीब एक गज की दूरी पर रखी सोने की अँगूठी के पास गया और उसकी बगल में जाकर रुक गया, और फिर दोनों लुढ़कते हुए त्रिपुर बाबू के पास लौट आए। सुरपति आश्चर्य से निकल कर सँभल पाता, उससे पहले ही गौत के अंकल के हाथ से माचिस की डिब्बी छूट कर जमीन पर गिर गई। सारी तीलियाँ बाहर बिखर गईं।

'उन्हें उठाने की परेशानी मत उठाओ।' त्रिपुर बाबू ने कहा। 'तुम्हारी ओर से मैं उन्हें इकट्ठा कर दूँगा।' उन्होंने सिर्फ एक बार अपना हाथ फिराया और सारी तीलियों का ढेर गद्दे पर रख दिया। फिर माचिस की खाली डिब्बी अपने बाएँ हाथ में लेकर उन्होंने पुकारना शुरू किया, 'मेरे पास आओ, प्रिय। आओ, आओ, आओ।' एक-एक तीली हवा में उठती और वापस डिब्बी के अंदर चली जाती, मानो वे तीलियाँ न होकर उनके पालतू जानवर हों और अपने मालिक की आज्ञा का पालन कर रहे हों।

डिनर के पश्चात् सुरपति सीधा उनके पास चला गया। त्रिपुर बाबू को उसकी रुचि देखकर बड़ी हैरानी हुई। 'मैंने कभी किसी को जादू सीखने में रुचि दिखाते नहीं देखा है। अधिकतर लोग तमाशा देखने में खुश रहते हैं।' उन्होंने कहा।

दो-चार दिन के बाद सुरपति उनके घर गया। वास्तव में उसे घर कहना अतिशयोक्ति होगी। त्रिपुर बाबू एक पुराने और जीर्ण-शीर्ण बोर्डिंग हाउस में एक छोटे से कमरे में रहते थे। घर के हर कोने से गरीबी झाँक रही थी। त्रिपुर बाबू ने उसे बताया कि अपना जादू दिखा-दिखाकर वह किस तरह अपनी गुजर-बसर किया करते हैं। प्रत्येक शो के लिए वह पचास रुपए लेते हैं, लेकिन फिर भी उन्हें बहुत अधिक निमंत्रण नहीं मिलते हैं। इसका मुख्य कारण सुरपति की जानकारी के अनुसार, त्रिपुर बाबू के अपने उत्साह का अभाव था। सुरपति कल्पना नहीं कर सका कि इतना प्रतिभाशाली कोई व्यक्ति अपनी महत्त्वाकांक्षी के प्रति पूर्णतया उदासीन कैसे हो सकता है। इस बात का जिक्र करने पर त्रिपुर बाबू ने एक आह के साथ कहा, 'अधिक शो करने की कोशिश का क्या लाभ होगा? कितने लोग हैं, जो एक सच्चे कलाकार की प्रतिभा की कद्र करते हैं? तुमने देखा नहीं, उस विवाह में डिनर की घोषणा होते ही कैसे सब लोग दौड़ गए? सिर्फ एक तुमको छोड़कर, क्या कोई भी लौटकर मेरे पास आया?'

इसके बाद सुरपति ने अपने दोस्तों से बात की और कुछ शो कराने का इंतजाम कर दिया। त्रिपुर बाबू संभवतः कुछ तो कृतज्ञता के कारण और कुछ उस

लड़के के प्रति वास्तविक स्नेह के कारण उसे अपनी कला सिखाने के लिए राजी हो गए।

'मुझे कोई फीस नहीं चाहिए।' उन्होंने दृढता से कहा, 'मुझे खुशी है कि मेरे चले जाने के बाद कोई तो मेरी विरासत को आगे बढ़ाएगा। लेकिन याद रहे, तुम्हें धैर्य रखना होगा। जल्दबाजी में कुछ नहीं सीखा जा सकता है। अगर तुम अच्छी तरह कुछ सीख जाते हो तो तुम जान जाओगे कि सृजन में कितना आनंद प्राप्त होता है। बहुत अधिक सफलता या प्रसिद्धि तत्काल पाने की अपेक्षा मत रखना। लेकिन मैं कह सकता हूँ कि तुम जीवन में मेरे मुकाबले कहीं अधिक नाम कमाओगे, क्योंकि तुम्हारे अंदर महत्त्वाकांक्षा है, जो मेरे पास नहीं है।'

कुछ-कुछ घबराए हुए सुरपति ने पूछा, 'क्या आप मुझे वह सब सिखा देंगे जो आप जानते हैं? वह सिक्के और अँगूठीवाला खेल भी?'

त्रिपुर बाबू हँस पड़े। 'तुमको धीरे-धीरे एक-एक कदम चलकर सीखना होगा। इस कला को सीखने के लिए धैर्य और अध्यवसाय की बहुत आवश्यकता होती है। इस कला का विकास प्राचीन समय में हुआ, जब इनसान की इच्छा शक्ति और एकाग्रता बहुत तीव्र हुआ करती थी। आधुनिक इनसान के लिए वहाँ जाना आसान नहीं है। तुमको नहीं पता, मुझे कितना परिश्रम करना पड़ा था।'

सुरपति ने त्रिपुर बाबू के पास नियमित रूप से जाना शुरू कर दिया। लेकिन करीब छह माह बाद ही कुछ ऐसी घटना हुई, जिसके कारण उसका जीवन पूरी तरह बदल गया।

एक दिन कॉलेज के रास्ते में सुरपति ने चौरंधी की दीवारों पर बहुत सारे रंगीन पोस्टर लगे हुए देखे। 'शेफालो द ग्रेट' बड़े-बड़े अक्षरों में लिखा था। थोड़ा करीब से देखने पर पता चला कि शेफालो एक इतालवी जादूगर है। वह कलकत्ता आ रहा था अपनी सहायक मैडम पलर्मो के साथ।

उन्होंने 'न्यू एंपायर' में अपना जादू का खेल दिखाया। सुरपति एक रुपए वाली सीट पर बैठा और प्रत्येक खेल को पूरी तरह डूबकर देखता रहा। इन करामातों के बारे में उसने सिर्फ किताबों में पढ़ा था। उसकी आँखों के सामने लोग देखते-ही-देखते धुएँ के बादल में गायब हो गए और फिर उसी सर्पिल धुएँ से दुबारा प्रकट हो गए, अल्लादीन के जिन की तरह। एक लड़की को लकड़ी के बक्से में बंद कर दिया गया। शेफालो ने उस बक्से को आरी से दो हिस्सों में काट दिया, लेकिन वह लड़की एक दूसरे बक्से से हँसती हुई बाहर निकल आई, पूरी तरह सुरक्षित। उस रात सुरपति की हथेलियों में बहुत दर्द हुआ। उसने इस कदर

तालियाँ जो बजाई थीं।

उसने शेफालो को बहुत ध्यान से देखा। वह जितना अच्छा जादूगर था उतना ही अच्छा एक अभिनेता भी था। उसने एक चमकीला काला सूट पहना हुआ था। उसके हाथ में एक जादुई छड़ी थी और उसके सिर पर एक हैट था। उस हैट से तरह-तरह की वस्तुएँ बाहर आने का सिलसिला रुकता ही नहीं था। एक बार उसने हैट में अपना हाथ डाला और एक खरगोश को कानों से पकड़कर बाहर खींच लिया। इससे पहले कि खरगोश अपने कानों को सहलाता, एक के बाद एक कबूतर बाहर आने लगे—एक, दो, तीन, चार। वे स्टेज के चारों ओर फड़फड़ाने लगे। इस बीच शेफालो ने अपने हैट से ढेर सारी चॉकलेट निकालकर दर्शकों की तरफ फैलाना शुरू कर दिया।

सुरपति ने एक और चीज देखी। शेफालो अपना खेल दिखाते समय बराबर बोलता रहा, एक क्षण के लिए भी रुका नहीं। बाद में सुरपति को पता चला कि इसे जादूगर की बड़बड़ाहट कहते हैं। दर्शक उसके निरंतर शब्द प्रवाह से बँधे रहते हैं, और जादूगर चुपचाप अपनी कलाकारी का प्रदर्शन करता रहता है, हाथ की सफाई, थोड़ा छल-कपट।

लेकिन मैडम पलर्मो अलग थी। वह एक शब्द भी नहीं बोली। फिर, कैसे वह हर एक को ठग सकी? सुरपति को इसका जवाब बाद में मिला। स्टेज पर कुछ करतब ऐसे भी दिखाए जा सकते हैं, जहाँ जादूगर के हाथों को कुछ भी करने की खास जरूरत नहीं होती है। सब-कुछ यंत्र चालित उपकरण के जरिए नियंत्रित किया जा सकता है, जिसे चलाने वाले परदे के पीछे रहते हैं। किसी आदमी को धुएँ में गायब होते दिखाना या किसी लड़की को दो हिस्सों में काटना, दोनों इसी प्रकार की चालाकियाँ हैं, जो पूरी तरह उपकरण के प्रयोग पर निर्भर करती हैं। बहुत पैसे वाला कोई भी व्यक्ति उस उपकरण को खरीद सकता है और स्टेज पर खेल दिखा सकता है, लेकिन निस्संदेह प्रस्तुत करने की कला आना भी बहुत जरूरी है। कला की पूर्ण प्रस्तुति में व्यक्ति की सहज प्रवृत्ति एवं उचित आंतरिक प्रेरणा, मोहित करने की कला का बहुत महत्त्वपूर्ण योगदान रहता है। यह कर सकना हर किसी के वश की बात नहीं है। हर कोई नहीं···

सुरपति चौंक कर अपने दिवास्वप्न से बाहर आ गया। गाड़ी ने झटके दे-देकर अभी स्टेशन से निकलना शुरू ही किया था कि एक आदमी ने बाहर से उसके डिब्बे का दरवाजा खोला और अंदर चढ़ आया। सुरपति ने जैसे ही यह कहकर विरोध करना चाहा कि ये सीटें आरक्षित हैं, उसी व्यक्ति के चेहरे पर नजर

पड़ते ही वह हैरान रह गया। शुक्रिया ईश्वर का—यह तो त्रिपुर बाबू निकले।

त्रिपुरचरन मलिक!

विगत में भी कई दृष्टांत हो चुके हैं, जब सुरपति को इसी का अनुभव हुआ। किसी व्यक्ति के बारे में सोचते ही उसके साक्षात् हो जाने की घटना सुरपति के साथ पहले ही घट चुकी थी। लेकिन त्रिपुर बाबू को इस प्रकार अपने डिब्बे में पाने जैसी घटना के आगे पिछली सभी घटनाएँ फीकी पड़ गईं।

सुरपति अवाक् बना रहा। त्रिपुर बाबू ने अपनी धोती के छोर से अपना माथा पोंछा, साथ में लाई पोटली को उन्होंने सामनेवाली सीट पर रखा और बैठ गए। फिर उन्होंने सुरपति को देखा और हँसे, 'आश्चर्य, क्या तुम···नहीं हो?'

सुरपति ने मुश्किल से कंठ निगला। 'मैं···हाँ, मैं चकित हूँ। असल में, मुझे पक्का पता नहीं था कि आप अभी तक जीवित हैं।'

'वास्तव में?'

'हाँ। कॉलेज समाप्त होने के बाद ही मैं आपके बोर्डिंग हाउस गया था। आपके कमरे पर ताला लगा हुआ था। मैनेजर ने मुझे बताया कि आप एक कार के नीचे आ गए थे···।'

त्रिपुर बाबू हँसे। 'वह बल्कि ज्यादा अच्छा होता। मैं कम-से-कम अपनी सारी चिंताओं एवं परेशानियों से तो मुक्त हो जाता।'

'इसके अलावा,' सुरपति ने कहा, 'कुछ देर पहले तक मैं आपके विषय में ही सोच रहा था।'

'अरे हाँ!' त्रिपुर बाबू के चेहरे के ऊपर से एक छाया गुजर गई। 'क्या तुम वास्तव में मेरे बारे में सोच रहे थे? तुम्हारा मतलब है, तुम अभी भी मुझे याद करते हो? आश्चर्य की बात है।'

सुरपति ने लज्जा से अपना होंठ काट लिया।

'ऐसा मत कहिए, त्रिपुर बाबू! मैं आपको कैसे भूल सकता हूँ? क्या आप मेरे पहले गुरु नहीं थे? मैं उन दिनों को याद कर रहा था, जब हम साथ थे। मैं पहली बार बंगाल के बाहर अपना खेल दिखाने जा रहा हूँ, अब मैं एक पेशेवर जादूगर हूँ—क्या आपको पता था?'

त्रिपुर बाबू ने सहमति में सिर हिलाया। 'हाँ, मुझे तुम्हारे बारे में सब मालूम है। इसीलिए मैं आज तुमसे मिलने आया हूँ। देखो, मैं पिछले बारह वर्ष से तुम्हारे कैरियर को करीब से देखता आ रहा हूँ। जब 'न्यू एंपायर' में तुम्हारा शो था, मैं पहले दिन ही वहाँ गया था और अंतिम पंक्ति में बैठा था। मैंने सबको तालियाँ

बजाते देखा। हाँ, मुझे तुम पर गर्व महसूस हुआ। लेकिन…'

बोलते-बोलते वह रुक गए। सुरपति समझ नहीं पाया कि क्या कहा जाए। वैसे भी कहने के लिए कुछ खास था नहीं था। अगर महसूस कर रहे थे कि उन्हें ठेस लगी है और उपेक्षित छोड़ दिया गया है तो इसमें त्रिपुर बाबू का कोई दोष नहीं। बहरहाल, अगर उन्होंने शुरू में ही सुरपति की मदद नहीं की होती तो सुरपति उस जगह कभी न पहुँच पाता, जहाँ वह आज है। लेकिन उसने बदले में त्रिपुर बाबू के वास्ते क्या किया? कुछ भी नहीं। उलटे यह जरूर हुआ कि त्रिपुर बाबू और उनके आरंभिक दिनों की याद उसके मन में बहुत धुँधली पड़ गई थी। इसी प्रकार, कृतज्ञता की भावना भी मिट चली थी।

त्रिपुर बाबू फिर बोलने लगे, 'हाँ, मैंने उस दिन तुम्हारे बारे में गर्व का अनुभव किया, यह देखकर कि तुमने कितनी सफलता हासिल कर ली है। लेकिन मुझे थोड़ा खेद भी हुआ। जानते हो 'क्यों? इसलिए' क्योंकि तुमने जो रास्ता चुना है, वह एक सच्चे जादूगर के लिए सही रास्ता नहीं है। उन जुगतों के प्रयोग से तुम दर्शकों का मनोरंजन कर सकते हो और उन्हें बहुत हद तक प्रभावित करने में भी सफल हो सकते हो; लेकिन कोई भी सफलता तुम्हारी अपनी नहीं होगी। क्या तुम्हें याद है, मैं किस प्रकार का जादू दिखाया करता था?'

सुरपति भूला नहीं था। उसे यह भी याद था कि त्रिपुर बाबू उस समय बहुत हिचकिचाहट में थे, जब उन्हें अपनी सबसे बढ़िया बाजीगरी या हाथ की सफाई उसे सीखनी थी। 'तुम्हें अभी थोड़ा और समय चाहिए,' वह कहते। लेकिन सही समय कभी नहीं आया। उसके कुछ समय बाद ही शेफालो का आगमन हुआ और दो माह बाद त्रिपुर बाबू स्वयं लुप्त हो गए।

सुरपति को आश्चर्य के साथ-साथ बहुत निराशा भी हुई, जब त्रिपुर बाबू वहाँ नहीं मिले, जहाँ वह रहते थे। लेकिन ये भावनाएँ अधिक समय तक नहीं रहीं। उसके मन में शेफालो भरा हुआ था और अपने भविष्य के सपने थे—कि वह हर जगह की यात्रा करेगा, हर जगह अपना खेल दिखाएगा। उसके नाम से लोग उसे पहचानेंगे और वह जहाँ भी जाएगा, तालियों से उसका स्वागत होगा और प्रशंसा प्राप्त होगी।

त्रिपुर बाबू विचारमग्न थे और खिड़की के बाहर ताक रहे थे। सुरपति ने उन्हें थोड़ा और निकट से देखा। देखकर लगता था कि उन्हें कठिन समय से गुजरना पड़ा है। उनके सारे बाल सफेद हो गए थे उनकी खाल धँस गई थी और उनकी आँखें गड्ढों में चली गई थीं। लेकिन, क्या उनकी आँखों की दृष्टि जरा भी मंद हुई

थी? नहीं। उनकी दृष्टि आश्चर्यजनक रूप से आज भी उतनी ही पैनी थी।

उन्होंने आह भरी।

'सचमुच, मैं जानता हूँ, तुमने यह रास्ता क्यों चुना? मैं जानता हूँ, तुम मानते हो—और इसके लिए शायद मैं भी अंशतः उत्तरदायी हूँ कि सादगी को प्रायः यथायोग्य सम्मान नहीं मिलता है। स्टेज पर खेल-तमाशा दिखाने के लिए तड़क-भड़क और कुछ छल की आवश्यकता होती है। होती है न?'

सुरपति असहमत नहीं हुआ। शेफालो के हुनर का वह कायल हो गया था। सच में, थोड़ी-बहुत चकाचौंध से कोई नुकसान नहीं होता। आज स्थितियाँ बदल गई हैं। शादी-विवाह में साधारण खेल-तमाशा दिखाकर कोई कितना हासिल कर सकता है? बिना किसी काट-छाँटवाली विशुद्ध जादूगरी के प्रति सुरपति के मन में अगाध सम्मान था। लेकिन उस प्रकार के जादू का कोई भविष्य नहीं था। सुरपति यह समझता था और इसी कारण उसने एक अलग रास्ते पर चलने का फैसला किया था।

उसने त्रिपुर बाबू को यह सब कह डाला और त्रिपुर बाबू अचानक उत्तेजित हो गए। बेंच पर पालथी मारकर बैठे-बैठे वह उसी आक्रोश में थोड़ा आगे की ओर झुक आए—'सुनो, सुरपति!' उन्होने कहा, 'अगर तुम्हें पता होता कि असल जादू क्या होता है तो तुम नकली जादू के पीछे नहीं भागते। जादू सिर्फ हाथ की सफाई नहीं है, हालाँकि उसे सीखने लिए भी सालों अभ्यास करना पड़ता है। उसके आगे भी बहुत कुछ है। सम्मोहन! जरा सोचो इसके बारे में। तुम एक व्यक्ति को पूरी तरह वश में कर सकते हो—सिर्फ उस पर अपनी दृष्टि गड़ाकर। फिर अतींद्रिय दृष्टि है, दूरानुभूति (टेलीपैथी) है और पर-विचार ज्ञान है। अगर तुम चाहो तो किसी दूसरे के विचारों में प्रवेश कर सकते हो। व्यक्ति की नाड़ी स्पर्श करके ही तुम बता सकते हो कि वह क्या सोच रहा है। अगर तुम इस कला को पूरी तरह आत्मसात् कर लो तो तुम्हें व्यक्ति को छूने की भी जरूरत नहीं होगी। तुम्हें केवल एक मिनट उस व्यक्ति को घूरकर देखना होगा और तुम उसके विचारों को जान सकोगे। यह सबसे बड़ा जादू है। उपकरण और जुगत की इसमें कोई जगह नहीं है। इसमें सिर्फ समर्पण, अध्यवसाय और गहन एकाग्रता चाहिए।'

त्रिपुर बाबू साँस भरने के लिए रुके। फिर वह सुरपति के और निकट खिसक आए और कहने लगे, 'मैं तुमको यह सब सीखाना चाहता था। तुम प्रतीक्षा नहीं कर सके। विदेश से आए एक छली ने तुम्हारा दिमाग पलट दिया। तुमने सही रास्ता त्याग दिया और भटक गए आडंबर की दुनिया में जल्दी पैसा कमाने के उद्देश्य से।'

सुरपति खामोश रहा। वह किसी भी बात से इनकार नहीं कर सका।

त्रिपुर बाबू कुछ नरम पड़ गए। उन्होंने सुरपति के कंधे पर हाथ रखा और नरमी के साथ आगे बोलने लगे, 'आज मैं सिर्फ एक अनुरोध करने आया हूँ। अब तक तुम्हें अंदाजा हो गया होगा कि मेरी आर्थिक स्थिति अच्छी नहीं है। मुझे अनेक करतब आते हैं, लेकिन पैसा कमाने की चालबाजी मैंने अभी तक नहीं सीखी है। मैं जानता हूँ, मुझमें महत्त्वाकांक्षा की कमी है, वही एकमात्र कारण है। आज मैं घोर निराशा में डूबा हुआ हूँ, सुरपति। मुझमें अब इतनी सामर्थ्य एवं शक्ति नहीं है कि अपने जीवन-निर्वाह के लिए फिर से कोशिश कर सकूँ। मुझे बस, इतना भरोसा है कि तुम मेरी मदद करोगे, भले ही इसके लिए तुम्हें कोई त्याग क्यों न करना पड़े। मेरे वास्ते यह कर दो सुरपति, और मैं वादा करता हूँ कि फिर कभी मैं तुमको परेशान नहीं करूँगा।'

सुरपति उलझन में पड़ गया। वह किस प्रकार की मदद चाहते हैं?

त्रिपुर बाबू आगे बोले, 'मैं अब आगे जो कहने जा रहा हूँ, तुमको धृष्टता लग सकती है। लेकिन कोई दूसरा उपाय नहीं है। देखो, यह मेरे लिए सिर्फ धन चाहने की बात नहीं है। इस वृद्धावस्था में मेरी एक विलक्षण इच्छा है। मैं स्टेज पर, दर्शकों की एक बड़ी भीड़ के सामने अपना खेल दिखाना चाहता हूँ। मैं उनको अपनी सबसे श्रेष्ठ बाजीगरी, जो मैं जानता हूँ, दिखाना चाहता हूँ। यह पहला और अंतिम अवसर हो सकता है, लेकिन मैं इस चाह को अपने मन से निकाल नहीं सकता।'

एक ठंडे हाथ ने सुरपति के दिल को जकड़ लिया। त्रिपुर बाबू अंततः मुद्दे पर आ गए—'तुम लखनऊ में शो करने जा रहे हो। जा रहे हो न? मान लो कि तुम अंतिम क्षण में बीमार हो जाते हो? निस्संदेह, तुम अपने दर्शकों को निराश नहीं करना चाहोगे। मान लो, कोई दूसरा व्यक्ति तुम्हारा स्थान ले लेता है…'

सुरपति पूरी तरह हक्का-बक्का रह गया। वह कहना क्या चाहते हैं। वह असल में बहुत निराश होंगे, अन्यथा ऐसा अजीब प्रस्ताव लेकर वह कभी नहीं आते।

सुरपति पर अपनी दृष्टि गड़ाए हुए त्रिपुर बाबू ने कहा, 'तुम्हें सिर्फ यह कहना होगा कि किसी अपरिहार्य कारण से तुम अपना खेल नहीं दिखा सकते; लेकिन यह कि तुम्हारी जगह तुम्हारे गुरु आ रहे हैं अपना करतब दिखाने। क्या लोगों को इस बात से अफसोस होगा और उनका दिल टूट जाएगा? मैं ऐसा नहीं मानता। मैं सोचता हूँ, उन्हें मेरा प्रदर्शन पसंद आएगा। इसके बावजूद तुम पहली शाम की कमाई में से आधा अपने पास रख सकते हो। बाकी रकम से मेरा काम

चल जाएगा। उसके पश्चात् तुम अपने रास्ते जा सकते हो। मैं तुमको दुबारा कभी तंग नहीं करूँगा। लेकिन यह एक मौका तो तुमको मुझे देना ही होगा, सुरपति—केवल एक बार।'

'असंभव!' सुरपति को गुस्सा आ गया' 'आप जो कह रहे हैं वह एकदम नामुमकिन है। आपको पता नहीं, आप क्या कह रहे हैं। मैं बंगाल के बाहर पहली बार अपनी बाजीगरी का प्रदर्शन करने जा रहा हूँ। क्या आप समझ नहीं सकते कि लखनऊ में मेरा यह शो मेरे लिए क्या अर्थ रखता है? क्या आप वास्तव में चाहते हैं कि मैं अपने नए पेशे की शुरुआत एक झूठ से करूँ? आप ऐसा सोच भी कैसे सकते हैं?'

त्रिपुर बाबू ने उस पर एक ठंडी व सपाट दृष्टि डाली। फिर उनकी आवाज सारे शोर व गुल से ऊपर उठ गई। लगता था जैसे डिब्बे को चीर डालेगी—'क्या तुम अभी भी सिक्के और अँगूठी के उस पुराने दाँव में रुचि रखते हो?'

सुरपति चौंक गया। लेकिन त्रिपुर बाबू की आँखों का भाव नहीं बदला।

'क्यों?' सुरपति ने पूछा।

त्रिपुर बाबू बुजदिली से हँसे, 'अगर तुम मेरा सुझाव मानोगे तो मैं तुम्हें वो हुनर सिखा दूँगा। अगर तुम नहीं…'

उस क्षण उनकी आवाज हावड़ा जा रही ट्रेन की सीटी की तेज आवाज में डूब गई। गुजरती हुई ट्रेन की तेज रोशनी ने उनकी आँखों में विचित्र चमक को पकड़ लिया।

'और अगर मैं न मानूँ?' सुरपति ने नम्रता से पूछा, जब शोर जा चुका था।

'तुम पछताओगे। यह कुछ ऐसी बात है, जो तुम्हें पता होनी चाहिए। अगर मैं दर्शकों के बीच बैठा होऊँ तो मैं अपनी शक्ति से एक जादूगर किसी भी जादूगर को बड़ी परेशानी में डाल सकता हूँ। यहाँ तक कि मैं उसे पूरी तरह असहाय बना सकता हूँ।'

त्रिपुर बाबू ने अपनी जेब से ताश के पत्तों का एक बंडल निकाला। 'देखते हैं, तुम कितने होशियार हो। क्या तुम इस गुलाम को पीछे से ले सकते हो और आगे लाकर इसे चिड़ी की इस तिक्की के ऊपर रख सकते हो, अपने हाथ की सिर्फ एक हरकत से?'

सुरपति ने पहले-पहले जो करामात सीखी थीं, उनमें से एक यह करामात भी थी। सोलह वर्ष की आयु में उसने यह हुनर केवल सात दिनों में पूरी तरह सीख लिया था।

और आज?

सुरपति ने ताश का पैकेट लिया और उसे ऐसा महसूस हुआ जैसे उँगलियाँ सुन्न होने लगी हैं। फिर उसकी कलाई, उसकी कुहनी सुन्न पड़ गई और अंततः पूरी बाँह को जैसे लकवा मार गया। सुरपति ने हैरानी में त्रिपुर बाबू की ओर देखा। उन्होंने एक विचित्र-सी मुसकान के साथ मुँह टेढ़ा किया हुआ था और उनकी आँखें सीधे सुरपति की आँखों में घूर रही थीं। उनकी आँखों में अमानवीय दृष्टि थी। सुरपति के माथे पर पसीने की छोटी-छोटी बूँदें निकल आईं। उसका सारा बदन काँपने लगा।

'क्या अब मेरी शक्ति में तुम विश्वास करते हो?'

ताश के पत्तों की ढेरी सुरपति के हाथों से छूट गई। त्रिपुर बाबू ने उसे बड़ी सफाई से उठा लिया और कहा, 'क्या अब तुम मेरे सुझाव को मानने के लिए तैयार हो?'

सुरपति को अब कुछ बेहतर लगने लगा। 'क्या आप वास्तव में मुझे वह पुरानी करामात सिखाएँगे?' सुरपति ने थकावट महसूस करते हुए पूछा।

त्रिपुर बाबू ने एक उँगली उठाई, 'तुम्हारा गुरु त्रिपुरचरन मलिक लखनऊ में तुम्हारी जगह खेल का प्रदर्शन करेगा; क्योंकि तुम अचानक बीमार हो जाते हो। क्या यह ठीक है?'

'हाँ।'

'उस शाम की आधी कमाई तुम मुझे दोगे। ठीक?'

'ठीक।'

'तो फिर, ठीक…'

सुरपति ने अपनी जेब से पचास पैसे का एक सिक्का निकाला और अपनी मूँगे की अँगूठी उतारी। एक शब्द भी बोले बिना उसने दोनों चीजें त्रिपुर बाबू को सौंप दीं।

जब ट्रेन बर्दवान स्टेशन पर रुकी, अनिल चाय का प्याला लिये आ गया और उसने अपने बॉस को गहरी निद्रा में पाया।

'सर!' अनिल ने कुछ पल के संकोच के बाद कहा।

सुरपति तुरंत जाग गया।

'कौन…क्या है यह?'

'आपकी चाय सर। सॉरी, मैंने आपको परेशान किया।'

'लेकिन…?' सुरपति ने बेताबी से चारों तरफ नजर घुमाई।

'बात क्या है?'

'त्रिपुर बाबू... वह कहाँ हैं?'

'त्रिपुर बाबू!' अनिल उलझन में पड़ गया।

'अरे नहीं, नहीं। वह तो गाड़ी के नीचे आ गए थे, क्या उन्हें गाड़ी मार कर नहीं चली गई? बहुत पहले—1951 में। लेकिन मेरी अँगूठी कहाँ है?'

'कौन सी अँगूठी, सर? मूँगेवाली अँगूठी तो आपकी उँगली पर है।'

'हाँ, हाँ, सचमुच। और...'

सुरपति ने अपनी जेब में हाथ डाला और एक सिक्का निकाला। अनिल ने गौर किया कि उसके मालिक के हाथ काँप रहे हैं।

'अनिल', सुरपति ने पुकारा, 'जल्दी आओ। खिड़कियाँ बंद कर दो, ओके। अब यह देखो।'

सुरपति ने अँगूठी को बेंच के एक सिरे पर रखा और सिक्के को दूसरे सिरे पर। 'ईश्वर मेरी मदद करो!' उसने मौन प्रार्थना की और एक गहरी सम्मोहक दृष्टि पूर्णतया सिक्के पर टिकाए रखी, ठीक उसी तरह जैसा कुछ क्षण पहले उसे सिखाया गया था। सिक्का अँगूठी की तरफ लुढ़कने लगा और फिर दोनों—सिक्का एवं अँगूठी दो आज्ञाकारी बच्चों की तरह लुढ़कते हुए सुरपति के पास लौट आए।

अनिल के हाथ से प्याला छूटकर फर्श पर गिर गया होता, अगर सुरपति ने अंतिम क्षण में चमत्कारिक रूप से अपना हाथ बढ़ाकर उसे बीच में ही न लपक लिया होता।

सुरपति ने लखनऊ में अपना शो अपने स्वर्गीय गुरु त्रिपुरचरन मलिक को श्रद्धांजलि अर्पित करते हुए आरंभ किया।

उस शाम सुरपति ने जो अंतिम खेल प्रस्तुत किया, उसका परिचय असली भारतीय जादू के रूप में दिया गया। वही, सिक्का और अँगूठी का खेल।

□

पतोल बाबू फिल्म स्टार

पतोल बाबू ने अपना शॉपिंग बैग अपने कंधे पर लटकाया ही था कि तभी मुख्य प्रवेश-द्वार के बाहर से निशिकांत बाबू ने पुकारा, 'पतोल, क्या तुम अंदर हो?'

'अरे हाँ,' पतोल बाबू ने कहा, 'बस! एक मिनट।'

नेपाल भट्टाचार्जी लेन में पतोल बाबू के घर से तीन घर आगे निशिकांत बाबू का घर था। वह एक मिलनसार व्यक्ति थे।

पतोल बाबू कंधे पर थैला लटकाए बाहर आ गए। 'इतनी सुबह-सुबह कैसे आना हुआ?'

'सुनो, तुम किस समय वापस आओगे?'

'लगभग एक घंटे में। क्यों?'

'मैं समझता हूँ, उसके बाद तुम अंदर रहोगे। कल नेताजी फार्मेसी में मेरी भेंट मेरे सबसे छोटे बहनोई से हुई। वह फिल्म व्यवसाय में, फिल्म-निर्माण विभाग में है। उसने कहा कि वे अब जिस फिल्म की शूटिंग कर रहे हैं, उस फिल्म में एक सीन के लिए उसे किसी अभिनेता (एक्टर) की तलाश है। उसने जैसे किरदार का वर्णन किया—पचास के ऊपर, छोटा कद, सिर गंजा—उसे सुनकर मुझे तुम्हारा ध्यान आ गया। इसलिए मैंने तुम्हारा पता उसे दे दिया और सीधे तुमसे संपर्क करने के लिए उसे कह दिया। आशा करता हूँ, तुम उसे निराश नहीं करोगे। बेशक, वे तुम्हें भुगतान करेंगे।'

पतोल बाबू को सुबह-सुबह ऐसी खबर मिलने की आशा नहीं थी। पतोल बाबू ने दूर-दूर तक अपने सपनों में भी कभी नहीं सोचा था कि उनके जैसे बावन वर्ष के एक नगण्य व्यक्ति को किसी फिल्म में काम करने का प्रस्ताव मिलेगा।

'खैर, हाँ या न?' निशिकांत बाबू ने कहा, 'मैं समझता हूँ, तुमने किसी समय

मंच पर कुछ अभिनय किया था?'

'यह सच है,' पतोल बाबू ने कहा, 'मुझे वास्तव में कोई कारण नहीं दिख रहा है कि मैं न कह दूँ। लेकिन पहले मुझे अपने बहनोई से बात कर लेने दो और ब्योरा जानने दो। उसका नाम क्या है?'

'नरेश। नरेश दत्त। वह करीब तीस वर्ष का है। एक हट्टा-कट्टा जवान आदमी। उसने कहा, वह करीब साढ़े दस बजे तक यहाँ पहुँच जाएगा।'

बाजार में जाकर पतोल बाबू भूल गए कि उनकी पत्नी ने क्या लाने के लिए कहा था और छोटी प्याज के बजाय लाल मिर्च खरीद लाए। और उन्हें लाल कनेर के बारे में भी कुछ याद नहीं रहा। यह कोई आश्चर्य की बात नहीं थी। एक समय था, जब पतोल बाबू के सिर पर अभिनय का भूत सवार था। वास्तव में, यह एक तरह का पागलपन था। जात्राओं में, शौकिया नाट्यशालाओं में, उनके आस-पड़ोस के क्लब में प्रस्तुत नाटकों में पतोल बाबू की हमेशा माँग रहती थी। अनेक अवसरों पर इश्तहारों में उनका नाम छपा था। एक बार तो उनका नाम सबसे ऊपर बड़े-बड़े अक्षरों में छपा था—'सीतलकांत रे (पतोल बाबू) पराशर की भूमिका में।' वस्तुतः एक समय था, जब लोग विशेषकर उन्हें ही देखने के लिए टिकट खरीदते थे।

यह तब की बात है, जब वह कांचरापाड़ा में रहा करते थे। रेल कारखाने में उनकी नौकरी थी। वर्ष 1934 में उन्हें कलकत्ता में हडसन एंड किंबरले कंठ में लिपिक श्रेणी में अधिक वेतन के साथ-साथ नेपल भट्टाचार्जी लेन में एक फ्लैट भी रहने के लिए मिल गया था। पतोल बाबू ने कारखाने की नौकरी छोड़ दी और अपनी पत्नी के साथ कलकत्ता चले आए। कुछ वर्ष तक जीवन की गाड़ी भलीभाँति चलती रही और पतोल बाबू पर उनके मालिक की कृपा-दृष्टि बनी हुई थी। 1943 में जब वह अपने पड़ोस में एक क्लब चालू करने की कोशिश में थे, तभी युद्ध के कारण उनके कार्यालय में छँटनी हो गई और उनकी नौ साल की नौकरी जाती रही।

तब से पतोल बाबू अपनी गुजर-बसर के वास्ते संघर्ष करते रहे। पहले उन्होंने एक विविधवस्तु भंडार खोला और पाँच साल के बाद उसे बंद कर देना पड़ा। फिर उन्हें एक बंगाली कंपनी में नौकरी मिल गई, जिसे उन्होंने तंग आकर छोड़ दिया; क्योंकि उनका बॉस उनके साथ मनमाने ढंग से पेश आने लगा था। फिर एक बीमा विक्रेता के रूप में नए सिरे से आजीविका की शुरुआत करके वह दस वर्ष तक निर्वाह-योग्य धनार्जन के लिए संघर्ष करते रहे; लेकिन कभी इतने सफल नहीं हो पाए कि जिंदगी आराम से गुजार सकें। हाल-फिलहाल वह रद्दी लोहे का कारोबार करनेवाली एक छोटी कंपनी के चक्कर काट रहे थे, जहाँ उनके

चचेरे भाई ने उन्हें नौकरी दिलाने का वादा किया था।

और अभिनय? कहीं दूर अतीत में छूट गया था। उसके बारे में कभी-कभी याद करके वह आह भर लिया करते थे। आश्चर्यजनक स्मृति के धनी पतोल बाबू आज भी उन किरदारों के कुछ संवाद सुनाया करते, जो श्रेष्ठतम किरदार उन्होंने कभी मंच पर निभाए थे। 'सुनो, हे सुनो, घमासान संग्राम में रत उस शक्तिशाली धनुष गांडीव की गर्जन टंकार, और महान बृकोदर के हाथों में हवा में सनसनाते उस विशाल गदा की गड़गड़ाहट!' ऐसी पंक्तियों के बारे में सोच कर ही उनके बदन में सिहरन दौड़ जाती।

नरेश दत्त साढ़े बारह बजे तशरीफ लाया। पतोल बाबू ने आशा छोड़ दी थी। और वह स्नान के लिए जाने वाले थे, तभी मुख्य द्वार पर दस्तक हुई।

'आ जाओ, अंदर आओ, सर!' पतोल बाबू उस युवक को लगभग घसीटते हुए घर के अंदर ले आए और हत्थे से टूटी कुरसी उसकी ओर बढ़ाकर बोले।' 'बैठ जाइए।'

'नहीं, शुक्रिया। मैं समझता हूँ, निशिकांत बाबू ने आपको मेरे बारे में बताया होगा?'

'अरे हाँ। मैं कहूँ, मुझे बड़ा अचरज हुआ था। इतने वर्षों के बाद...'

'उम्मीद करता हूँ, आपको कोई आपत्ति नहीं है।'

'तुम मानते हो कि मैं उस भूमिका के लिए ठीक रहूँगा?' पतोल बाबू ने बड़े संकोच के साथ पूछा।

नरेश दत्त ने पतोल बाबू पर पारखी दृष्टि डाली और सिर हिलाते हुए कहा, 'अरे हाँ। इसमें कोई संदेह नहीं है। वैसे, शूटिंग कल सुबह होगी।'

'कल? रविवार को?'

'हाँ, और स्टूडियो में नहीं। मैं बता दूँगा कि आपको किधर जाना है। आपको बेंटिंक स्ट्रीट और मिशनी के चौराहे के निकट फेराडे हाउस का पता है? यह एक सात तला बिल्डिंग है। शूटिंग ऑफिस के बाहर प्रवेश-द्वार के सामने होनी है। हम चाहेंगे कि आप वहाँ ठीक साढ़े आठ बजे पहुँच जाएँ। दोपहर तक आप फ्री हो जाएँगे।'

नरेश दत्त जाने को तैयार हुआ।

'लेकिन तुमने मुझे मेरी भूमिका के बारे में तो बताया नहीं' पतोल बाबू ने उत्सुकतापूर्वक कहा।

'अरे हाँ, क्षमा करें। भूमिका एक पादचारी (अर्थात् पैदल यात्री) की है। एक अन्यमनस्क, गुस्सैल पैदल यात्री। वैसे, क्या आपके पास कोई जाकेट है, जो

गरदन तक बंद हो जाए?'

'शायद एक है। क्या पुराने रिवाज की?'

'हाँ, आप वही पहनेंगे। किस रंग की है?'

'बादामी रंग की। लेकिन गरम है।'

'वह चलेगी। कहानी जाड़ों के समय की है, इसलिए वह गरम जाकेट ठीक रहेगी। कल ठीक 8.30 बजे सुबह, फेराडे हाउस।'

पतोल बाबू के मन में अचानक एक महत्त्वपूर्ण सवाल उठा।

'मैं समझता हूँ, इस भूमिका में कुछ संवाद भी होंगे?'

'निश्चित रूप से। बोलनेवाली भूमिका है। आप पहले अभिनय कर चुके हैं, क्या यह सच नहीं है?'

'खैर, वास्तव में, हाँ…'

'अच्छा! सिर्फ एक पादचारी की भूमिका का प्रस्ताव लेकर मैं आपके पास नहीं आता। उसके लिए हम सड़क चलते किसी को भी पकड़ लेते। बेशक, आपकी भूमिका में संवाद हैं और कल जैसे ही आप वहाँ आते हैं, आपकी पंक्तियाँ दे दी जाएँगी।'

नरेश दत्त के जाने के बाद पतोल बाबू ने अपनी पत्नी को वह खबर सुनाई।

'जहाँ तक मैं सोचता हूँ, भूमिका कोई बड़ी नहीं है। बेशक, मुझे पैसा मिलेगा; लेकिन मुख्य बात भुगतान की नहीं है। बात यह है—याद करो, मैंने स्टेज पर कैसी शुरुआत की थी? मेरी पहली भूमिका याद है? मैंने एक मृत सैनिक की भूमिका निभाई थी! मेरा काम सिर्फ इतना था कि मुझे अपने हाथ और पाँव फैलाकर मंच पर खामोश, निश्चेष्ट पड़े रहना था। और याद करो, वहाँ से मैं कहाँ पहुँच गया? याद है, मि. वाट्स ने मुझसे हाथ मिलाया था? और वह रजत पदक, जो हमारी नगरपालिका ने मुझे दिया? याद है? सीढ़ी पर यह पहला ही कदम है, प्रिय! हाँ, पहला कदम। ईश्वर ने चाहा तो आपके प्रिय पति को प्रसिद्धि और खुशहाली तक पहुँचाएगा।'

अकस्मात् बावन वर्षीय पतोल बाबू कुछ उछल-कूद करने लगे।

'आप क्या कर रहे हैं?' उनकी पत्नी ने अचरज प्रकट करते हुए पूछा।

'चिंता मत करो। तुम्हें याद है, सिसिर भादुड़ी सत्तर की उम्र में किस तरह स्टेज पर उछाल मारा करते थे? मुझे ऐसा महसूस हो रहा है जैसे मैंने पुनः जन्म लिया है!'

'तुम फिर हवाई किले बनाने लगे। ऐसा क्या मिल गया तुम्हें? आज तक कर

तो कुछ नहीं सके हवा में तीर चलाने के सिवा।'

'लेकिन इस बार तुम देखती जाओ, कहाँ तीर मारा है। जाओ और मेरे लिए एक प्याला चाय बनाकर लाओ, बनाओगी क्या? और आज रात मुझे अदरक का रस लेने की याद दिला देना। गले के लिए बहुत अच्छा रहता है।'

महानगर-पालिका भवन की घड़ी में आठ बजकर सात मिनट हुए थे जब पतोल बाबू एस्प्लेनेड पहुँचे। वहाँ से फेराडे हाउस तक जाने में उन्हें दस मिनट और लगे।

बिल्डिंग के बाहर भारी भीड़ जमा थी। तीन-चार कारें सड़क पर खड़ी थीं। एक बस भी थी, जिसकी छत पर ढेर सारे उपकरण रखे हुए थे। पटरी के किनारे पर तीन टाँगोंवाला एक उपकरण था, जिसके इर्द-गिर्द चलते-फिरते कुछ लोग बहुत व्यस्त लग रहे थे। प्रवेश-द्वार के समीप भी एक खंभा तीन टाँगों पर खड़ा था। उसके बिल्कुल ऊपर से एक लंबी बाँह निकली हुई थी, जिस छोर पर मधुमक्खी के छत्ते जैसा कुछ लटका हुआ था। इन उपकरणों को घेरे हुए खड़े लोगों का क्या काम था, पतोल बाबू समझ नहीं सके।

लेकिन नरेश दत्त कहाँ था? वही एक व्यक्ति था, जो उन्हें पहचानता था।

दिल में एक हल्की लरजिश लिये पतोल बाबू प्रवेश द्वार की तरफ बढ़ गए। बीच गरमियों का मौसम था और गरदन तक बटन-बंद गरम जाकेट भारी महसूस हो रही थी। ऊँचे कॉलर के आस-पास पसीने की बूँदें जमा हो गई थीं और पतोल बाबू परेशान थे।

'इस तरफ, अतुल बाबू।'

अतुल बाबू? पतोल बाबू ने नरेश दत्त को प्रवेश-द्वार पर खड़े हुए और उनकी ओर इशारा करते हुए देखा। नरेश दत्त ने उन्हें गलत नाम से पुकारा था। कोई आश्चर्य नहीं, उनकी मुलाकात बहुत थोड़े समय की थी। पतोल बाबू चलकर उसके पास पहुँचे, नमस्कार में अपने दोनों हाथ जोड़े और फिर उन्होंने नरेश दत्त से कहा, 'मुझे लगता है, तुमने अभी तक मेरा नाम लिखकर नहीं रखा है। सीतलकांत रे—हालाँकि लोग मुझे मेरे अपनाम पतोल से अधिक परिचित हैं। मैंने स्टेज पर भी इसी नाम का प्रयोग किया।'

'अच्छा, बहुत अच्छा। मुझे कहना चाहिए, आप समय के पाबंद हैं।' पतोल बाबू का सीना गर्व से तन गया।

'मैंने नौ साल हडसन एंड किंबरले में नौकरी की है और एक दिन भी लेट नहीं पहुँचा।'

'ऐसा है? अच्छा, अभी आप जाएँ और उधर छाया में खड़े होकर प्रतीक्षा करें। शूटिंग के पहले हमें कुछेक चीजें और देखनी हैं।'

'नरेश!'

त्रिपाद उपकरण के पास खड़े किसी व्यक्ति ने पुकारा।

'सर?'

'क्या वह तुम्हारे आदमियों में से एक है?'

'हाँ, सर। वह अर'''उस शॉट में है, जहाँ वे एक-दूसरे से टकराते हैं।'

'ओके। अब, प्रवेश-द्वार से भीड़ हटाओ। हम शुरू करने वाले हैं।'

पतोल बाबू पीछे हट गए और पान की एक दुकान की छाया में खड़े हो गए।

उन्होंने फिल्म की शूटिंग पहले कभी नहीं देखी थी। ये लोग कितना कठोर परिश्रम करते हैं! एक बीस साल के आस-पास का जवान लड़का तीन टाँगोंवाला एक उपकरण अपने कंधे पर उठाए जा रहा था। उस उपकरण का वजन कम-से-कम साठ पौंड अवश्य रहा होगा।

लेकिन उनके डायलॉग (संवाद) का क्या हुआ? समय ज्यादा बाकी नहीं था, और उन्हें अब तक नहीं मालूम था कि उन्हें कहना क्या और करना क्या है।

पतोल बाबू को अचानक कुछ घबराहट हो गई। क्या वह किसी से पूछें? नरेश दत्त वहाँ था, क्या वह उसके पास जाएँ और उसे याद दिलाएँ? भूमिका छोटी होने से भी कोई फर्क नहीं पड़ेगा; लेकिन यदि उन्हें श्रेष्ठ प्रदर्शन करना है तो उन्हें पहले से अपने संवादों को समझ लेना होगा। इतने सारे लोगों की मौजूदगी में कितनी शर्मिंदगी उठानी पड़ेगी, अगर उनकी आवाज ही न निकल पाई तो! पिछली बार उन्होंने बीस वर्ष पहले स्टेज पर अभिनय किया था।

पतोल बाबू आगे जाने वाले थे कि उसी समय एक तेज आवाज ने उनके कदम रोक दिए—'खामोश!'

इसके बाद नरेश दत्त ने अपने मुँह के दोनों ओर हाथ रखकर जोर-जोर से ऐलान किया, 'हम शूटिंग शुरू करने जा रहे हैं। सब लोग कृपया बात करना बंद कर दें। जहाँ हैं वहीं खड़े रहें और कृपया, कैमरे के आस-पास भीड़ न लगाएँ।'

एक बार फिर आवाज आई—'साइलेंस! टेकिंग!'

पतोल बाबू अब जान सके कि आवाज किसकी थी। वह मझोले कद का एक तगड़ा आदमी था, और वह कैमरे के साथ खड़ा था। उसकी गरदन में एक छोटी दूरबीन जैसा कुछ लटका हुआ था। क्या वह निर्देशक (अर्थात् डायरेक्टर) था? कितनी विचित्र बात! उन्होंने अभी तक निर्देशक का नाम जानने की भी

कोशिश नहीं की थी।

अब थोड़ी-थोड़ी देर बाद सिर्फ यही शब्द सुनाई दे रहे थे—'स्टार्ट साउंड!' 'रनिंग।' 'कैमरा!' 'रोलिंग!' 'एक्शन!'

पतोल बाबू ने गौर किया कि 'एक्शन' कहते ही चौराहे से एक कार तेजी से निकली और ऑफिस के प्रवेश-द्वार पर आकर रुकी। फिर भूरे रंग का सूट पहने और सजा-सँवरा एक जवान आदमी कार के पीछे से तुरंत बाहर निकला, प्रवेश-द्वार की ओर कुछ कदम तेजी से चलकर आया और अचानक रुक गया। अगले ही क्षण पतोल बाबू ने 'कट' शब्द सुना और देखा कि भीड़ में फिर गुल-गपाड़ा शुरू हो गया है।

पतोल बाबू के आगे खड़े एक आदमी ने उनकी तरफ मुड़कर देखा और पूछा, 'क्या तुमने उस युवक को पहचाना?'

'क्या, नहीं तो।' पतोल बाबू बोले।

'चंचल कुमार,' उस आदमी ने कहा, वह तेजी से ऊपर चढ़ रहा है। फिलहाल, वह चार फिल्मों में नायक की भूमिका निभा रहा है।'

पतोल बाबू फिल्में बहुत कम देखते थे, लेकिन चंचल कुमार का नाम उन्हें सुना हुआ लग रहा था। यह शायद वही लड़का था, जिसकी तारीफ कोटी बाबू पिछले दिनों कर रहे थे। उसके चेहरे पर मेकअप फब रहा था। अगर उसने एक सूट के बजाय बंगाली धोती और कुरता पहना होता तथा वह किसी मोर पर सवार होता तो वह हूबहू कार्तिक लगता, वह देवता जिसे सौंदर्य अर्थात् सुंदर रूप-रंग का आदर्श माना जाता है। कांचरापाड़ा का मंतोष भी सुंदर है। वह स्त्री की भूमिकाएँ बहुत अच्छी निभाता था। पतोल बाबू को याद आया।

पतोल बाबू अब अपने पड़ोसी की ओर मुड़े और उससे उन्होंने दबी आवाज में पूछा, 'निर्देशक कौन है?'

उस आदमी ने अपनी त्योरियाँ चढ़ाईं और बोला, 'क्यों, तुम नहीं जानते क्या? उसका नाम है बरेन मलिक। उसकी लगातार तीन फिल्में जबरदस्त सफल हुई हैं।'

ठीक, अंततः कुछ उपयोगी एक महत्त्वपूर्ण जानकारी उन्हें मिल ही गई। अगर उनकी पत्नी ने पूछा कि उन्होंने किसकी फिल्म में काम किया और किस अभिनेता के साथ काम किया, तो उन्हें यह नहीं कहना पड़ेगा कि वह नहीं जानते।

नरेश दत्त मिट्टी की एक कुलिया में चाय लेकर उनके पास आया।

'आप यहाँ हैं, सर। इस गरम चाय से आपके गले को आराम मिलेगा।

आपकी बारी जल्दी आने वाली है।'

पतोल बाबू को अब कहना ही पड़ा, 'अगर मुझे मेरी लाइनें दे देते अब…'

'आपकी लाइनें? आइए मेरे साथ।'

नरेश दत्त अपने साथ पतोल बाबू को लेकर त्रिपाद उपकरण की तरफ गया।

'सुनो, शशांक।'

आधी बाजू की कमीज पहने एक जवान लड़का नरेश दत्त की ओर मुड़ा। 'इन सज्जन को अपनी लाइनें चाहिए। आप कागज के एक टुकड़े पर लिखकर इन्हें दे क्यों नहीं देते? यह वही सज्जन हैं, जो…'

'मैं जानता हूँ, जानता हूँ।'

शशांक ने अब पतोल बाबू की ओर रुख किया।

'आओ दादू, आओ। मैं कहता हूँ ज्योति, क्या तुम अपना पेन एक पल के लिए दे सकते हो? बड़े दादू अपनी लाइनें लिखित में माँग रहे हैं।'

उस छोकरे ज्योति ने अपनी जेब से एक लाल बॉलपेन निकाला और शशांक को पकड़ा दिया। शशांक ने नोटबुक में से एक कागज फाड़ा, उस पर कुछ घसीटा और पतोल बाबू को सौंप दिया।

पतोल बाबू ने कागज पर सिर्फ एक शब्द—'ओह' लिखा पाया।

पतोल बाबू को ऐसा महसूस हुआ जैसे उनके सिर में किसी ने हथौड़ा दे मारा हो। वह अपनी जाकेट उतार देना चाहते थे। गरमी बरदाश्त नहीं हो रही थी।

शशांक बोला, 'बात क्या है दादू, आप ज्यादा खुश नहीं लग रहे हैं?'

क्या ये लोग उनकी टाँग खींच रहे हैं? क्या यह सारा तमाशा एक बड़ी झाँसा पट्टी है? उनके जैसा दब्बू और सरल आदमी ही मिला उन्हें बीच शहर में खिल्ली उड़ाने के लिए। कोई कैसे इतना क्रूर हो सकता है?

पतोल बाबू ने बुदबुदाते हुए कहा, 'मेरे विचार में यह बड़ी अजीब सी बात है।'

'क्यों, दादू?'

'सिर्फ 'ओह!' मुझे क्या बस यही बोलना है?'

शशांक की भौंहें चढ़ गईं।

'आप क्या कह रहे हैं, दादू? आप समझते हैं, यह कुछ नहीं है? क्यों, यह तो एक नियमित बोलती हुई सजीव भूमिका है। बरेन मलिक की फिल्म में एक सजीव भूमिका। आप समझते हैं, ऐसी भूमिका मिलना कितना महत्त्व रखता है? क्यों, आप समझिए, आप सबसे अधिक किस्मतवाले अभिनेताओं में से एक हैं।

क्या आपको पता है कि अब तक सौ से अधिक लोग इस फिल्म में पेश हो चुके हैं, जिन्हें बोलना कुछ नहीं था। वे सिर्फ कैमरे के आगे से निकल गए। कुछ को तो चलना भी नहीं था। वे एक जगह बस खड़े रहे। इनके अलावा भी बहुत लोग थे, जिनके चेहरों को कैमरे ने दिखाया ही नहीं। आज भी—उधर, बिजली के खंभे के साथ खड़े लोगों को देखिए, वे सब आज के दृश्य में मौजूद हैं; लेकिन उन्हें कहना कुछ नहीं है। हमारे हीरो चंचल कुमार तक को आज कुछ बोलना नहीं है। केवल एक आप हैं, जिसे बोलना है—समझिए?'

अब ज्योति नाम का वह छोकरा चला आया। उसने अपना हाथ पतोल बाबू के कंधे पर रखा और बोला, 'सुनो, दादू। मैं आपको बताऊँगा कि आपने करना क्या है। चंचल कुमार एक उभरता हुआ युवा प्रशासक है। उसे सूचना दी गई है कि उसके ऑफिस में कोई गबन हुआ है, और वह पता करने आता है कि असल में हुआ क्या है। वह अपनी कार से बाहर आता है और पटरी के उस पर प्रवेश-द्वार की तरफ तेजी से बढ़ता है। तभी एक अन्यमनस्क पादचारी से उसकी टक्कर हो जाती है। वह पैदल यात्री आप हैं। आपके सिर में लग जाती है और आप कहते हैं "ओह!" लेकिन चंचल कुमार आप पर कोई ध्यान नहीं देता है और अपने ऑफिस से अंदर चला जाता है। उसका आपकी ओर ध्यान न देना यह साबित करता है कि वह अत्यधिक विधर मग्न एवं चिंतित है—देखा? जरा सोचिए, कितना महत्वपूर्ण शॉट है यह।'

'मैं समझता हूँ, सबकुछ साफ हो गया है अब।' शशांक ने कहा, 'अब अगर आप नहीं चले जाएँ, जहाँ आप खड़े हुए थे···यहाँ जितने कम लोग जमा हों उतना ही बेहतर होगा। आपकी बारी आने से पहले एक शॉट और शेष है।'

पतोल बाबू धीरे-धीरे चलकर पान की दुकान तक गए। छाँह में खड़े होकर, उन्होंने अपने हाथ में पकड़े कागज पर नजर डाली, चारों तरफ निगाह घुमाकर देखा कि कोई उन्हें देख तो नहीं रहा है, फिर उस कागज को तोड़-मरोड़कर एक गोली बनाई और उसे सड़क किनारे की नाली में फेंक दिया।

ओह! उनके दिल की गहराइयों से एक आह निकली। सिर्फ एक शब्द—नहीं, पूरा एक शब्द भी नहीं, एक ध्वनि—'ओह!'

गरमी दम घोंटनेवाली थी। जाकेट बहुत भारी लगने लगी थी। पतोल बाबू एक ही जगह अब और खड़े नहीं रह सके। उन्हें पाँव में भारीपन महसूस हो रहा था।

वह पान की दुकान के आगे ऑफिस तक चले गए और वहाँ सीढ़ियों पर

बैठ गए। साढ़े नौ का समय हो चला था। हर रविवार की सुबह कराली बाबू के घर में भक्ति गीत गाए जाते थे। पतोल बाबू हर सप्ताह वहाँ जाते और भक्ति संगीत का आनंद उठाते। अगर वह अभी जहाँ वहाँ चले जाएँ तो? बेकार लोगों के बीच व्यर्थ करने और फिर खुद को ही उल्लू बनाने का क्या लाभ?

'साइलेंस।'

कूड़ा-करकट और बकवास। भाड़ में जाए तुम्हारी साइलेंस। इतनी तुच्छ बात के लिए उन्हें इतना बड़ा आडंबर खड़ा करना पड़ा। इसके मुकाबले तो स्टेज पर माहौल कहीं बेहतर होता था।

स्टेज...स्टेज...पतोल बाबू के मन में दबी हुई एक स्मृति अँगड़ाई लेने लगी थी। एक गहरी, स्निग्ध आवाज में मंत्रणा के शब्द। 'एक बात याद रखना। पतोल, तुम्हें दी गई भूमिका भले ही छोटी हो, उसे स्वीकार करने में अपनी प्रतिष्ठा को कभी आढ़े मत आने देना। एक कलाकार के रूप में तुम्हारा लक्ष्य उस अवसर का अधिक-से-अधिक लाभ उठाना होना चाहिए। तुम्हें जो संवाद दिए जाते हैं, उनके निचोड़ की आखिरी बूँद तक तुम्हारी वाणी और तुम्हारे अभिनय में प्रकट होनी चाहिए। एक नाटक में अनेक लोगों का कार्य शामिल रहता है और यह अनेक लोगों का संयुक्त प्रयास होता है, जो किसी नाटक को सफल बनाता है।'

यह सलाह जिन्होंने दी, उनका नाम था श्री पक्राशि। गगन पक्राशि, पतोल बाबू के गुरु। वह एक अद्‌भुत अभिनेता था और अहंकार तो उनको छू भी नहीं गया था। साधु प्रकृति के इनसान और एक ऐसा अभिनेता, जो लाखों में एक निकलता है।

पक्राशि एक बात कहा करते थे, 'प्रत्येक नाटक में बोला गया हर शब्द वृक्ष में लगे एक फल के समान होता है। श्रोताओं व दर्शकों में हर कोई उस तक नहीं पहुँच सकता। लेकिन तुम एक अभिनेता हो, तुम्हें अवश्य उस फल को तोड़ने, उसके अरक तक पहुँचने और फिर उसे दर्शकों व श्रोताओं को उनकी नैतिक उन्नति हेतु परोसने की कला आनी चाहिए।'

अपने गुरु की स्मृति में पतोल बाबू ने अपना सिर झुका दिया।

क्या यह वाकई सच था कि आज उन्हें दी गई भूमिका में कुछ भी नहीं था? उन्हें केवल 'ओह' कहना था, लेकिन क्या यह शब्द इतना अर्थहीन है कि उसे तत्काल खारिज कर देया ही बेहतर है?

ओह, ओह, ओह, ओह! पतोल बाबू ने इस शब्द का उच्चारण बार-बार और कई बार किया। हर बार सुर में नए परिवर्तन के साथ। अनेक बार ऐसा कर

चुकने के बाद उन्होंने एक आश्चर्यजनक खोज की। एक ही विस्मयादिबोधक शब्द को जितनी बार भिन्न-भिन्न तरीके से बोला जाए, हर बार वह एक भिन्न अर्थ देता है। चोट या ठेस लगने पर जब मुँह से 'ओह' निकलता है, वह एक तरीका होता है। निराशा में मुँह से निकली 'ओह' दूसरे प्रकार की होती है। इसी प्रकार दु:ख में 'ओह' भिन्न होती है। वास्तव में 'ओह' के विविध स्वरूप हैं—छोटी ओह और लंबी खिंची 'ओह'। चिल्लाकर 'ओह कहना और फुसफुसाहट वाली 'ओह' के विविध स्वरूप हैं—छोटी 'ओह' और लंबी खिंची 'ओह', कर्णभेदी 'ओह' और हलकी 'ओह' और तीक्ष्ण स्तर से आरंभ होकर धीमे स्वर में समाप्त होनेवाली 'ओह'⋯विलक्षण! पतोल बाबू ने अचानक महसूस किया कि वह एकाक्षरी विस्मयादिबोधक ध्वनि पर पूरा एक शोध-प्रबंध लिख सकते हैं। फिर क्यों वह इस एक शब्द को लेकर इतने हताश हो गए थे जिस शब्द में अर्थ की विविध घटाएँ मौजूद हैं, अर्थों की दृष्टि से जिसे सोने की खान कहा जा सकता है? सहज अर्थ में जो अभिनेता है, वह इस एक एकाक्षरी शब्द-ध्वनि से ही अपनी पहचान बना सकता है।

'साइलेंस!'

निर्देशक ने फिर ऊँची आवाज में कहा। पतोल बाबू ने ज्योति को भीड़ हटाते हुए देखा। उन्हें ज्योति से कुछ पूछना था। वह जल्दी से उसके पास गए।

'मेरी बारी आने में अभी और कितनी देर लगेगी, भाई?'

'आप इतने अधीर क्यों हैं, दादू? इस व्यवसाय में आपको धैर्य रखना सीखना चाहिए। अभी आधा घंटा और इंतजार करना होगा आपको।'

'वो ठीक है। मैं अवश्य प्रतीक्षा करूँगा। मैं सड़क पार उस तरफ मौजूद रहूँगा।'

'ओके—जब तक कि आप आँख बचाकर खिसकने की न सोचें।'

'स्टार्ट साउंड!'

पतोल बाबू ने पंजों के बल चलकर सड़क पार की और पास की छोटी सी शांत गली में चले गए। अच्छी बात थी कि उन्हें कुछ फुरसत मिल गई। ये लोग तो रिहर्सल में विश्वास करते नहीं लगते हैं, लेकिन इस खाली समय का उपयोग वह अपने किरदार की रिहर्सल के लिए तो कर ही सकते हैं। आस-पास कोई नहीं था। अधिकतर कार्यालय भवन थे वहाँ, क्योंकि वह रिहायशी इलाका नहीं था। थोड़े-बहुत दुकानदार थे। वे भी शूटिंग देखने चले गए थे।

पतोल बाबू ने अपना गला साफ किया और इस एकाक्षरी संवाद को भिन्न-

भिन्न तरीके से बोलने का अभ्यास करने लगे। उसके साथ ही उन्होंने यह अनुमान लगाना भी शुरू कर दिया कि वास्तविक टकराव होने पर उनकी प्रतिक्रिया कैसी होगी—उनका चेहरा किस प्रकार दर्द में ऐंठ जाएगा। किस प्रकार वह अपनी बाँहें पटकेंगे। पीड़ा और आश्चर्य में किस प्रकार उनका बदन दोहरा हो जाएगा—एक बड़े शीशेवाली खिड़की के सामने उन्होंने इन सारी भाव-भंगिमाओं का अभ्यास किया।

ठीक आधे घंटे के बाद पतोल बाबू को बुलाया गया। अब तक वह अपनी उदासीनता पूर्णतया त्याग चुके थे। उन्हें सिर्फ एक तीव्र पूर्वानुभूति और दबी उत्तेजना का एहसास हो रहा था। यही अनुभूति उन्हें बीस वर्ष पहले हुआ करती थी, स्टेज पर जाने से पहले।

निर्देशक बरेन मलिक ने पतोल बाबू को अपने पास बुलाया, 'मैं समझता हूँ, आपको मालूम है, जो आपने करना है?' उसने पूछा।

'हाँ, सर।'

'बहुत अच्छा। मैं पहले कहूँगा 'स्टार्ट साउंड।' रिकॉर्ड करनेवाला जवाब में कहेगा, 'रनिंग'। यह कैमरा स्टार्ट करने का संकेत होता है। फिर मैं कहूँगा 'एक्शन'। आप खंभे से चलना शुरू कर देंगे और हीरो कार से निकलकर तेज कदमों से ऑफिस की ओर बढ़ेगा। तुम अपने हिसाब से इस तरह कदम बढ़ाना कि इस जगह टकराव हो। हीरो तुम्हें अनदेखा करके फुरती से ऑफिस के अंदर चला जाता है, जबकि तुम 'ओह' कहकर अपनी पीड़ा व्यक्त करते हो, दो पल के लिए रुकते हो, फिर चलना शुरू कर देते हो। ओके?'

पतोल बाबू ने रिहर्सल का सुझाव दिया, लेकिन बरेन मलिक ने अधीरता में अपना सिर हिला दिया। 'बादल का एक बड़ा टुकड़ा सूरज की तरफ आ रहा है।' उसने कहा, 'यह दृश्य धूप में लिया जाना चाहिए।'

'एक सवाल है।'

'हाँ?'

रिहर्सल करते समय पतोल बाबू के मन में एक विचार आया था। अब उन्होंने अपना विचार प्रकट किया, 'अर्र···मैं सोच रहा था—अगर मेरे हाथ में एक खुला अखबार होता और यदि टक्कर उस दौरान होती जब मेरी आँखें अखबार पर लगी हों, तब शायद···'

बरेन मलिक ने उनकी बात बीच में ही कर एक दर्शक को आवाज लगाई, जिसके हाथ में बंगाली अखबार था। 'क्या आप अपना अखबार केवल इस सीन

के लिए इन सज्जन को देने की कृपा क़रेंगे? धन्यवाद···अब आप उस खंभे के पास अपनी जगह ले सकते हैं। चंचल, क्या तुम तैयार हो?'

'बिल्कुल, सर।'

'ठीक। साइलेंस!'

बरेन मलिक ने अपना हाथ उठाया, फिर उसे दुबारा नीचे लिया, यह कहते हुए, 'एक मिनट। केष्टो, मैं सोचता हूँ कि अगर हम इस पादचारी को मूँछ लगा दें तो दृश्य अधिक दिलचस्प बन जाएगा।'

'किस प्रकार की मूँछ, सर? कलरर्स, रोनाल्ड कॉलमैन या तितली (बटरफ्लाई)? मेरे पास सब तैयार हैं।'

'बटरफ्लाई, बटरफ्लाई! और एकदम असली जैसी बनाएँ!'

वयोवृद्ध मेकअप मैन पतोल बाबू के पास गया। एक डिब्बे से उसने भूरे रंग की एक मूँछ निकाली और स्प्रिट-गोंद के साथ उसे पतोल बाबू की नाक के नीचे चिपका दिया।

पतोल बाबू ने कहा, 'उम्मीद है, टक्कर होते समय यह छूटकर गिरेगी नहीं?'

मेकअप मैन को हँसी आ गई।

'टक्कर?' उसने कहा।,'अगर आप दारा सिंह के साथ भी कुश्ती करें, तब भी मूँछ कहीं नहीं जाएगी।'

पतोल बाबू ने दर्पण में एक त्वरित दृष्टि डाली, जो एक आदमी पकड़े खड़ा था। बहुत सही मूँछ जँचती है उनके चेहरे पर। पतोल बाबू ने निर्देशक के फैसले को मन-ही-मन सराहा।

'साइलेंस। साइलेंस!'

मूँछ लग जाने पर दर्शकों में टीका-टिप्पणी आरंभ हो गई थी, जिसे बरेन मलिक की एक आवाज ने शांत कर दिया।

पतोल बाबू ने गौर किया कि अधिकतर दर्शकों की आँखें उनकी तरफ मुड़ गई हैं।

'स्टार्ट साउंड!'

पतोल बाबू ने गला साफ किया। एक, दो, तीन, चार, पाँच-पाँच कदम उन्हें उस जगह ले जाएँगे, जहाँ टक्कर होनी है। और चंचल कुमार को चार कदम चलना होगा। अत:, अगर दोनों को एक साथ चलना शुरू करना होगा तो पतोल बाबू को हीरो के मुकाबले कुछ अधिक तेज चलना होगा, या फिर···

'रनिंग!'

पतोल बाबू ने खुला अखबार अपने हाथ में पकड़ लिया। उन्होंने हिसाब लगा लिया था कि जब वह 'ओह' कहेंगे तो उसमें उन्हें 60 प्रतिशत खीझ और 40 प्रतिशत अचरज मिलानी होगी।

'एक्शन!'

क्लॉप, क्लॉप, क्लॉप—है हम!

पतोल बाबू को तारे नजर आ गए। हीरो का सिर उनके माथे से टकराया था और एक तीव्र वेदना ने एक क्षण के लिए उनके होश उड़ा दिए।

लेकिन अगले ही क्षण इच्छा-शक्ति के परम प्रयास से पतोल बाबू ने खुद को सँभाल लिया, पचास अंश पीड़ा के साथ पच्चीस अंश आश्चर्य एवं पच्चीस अंश क्षोभ मिलाकर वह चीखे, 'ओह!' फिर एक पल रुकने के बाद वह दोबारा चल पड़े।

'कट!'

'क्या वह बिल्कुल ठीक था?' पतोल बाबू ने उत्सुकतावश बरेन मलिक की तरफ जाते हुए पूछा।

'बहुत अच्छा! क्यों, तुम तो वाकई एक अभिनेता हो। शशांक, जरा काले शीशे से आसमान को देखा, देखोगे क्या?'

ज्योति अब पतोल बाबू के पास आया और बोला, 'आशा है, दादू को जोर की चोट तो नहीं लगी?'

'माई गॉड!' चंचल कुमार ने अपना सिर सहलाते हुए कहा।

'आपने इतने सही समय, इतने जोर की टक्कर मारी कि मैं बेहोश होते-होते बचा।'

नरेश दत्त कोहनी से भीड़ को चीरता हुआ पतोल बाबू के पास आया और उनसे बोला, 'कृपया आप वहीं वापस जाइए, जहाँ आप खड़े हुए थे। मैं कुछ ही समय में आपके पास आऊँगा और जो भी आवश्यक होगा, करूँगा।'

पतोल बाबू फिर एक बार पान की दुकान के निकट चले गए। बादल ने सूरज को ढक लिया था और हवा में थोड़ी ठंडक भी। तथापि पतोल बाबू ने अपनी गरम जाकेट उतार दी और चैन की साँस ली। वह पूर्ण संतुष्टि के भाव से भर गए थे।

उन्होंने अपना काम ठीक से निभाया था। इतने वर्षों की जुझारू जिंदगी ने उनकी चेतना को कुछ नहीं किया था। गगन पकुराशि उनके आज के कार्य को देखकर बहुत खुश हुए होते। लेकिन क्या ये लोग समझ पाए कि उन्होंने इस एक

शॉट में कितनी मेहनत और कितनी कल्पना-शक्ति झोंकी है? उन्हें संदेह था। उन लोगों ने सड़कों से भीड़ को हटा दिया उनकी मजदूरी चुकाई और इस बारे में शायद वे सबकुछ भूल गए। उन्हें पैसा चुकाया, लेकिन कितना? दस, पंद्रह, बीस रुपए? यह सच था कि खुद पतोल बाबू को रुपए-पैसे की बहुत जरूरत थी, लेकिन जिस गहन संतुष्टि और परिपूर्णता एवं समर्पण के साथ उन्होंने एक छोटी सी भूमिका को निभाया, उसके सामने बीस रुपए की राशि क्या अर्थ रखती है?

दस मिनट बाद नरेश दत्त पतोल बाबू की तलाश में पान की दुकान के पास गया, लेकिन उसे वहाँ कोई नहीं मिला। 'अजीब बात है—उस आदमी को अभी तक भुगतान नहीं किया गया था। कैसा विचित्र व्यक्ति!'

'सूरज निकल आया है।' बरेन मलिक को 'साइलेंस! साइलेंस' दहाड़ते सुना गया—'नरेश, जल्दी करो और इन लोगों को रास्ते से हटाओ!'

□

नील

मेरा नाम अनिरुद्ध बोस है। मैं उनतीस वर्ष का हूँ और अभी तक कुँवारा हूँ। पिछले आठ वर्ष से मैं कलकत्ता में एक विज्ञापन एजेंसी में काम कर रहा हूँ। मुझे जो वेतन मिलता है, उसमें मेरा गुजारा आराम से चल जाता है। सरदार शंकर रोड में मेरे पास एक फ्लैट है, जहाँ मैं रहता हूँ। फ्लैट में दक्षिणमुखी दो कमरे हैं और यह ग्राउंड फ्लोर पर है। दो वर्ष पहले मैंने एक एंबेसडर कार खरीदी थी, जो मैं खुद चलाता हूँ। अपने खाली समय के दौरान मैं कुछ लेखन-कार्य करता हूँ। मेरी तीन कहानियाँ पत्रिकाओं में प्रकाशित हो चुकी हैं और मेरे मित्रों एवं परिचितों ने उन्हें बहुत पसंद किया है। लेकिन मैं जानता हूँ कि मैं सिर्फ लेखन के भरोसे अपनी गुजर-बसर नहीं कर सकता।

पिछले कुछ महीनों से मैंने कुछ भी नहीं लिखा है। इसके बजाय, मैंने उन्नीसवीं सदी में बंगाल और बिहार में नील की बागबानी के बारे में बहुत पढ़ा है। इस विषय पर अब मुझे काफी अधिकार प्राप्त हो गया है। अंग्रेजों ने गरीब किसानों का किस हद तक शोषण किया; किसानों ने किस तरह विद्रोह का झंडा उठाया और कैसे अंत में जर्मनी में सिंथेटिक (अर्थात् कृत्रिम) नील के आविष्कार के साथ हमारे देश से नील की बागबानी पूरी तरह नष्ट हो गई—यह सब मैं बहुत गहराई से जानता हूँ।

आज मैंने उसी भयंकर अनुभव का वर्णन करने के लिए अपनी कलम उठाई है, जिसके कारण मेरी रुचि नील में उत्पन्न हुई।

इस जगह मैं अपने अतीत के बारे में आपको कुछ बताना चाहता हूँ।

मेरे पिता बिहार में मुंगेर नामक एक शहर में एक विख्यात डॉक्टर थे। वहीं मेरा जन्म हुआ ओर मैंने अपनी स्कूली शिक्षा भी वहीं के एक मिशनरी स्कूल में प्राप्त की। मेरा एक भाई है, जो मुझसे पाँच साल बड़ा है। उसने इंग्लैंड में डॉक्टरी की पढ़ाई पूरी की और अब लंदन के एक उप-नगर गोल्डर्स ग्रीन में स्थित एक

अस्पताल में लगा हुआ है। उसका भारत लौटने का कोई इरादा नहीं है।

मैं उस समय सोलह वर्ष का था, जब मेरे पिता का निधन हुआ। उनकी मृत्यु के कुछ ही समय बाद मेरी माँ और मैंने मुंगेर छोड़ दिया और हम कलकत्ता चले आए, जहाँ हम अपने मामा के पास रहे। मैंने सेंट जेवियर्स कॉलेज में दाखिला ले लिया और वहाँ स्नातक की उपाधि ग्रहण की। कॉलेज की पढ़ाई पूरी होने के साथ ही मुझे एक विज्ञापन एजेंसी में नौकरी मिल गई। मेरे मामा का प्रभाव मेरे बहुत काम आया, लेकिन मैं स्वयं भी कोई अयोग्य प्रत्याशी नहीं था। मैं एक अच्छा विद्यार्थी रहा। मैं धाराप्रवाह अंग्रेजी बोलता और सबसे बड़ी बात यह है कि मैं किसी भी साक्षात्कार में स्वयं को सही ढंग से पेश करने की योग्यता रखता था।

मुंगेर में रहते हुए, शुरू-शुरू में मेरे अंदर कुछ ऐसी आदतें आ गई थीं, जिन्हें मैं अभी तक छोड़ नहीं पाया हूँ। इनमें से एक थी समय-समय पर कलकत्ता के खलबली-पूर्ण जीवन से कहीं बहुत दूर चले जाने की बलवती इच्छा। अपनी कार खरीदने के बाद मैं कई बार ऐसा कर चुका हूँ। सप्ताहांत में मैं कभी डायमंड हार्बर, कभी पोर्ट केनिंग और कभी दम दम रोड के साथ हसनाबाद तक चला जाता था। हर बार मैं अकेला ही गया, क्योंकि सच कहूँ तो कलकत्ता में मेरा कोई घनिष्ठ मित्र नहीं था। यही कारण था कि प्रमोद का पत्र पाकर मुझे इतनी खुशी हुई। प्रमोद मुंगेर में मेरा सहपाठी था। कलकत्ता चले आने के बाद हम तीन-चार साल तक परस्पर संपर्क में बने रहे। फिर शायद मैंने ही लिखना बंद कर दिया था। एक दिन जब मैं अपने काम से घर लौटा, मुझे अपने डेस्क पर प्रमोद का पत्र मेरी प्रतीक्षा में पड़ा मिला। उसने दुमका से लिखा था—'मुझे यहाँ वन विभाग में एक नौकरी मिल गई है। रहने के लिए मेरे पास अपनी जगह है। तुम एक सप्ताह की छुट्टी लेकर यहाँ क्यों नहीं चले आते?'

मेरे खाते में कुछ छुट्टियाँ जमा हो गई थीं, अतः मैंने अपने बॉस से बात की, और 27 अप्रैल को यह तारीख मुझे जीवनपर्यंत याद रहेगी, मैंने अपने बैग तैयार किए और दुमका की ओर चल पड़ा।

प्रमोद ने कार से आने के लिए नहीं कहा था। यह मेरी योजना थी। दुमका की दूरी 200 मील थी, अधिक-से-अधिक पाँच या छह घंटे लगने थे वहाँ पहुँचने में। हम नाश्ता करके दस बजे तक निकल पड़ते और शाम होने से वहाँ पहुँच जाने का फैसला किया।

योजना तो यही थी, लेकिन शुरू में ही एक फंदा पड़ गया। मैंने अपना भोजन ग्रहण किया और एक पान अपने मुँह में रखने ही वाला था कि तभी मेरे पिता के

एक पुराने मित्र मोहित अंकल अचानक आ गए। वह काफी वृद्ध हैं और मैं करीब दस साल बाद उनसे मिल रहा था। अत: उनको जल्दी टरकाने का सवाल ही नहीं था। मैंने उनको चायपान कराया और करीब एक घंटा हमारी गपशप हुई।

मोहित अंकल को विदा करने के बाद मैंने अपना सूटकेस और बिस्तर अपनी कार में पीछे की सीट पर रखा। बस, उसी समय ग्राउंड फ्लोर के मेरे पड़ोसी भोला बाबू अपने चार वर्षीय पुत्र पिंटू को लेकर चले आए।

'आप अकेले-अकेले किधर जा रहे हैं?' भोला बाबू ने पूछा।

मैंने जब उन्हें बताया तो उन्होंने कुछ चिंता जताते हुए कहा, 'लेकिन वह तो बड़ा लंबा रास्ता है। तुम्हें कोई ड्राइवर करके नहीं जाना चाहिए क्या?'

मैंने कहा, 'मैं खुद एक अच्छा ड्राइवर हूँ और यह भी कि मैं अपनों की बहुत देखभाल करता हूँ तथा इसे हमेशा नई जैसी बनाकर रखता हूँ। 'इसलिए चिंता की कोई बात नहीं है।'

भोला बाबू ने मुझे शुभकामना दी और घर के अंदर चले गए। गाड़ी का इंजन चालू करने से पहले मैंने अपनी घड़ी देखी। ग्यारह बजकर दस मिनट हो चुके थे।

हालाँकि मैंने हावड़ा के बजा बाली ब्रिज रोड से जाने का निश्चय किया, फिर भी चंदर नगर पहुँचने में मुझे डेढ़ घंटा लग गया। इन सँकरे व गंदे इलाकों के बीच से निकलते हुए 45 मील के सफर ने कार से जाने का सारा मजा ही किरकिरा कर दिया। लेकिन उसके आगे कार जैसे ही खुले ग्रामीण क्षेत्र में निकली, मन प्रसन्न हो गया। शहर में कहाँ, चिमनी के धुएँ से मुक्त इतना निर्मल नीला आकाश दिखाई देता है, और इतनी स्वच्छ हवा में साँस लेना तथा मिट्टी की ऐसी लुभावनी महक का आनंद उठाना कहाँ नसीब होता है?

साढ़े बारह बजे के आस-पास, जब मैं बर्दवान के करीब पहुँच रहा था, मुझे भूख सताने लगी, क्योंकि मैंने बहुत जल्दी खाना खा लेने की गलती जो की थी। मैं एक स्टेशन की तरफ मुड़ गया, जो रास्ते में पड़ता था। वहाँ मैंने टोस्ट और ऑमलेट खाया तथा कॉफी पी। इस हलके भोजन के उपरांत मैं पुन: अपने सफर पर चल पड़ा। अभी मुझे 135 मील की दूरी तय करनी थी।

बर्दवान से 20 मील आगे पानगढ़ नाम का एक कस्बा पड़ता है। वहाँ मुझे ग्रांड ट्रंक रोड छोड़नी पड़ी और इलम बाजार से वह सड़क सूरी तथा मसंजोर के रास्ते दुमका को जाती है।

पानगढ़ में मिलिट्री कैंप नजर आने लगा था, तभी मेरी कार के पीछे धमाके की आवाज हुई। टायर की हवा निकल गई।

मैं नीचे उतरा। मेरे पास एक अतिरिक्त टायर था और मैं उसे आसानी से लगा सकता था। यह सोचकर मुझे अच्छा नहीं लगा कि दूसरी कारें मेरे पास से फर्राटे से निकल जाएँगी और उन कारों में बैठे लोग मुझ पर हँसेंगे। तथापि, मैंने बूट से जैक निकाला और काम में जुट गया।

जब तक मैंने नया टायर लगाने का काम समाप्त किया, मेरे बदन से पसीना चू रहा था। मेरी घड़ी में ढाई बज रहा था। इस बीच मौसम उमसदार हो गया था। एक घंटा पहले जो ठंडी बयार चल रही थी और बाँस वृक्षों को झुला रही थी, अचानक रुक गई थी। अब सबकुछ स्थिर था। जैसे ही मैं अपनी कार में बैठा, मैंने वृक्षों की चोटी के ऊपर पश्चिम में एक नीला-काला धब्बा देखा। बादल। क्या कोई तूफान पक रहा था? उत्तर पश्चिती तूफान? अनुमान लगाना बेकार था। मुझे तीव्र गति से जाना चाहिए। मैंने फ्लास्क से निकालकर कुछ गरम चाय पी और अपने सफर पर चल पड़ा।

लेकिन इससे पहले कि मैं इलमबाजार से निकल पाता, मैं तूफान में पकड़ा गया। ऐसे उत्तर-पश्चिमी आँधी-तूफानों का मजा मैं पहले भी उठा चुका था, अपने कमरे में बैठे हुए, और मैंने ऐसे सुहावने अवसरों पर टैगोर की कविताओं का सस्वर पाठ भी किया था, ताकि मैं मन की तरंग में घुल-मिल जाऊँ। मुझे कोई अनुमान नहीं था कि खुले इलाके से गुजरते समय इस प्रकार का कोई उत्तर पश्चिमी तूफान दिल में आतंक पैदा कर सकता है। तूफान और बिजली की कड़कड़ाहट से मुझे हमेशा बेचैनी होती है। वे प्रकृति का एक भयानक पहलू प्रदर्शित करते हैं। असहाय मानव जाति पर एक दुष्ट प्रहार। ऐसा प्रतीत होता था मानो बिजली ने मेरी एंबेसडर कार को ही अपने सारे बाणों का निशाना बनाया हुआ है और कोई बाण अवश्य ही लक्ष्यवेध करने वाला है।

इस भयानक स्थिति का सामना करते हुए मैं सूरी से निकला और मसंजोर की तरफ बढ़ रहा था, जब एक और धमाकेदार आवाज हुई, जिसे कोई भी बिजली की गर्जना समझने की भूल नहीं कर सकता था। मैं समझ गया कि एक और टायर बैठ गया है।

मैंने उम्मीद छोड़ दी। अब तेज बारिश हो रही थी। मेरी घड़ी साढ़े पाँच बजे का समय दिखा रही भी। पिछले 20 मील तक यदि मुझे अपनी गाड़ी पंद्रह किलोमीटर प्रति घंटा की गति से न चलानी पड़ती तो अब तक मैं मसंजोर से बहुत आगे निकल गया होता। मैं कहाँ था? बरसात से धुले शीशे के पार कुछ भी दिखाई नहीं पड़ रहा था। वाइपर अपना काम कर रहा था, लेकिन उसका प्रयास सिर्फ दिल

बहलाने के लिए था, नतीजा कुछ नहीं था। अप्रैल का महीना था। सूरज ऊपर जरूर मौजूद रहा होगा, लेकिन यह दिन की अपेक्षा शाम अधिक लग रही थी।

मैंने सीधे हाथवाला दरवाजा थोड़ा खोला और बाहर देखा। ऐसा बिल्कुल नहीं लगता था कि आस-पास कोई कस्बा या शहर होगा, हालाँकि पेड़ों के बीच से कुछ इमारतों की झलक जरूर मिली। कार से बाहर निकलने और पता लगाने का प्रयास करना व्यर्थ था; लेकिन एक बात स्पष्ट थी—जहाँ तक दृष्टि जा सकती थी, पूरी सड़क पर कहीं कोई दुकान नहीं थी।

और मेरे पास कोई फालतू टायर भी नहीं था।

करीब पंद्रह मिनट तक कार में इंतजार करने के बाद मुझे यह बात जमी कि इतने समय में एक भी कार इस रास्ते से नहीं गुजरी है। क्या मैं सही मार्ग पर था? सूरी तक तो मैं समझता हूँ, कोई गलती नहीं हुई मुझसे। उनके बाद क्या मैंने कोई गलत मोड़ ले लिया? अंधकार देनेवाली उस बारिश में ऐसा होना असंभव नहीं था।

परंतु मुझसे अगर गलती हुई भी थी तो ऐसा नहीं था कि मैं भटक कर अफ्रीका या साउथ अमेरिका के जंगलों में पहुँच गया था। मैं जहाँ कहीं भी था, इसमें कोई संदेह नहीं था कि मैं अभी तक वीरभूम जिले में ही था, शांतिनिकेतन के 15 मील के अंदर, और जैसे ही बरसात बंद होगी, मेरी समस्याएँ खत्म हो जाएँगी। हो सकता है, एक मील के अंदर ही मुझे कोई रिपेयर शॉप मिल जाए।

मैंने अपनी जेब से विल्स का पैकेट निकाला और एक सिगरेट सुलगाई। मुझे भोला बाबू की चेतावनी याद आ गई। उन्हें भी ऐसे ही कठोर अनुभव से गुजरना पड़ा होगा, वरना वह मुझे ऐसी पक्की सलाह क्यों देते? भविष्य में—अर-र-र-र-हॉन्क-हॉन्क-हॉन्क।

मैं पीछे मुड़ा और देखा कि एक ट्रक मेरे पीछे खड़ा हुआ था। ट्रक क्यों हॉर्न बजा रहा था? क्या मैं सड़क के बीचो बीच खड़ा था?

बारिश कुछ कम हो गई थी। मैंने गाड़ी का दरवाजा खोला, बाहर निकला और पाया कि ट्रक की कोई गलती नहीं थी। जब मेरी गाड़ी का टायर फटा, गाड़ी अपनी जगह से थोड़ा हट गई थी और अब आधी से अधिक सड़क रोककर खड़ी हुई थी। ट्रक के निकलने के लिए जगह नहीं बची थी।

'कार एक तरफ कर लें, सर!'

सिख ड्राइवर अब ट्रक से बाहर आ गया था।

'क्या बात है?' उसने पूछा, 'पंक्चर?'

मुझे अपनी लाचारी बताने में कुछ हिचकिचाहट हुई।

'अगर आप कुछ मदद कर देते।' मैंने कहा, 'हम कार को एक तरफ लगा देते और आपको जाने का रास्ता मिल जाता।'

सिख ड्राइवर का हेल्पर भी निकल आया। हम तीनों ने धक्का लगाकर कार को सड़क के किनारे लगाया। फिर उन दोनों से मैंने जाना कि मैं वाकई गलत रास्ते जा रहा था। मैंने एक गलत मोड़ ले लिया था और सही रास्ता पकड़ने के लिए मुझे 3 मील पीछे जाना होगा। मुझे यह भी पता चला कि आस-पास कोई रिपेयर शॉप नहीं है।

ट्रक अपने रास्ते चला गया। ट्रक चले जाने का शोर दूर होते ही ट्रक मुझे हथौड़े की मार जैसा प्रतीत हुआ।

मेरे लिए आगे रास्ता बंद था।

कोई चारा नहीं था उस शाम दुमका पहुँचने के लिए। मुझे कुछ समझ नहीं आ रहा था कि कैसे और कहाँ रात बिताऊँ।

सड़क किनारे कीचड़ भरे गड्ढों से मेढकों की टर्र-टर्र की आवाज गहराने लगी थी। बरसात अब हल्की बौछार में बदल गई थी।

मैं कार में जाकर बैठ गया और दूसरी सिगरेट सुलगाने पर एक रोशनी पड़ी। मैंने दुबारा दरवाजा खोला। एक पेड़ की शाखाओं के बीच से मुझे नारंगी प्रकाश का एक आयत नजर आया। एक खिड़की। जैसे धुएँ से आग का पता चलता है? उसी प्रकार मिट्टी के तेल की लालटेन किसी इनसान की मौजूदगी बता देती है। पास में कोई मकान था और उसमें कुछ लोग रह रहे थे।

मैं अपनी टॉर्च लेकर कार से निकला। वह खिड़की अधिक दूर नहीं थी। मुझे वहाँ जाकर देखना था। मुख्य सड़क से उस खिड़की की दिशा में एक पगडंडी जा रही थी।

मैंने कार को लॉक किया और चल दिया।

मैं गड्ढों और कीचड़ से बचकर जा रहा था। इमली के एक वृक्ष के पास पहुँचते ही मकान दिखने लगा। मकान क्या, यह एक छोटी सी कुटिया थी, जिसकी छत टीन की थी। खुले दरवाजे से मुझे एक लालटेन और चारपाई का एक पाया दिखाई दिया।

'क्या कोई है?' मैंने पुकारा।

'एक नाटा, अधेड़ उम्र का, मोटी-मोटी मूँछोंवाला आदमी निकलकर आया और मेरी टॉर्च की तेज रोशनी में चौंधिया गया। मैंने टॉर्च को उसके चेहरे से हटाया।

'आप कहाँ से आए हैं, सर?' उस आदमी ने पूछा।

मैंने संक्षेप में अपनी परेशानी उसे बता दी।

'क्या यहाँ कोई ऐसी जगह है, जहाँ मैं रात बिता सकूँ? मैंने पूछा, 'बेशक, मैं पैसा दूँगा।'

'आपका मतलब है, डाक बँगला में?'

'डाक बँगला? मैंने कोई डाक बँगला नहीं देखा।'

लेकिन तभी मुझे अपनी गलती का एहसास हुआ।

मैंने लालटेन की रोशनी का अनुसरण किया था और इधर-उधर देखना भूल गया था। अब मैंने अपनी टॉर्च बाईं तरफ घुमाई और मुझे एक बड़ा बँगला नजर आ गया।

'तुम्हारा मतलब उस डाक बँगले से है?' मैंने पूछा।

'हाँ सर, लेकिन वहाँ कोई बिस्तर नहीं है। वहाँ आपको खाना भी नहीं मिल सकेगा।'

'मेरा अपना बिस्तर है मेरे पास,' मैंने कहा, 'कोई पलंग तो होगा वहाँ?'

'हाँ सर, एक चारपाई।'

'और मैं देख रहा हूँ, तुम्हारे कमरे में एक स्टोव जल रहा है। तुम अपना खाना पका रहे होगे?'

वह आदमी हँस पड़ा और कहने लगा कि क्या मैं उसकी पत्नी के हाथ की मोटी चपातियाँ तथा उड़द की दाल खा सकूँगा। मैंने कहा, 'यह तो बहुत अच्छा है। मैं सभी तरह की चपाती खा लेता हूँ, और उड़द की दाल मेरी मनपसंद दाल है।'

मुझे नहीं पता कि अपने अच्छे दिनों में डाक बँगला कैसा रहा होगा, लेकिन अब इसकी हालत देखकर इसे डाक बँगला कहना मुश्किल था। अंग्रेजों के शासन के दौरान बने इस बँगले का शयन-कक्ष काफी बड़ा और सीलिंग काफी ऊँची थी। फर्नीचर के नाम पर एक चारपाई थी, दीवार के साथ लगी एक मेज थी और एक कुरसी थी, जिसका एक बाजू टूटा हुआ था।

इस बीच चौकीदार ने मेरे लिए लालटेन जलाकर मेज पर रख दी।

'तुम्हारा नाम क्या है?' मैंने पूछा।

'सुखनराम, सर।'

'क्या इस बँगले में कोई कभी ठहरा है या मैं ही पहला आदमी हूँ?'

'अरे, नहीं सर, और लोग भी आ चुके हैं। पिछली सर्दी में एक सज्जन दो

रात रुके थे यहाँ।'

'यहाँ कोई भूत-प्रेत तो नहीं होगा', मैंने हँसी में कहा।

'भगवान् न करे।' उसने कहा, 'कभी किसी ने भूत के बारे में शिकायत नहीं की है।'

मुझे कहना चाहिए, उसके शब्दों ने मुझे आश्वस्त कर दिया। अगर कोई जगह भूत का डेरा हो और पुराने डाक बँगले को भुतहा कहा जाने लगे तो फिर वह हमेशा के लिए भुतहा ही रहेगा।

'यह बँगला कब बना था?' मैंने पूछा।

सुखन ने मेरा बिस्तर खोलकर बिछाते हुए कहा, 'यह एक साहिब का बँगला हुआ करता था, सर।'

'एक साहिब?'

'हाँ सर! नील की बागबानी करनेवाला एक साहिब। निकट में ही एक नील फैक्टरी हुआ करती थी। अब उसकी सिर्फ चिमनी रह गई है।'

मुझे मालूम था कि किसी समय इन इलाकों में नील की खेती हुआ करती थी। मैंने अपने बचपन में मुंगेर में नील कारखानों के खँडहर देखे थे।

सुखन द्वारा परोसी गई मोटी-मोटी चपातियाँ उड़द की दाल के साथ खाने के बाद मैं साढ़े दस बजे के करीब सोने के लिए गया। मैंने कलकत्ता से प्रमोद को तार भेजकर सूचित कर दिया था कि मैं दोपहर तक पहुँच जाऊँगा। स्वाभाविक है, वह सोच में पड़ जाएगा कि आखिर हुआ क्या। लेकिन अब इसके बारे में सोचने का कोई फायदा नहीं था। मैं बस यही कर सकता था कि एक आश्रय मिल जाने के लिए खुद को बधाई दूँ और निश्चिंत होकर सो जाऊँ। भविष्य में मैं भोला बाबू की सलाह मानकर ही चलूँगा। मुझे एक सबक मिल गया था और कठिनाई से मिला हुआ सबक आसानी से भूलता नहीं है।

मैंने लालटेन उठाकर कमरे से लगे बाथरूम में रख दी। दरवाजे की दरार से आती हलकी रोशनी मेरे लिए काफी थी। आम तौर पर बत्ती जली रहने पर मुझे नींद मुश्किल से आती है, फिर भी मैंने बत्ती बुझाई नहीं, हालाँकि मुझे आज नींद की बहुत जरूरत थी। मुझे अपनी कार की चिंता थी, जिसे मैंने सड़क पर खड़ा छोड़ दिया था; एक एहसास यह भी था कि अगर शहर होता तो इस तरह छोड़ी गई कार की चिंता कहीं अधिक होती।

बूँदा-बाँदी की आवाज बंद हो गई थी। वायुमंडल में अब मेढकों की टर्र-टर्र और झींगुरों की चें-चें गूँज रही थी। इस दूरस्थ गाँव में उस प्राचीन बँगले में

मेरी खाट से शहर का खयाल ऐसा अनुभव करा रहा था जैसे कि शहर किसी दूसरे ग्रह का हो। नील···मुझे दीनबंधु मित्रा के नाटक 'नीलदर्पण' का ध्यान आ गया। जब मैं कॉलेज का छात्र था, उस समय मैंने कॉर्नवालिस स्ट्रीट पर एक रंगशाला में वह नाटक देखा था।

मुझे नहीं पता कि मैं कब तक सोया रहा। अचानक किसी आवाज ने मुझे जगा दिया। दरवाजे को कोई खरोंच रहा था। दरवाजा बंद था। संभव है, कोई कुत्ता या गीदड़ हो, मैंने सोचा। फिर एक मिनट में शोर बंद हो गया।

मैं फिर आँखें बंद कर सोने का प्रयास करने लगा, लेकिन किसी कुत्ते के भौंकने की आवाज ने मेरा प्रयास बेकार कर दिया। यह किसी भूले-भटके कुत्ते की आवाज थी। मैं ऐसी आवाज से परिचित था। मुंगेर में हमारे घर से दो मकान आगे, मि. मार्टिन रहते थे। उनके पास एक शिकारी कुत्ता था, जो ठीक इसी प्रकार भौंकता था। यहाँ किसके पास शिकारी कुत्ता होगा? मैंने दरवाजा खोलकर पता लगाने के बारे में सोचा; क्योंकि आवाज काफी निकट प्रतीत होती थी। फिर मैंने सोचा, व्यर्थ क्यों परेशान होना? इससे तो बेहतर होगा कि कुछ देर और सो लिया जाए। अब समय क्या हुआ था?

खिड़की से सूरज की हल्की रोशनी झाँक रही थी। मैंने कलाई-घड़ी देखने के लिए अपना बायाँ हाथ उठाया और चौंक गया। मेरी कलाई घड़ी नदारद थी।

और चूँकि वह एक ऑटोमेटिक घड़ी थी, मैं सोते हुए भी उसे हमेशा पहने रखता था। मैंने कहाँ खो दिया उसे? और कैसे? क्या आस-पास चोरों का डेरा है? तो फिर मेरी कार का क्या होगा?

मैंने अपनी टॉर्च टटोली और उसे भी गायब पाया।

मैं बिस्तर से उछला, फर्श पर झुककर अपना सूटकेस खोजा, जो खाट के नीचे था। सूटकेस भी गायब था।

मेरा सिर चकराने लगा। जल्दी कुछ करना होगा। मैंने आवाज लगाई 'चौकीदार!'

कोई जवाब नहीं आया।

मैं दरवाजे के पास गया और उसे अभी भी बंद पाया। खिड़की में सरिए जड़े हुए थे। तो चोर अंदर आया कैसे?

जैसे ही मैं कुंडी खोलने वाला था, मैंने अपना हाथ देखा और मुझे कुछ अजीब-सा महसूस हुआ।

क्या दीवार से चूना टूट कर मेरे हाथ पर गिरा था? या यह कोई सफेद

पाउडर था? यह इतना फीका क्यों दिखता था?

मैं अपनी बनियान पहनकर सोने गया, फिर कैसे मैं पूरे बाजू की रेशमी कमीज पहने हुए था? मुझे अपने सिर में एक जोरदार धड़कन महसूस हुई। मैंने दरवाजा खोला और बाहर बरामदे में चला गया।

'चौकीदार!'

जवाब में जो आवाज आई, वह स्पष्टतः किसी अंग्रेज की आवाज थी। और चौकीदार कहाँ था और उसकी कुटिया कहाँ चली गई? बँगले के सामने अब एक विस्तृत खुला मैदान था। दूरी पर एक इमारत थी, बहुत ऊँची चिमनीवाली। आस-पड़ोस असामान्य रूप से शांत था।

वे बदल गए थे।

और मैं भी।

मैं पसीने में नहाया हुआ शयन-कक्ष में वापस आया। मेरी आँखों को अँधेरे की आदत हो गई थी। अब मैं एक-एक चीज साफ देख सकता था।

पलंग वहीं था, लेकिन वह एक मच्छरदानी से ढका हुआ था। मैं मच्छरदानी का इस्तेमाल नहीं करता था। तकिया भी था, लेकिन उससे बिल्कुल अलग था जो मैं लेकर आया था। यह झालर लगी किनारी वाला तकिया था, मेरा तकिया बिना झालर का था। मेज और कुरसी अपनी उसी जगह मौजूद थे, लेकिन अब पहले जैसे पुराने नहीं थे। लकड़ी पर पॉलिश हल्की रोशनी में भी चमक रही थी। मेज पर लालटेन नहीं थी, बल्कि मिट्टी के तेल का अलंकृत ढक्कनवाला एक चिराग था।

कमरे में कुछ दूसरी वस्तुएँ भी थीं, जो अब धीरे-धीरे दीखने लगी थीं; एक कोने में स्टील के दो संदूक रखे थे, दीवार पर एक फोल्डिंग ब्रैकिट था, जिससे एक कोट, एक अजीब प्रकार का शिरोवस्त्र और एक कुंडीदार चाबुक लटका हुआ था। ब्रैकिट के नीचे, दीवार के सहारे ऊपरी जूतों का एक जोड़ा खड़ा था।

मैंने उन वस्तुओं से दृष्टि हटाई और खुद पर एक और निगाह डाली। अभी तक मैंने रेशमी कमीज ही देखी थी, लेकिन अब मैंने खुद को एक तंग पतलून और मोजे भी पहने हुए पाया। मैंने जूते नहीं पहने हुए थे, लेकिन मैंने पलंग के पास काले बूटों का एक जोड़ा फर्श पर रखे देखा।

मैंने चेहरे पर अपना दायाँ हाथ फेरा और महसूस किया कि न केवल मेरा रूप रंग, बल्कि मेरा चेहरा-मोहरा भी बदल गया है। मेरी नाक इतनी पैनी नहीं थी, न मेरे होंठ इतने पतले थे और न मेरी ठोड़ी इतनी छोटी थी। मैंने अपने सिर

के बालों को घुँघराला पाया और गलमुच्छे भी थे, जो मेरे कानों के नीचे तक पहुँच रहे थे। मेरी हैरानी और मेरे डर की सीमा नहीं थी, इसके बावजूद मैं यह जानने की अपनी तीव्र इच्छा को नहीं रोक सका कि मैं कैसा लगता हूँ। लेकिन दर्पण कहाँ होगा?

मैं बाथरूम की तरफ गया, जोर के धक्के से दरवाजा खोला और अंदर चला गया।

वहाँ एक बालटी के सिवा कुछ भी नहीं था। लेकिन अब मैंने वहाँ एक स्टील का टब और उसके पास स्टूल पर एक मग रखा हुआ देखा। मैं जो चीज खोज रहा था, वह बिल्कुल मेरे सामने थी। एक अंडाकार दर्पण एक ड्रेसिंग टेबल में जड़ा हुआ। मैंने दर्पण में देखा, लेकिन उसमें दिख रहा प्रतिबिंब मेरा नहीं था। मेरी जगह कोई और ही व्यक्ति मेरे सामने था। किसी पैशाचिक छल-बल ने मुझे उन्नीसवीं सदी के एक अंग्रेज में बदल दिया था, जिसका रूप-रंग पीलापन लिये हुए था, बाल हल्के चमकीले व भूरे रंग के थे और जलती हुई आँखें, जिनसे कठोरता और दु:ख व पीड़ा का मिला-जुला एक अजीब-सा भाव झलकता था। वह अंग्रेज कैसा विचित्र रहा होगा? तीस साल से अधिक का नहीं, लेकिन ऐसा प्रतीत होता था मानो बीमारी या कठिन परिश्रम या दोनों के कारण वह समय से पहले ही बूढ़ा हो गया था।

मैंने थोड़ा और करीब जाकर 'अपना चेहरा' अच्छी तरह देखा। देखते ही मेरे दिल की गहराइयों से एक गहरी आह उठी।

आवाज मेरी नहीं थी। उस ठंडी आह ने भी मेरी भावनाओं को नहीं, बल्कि उस अंग्रेज की भावनाओं को व्यक्त किया।

उसके बाद तो मुझे ऐसा महसूस होने लगा कि मेरे सभी अंग-प्रत्यंग अपनी ही इच्छा शक्ति से काम कर रहे हैं। और फिर भी आश्चर्य की बात यह थी कि मैं—अनिरुद्ध बोस—पहचान में परिवर्तन से पूरी तरह अवगत था। लेकिन मैं यह नहीं जानता था कि यह परिवर्तन स्थायी है या मैं अपनी खोई हुई पहचान को किसी तरह पुन: प्राप्त कर सकता हूँ।

मैं अपने शयन कक्ष में लौट आया।

अब मैंने मेज पर निगाह डाली। लैंप के नीचे चमड़े की जिल्द चढ़ी एक नोटबुक थी। यह एक कोरे पन्ने पर खुली हुई थी। इसके पास एक दवात रखी थी जिसमें एक पक्ष-लेखनी (पर की कलम) डूबी हुई थी।

मैं चलकर मेज तक गया। किसी अदृश्य शक्ति ने कुरसी पर बिठा दिया

और मुझे अपने दाएँ हाथ से कलम उठाने के लिए प्रेरित किया। मेरा हाथ उस नोटबुक के बाएँ-हाथ वाले पन्ने की ओर चल पड़ा और वह शांत कमरा कोरे पन्ने पर कलम की खरखराहट के शोर से भर गया। मैंने जो लिखा, निम्नानुसार है—

27 अप्रैल, 1868

वो बदमाश मच्छर फिर मेरे कानों में गाना गा रहे हैं। तो एक शक्तिशाली साम्राज्य के पुत्र का अंत इस प्रकार होना है—एक बहुत छोटे कीट के हाथों। ईश्वर की यह कैसी विचित्र इच्छा है? ऐरिक छुटकारा पा गया है। पर्सी और टोनी भी पहले चले गए। शायद मैं उनसे अधिक लालची था। इसी करबा, मलेरिया का बार-बार हमला होने के बावजूद मैं नील के लोभ से नहीं बच सका। नहीं, व्यक्ति को अपनी डायरी में झूठ नहीं बोलना चाहिए। मेरे देश के लोग मुझे बहुत अच्छी तरह जानते हैं। घर पर भी मैंने कोई निष्कलंक जीवन नहीं बिताया; और वे निश्चय ही उसे भूले नहीं हैं। अतः मैं घर वापस जाने का साहस नहीं कर सकता। मैं जानता हूँ, मुझे यहीं रहना होगा और इस विदेशी धरती पर ही मेरे जीवन का अंत होगा। मेरी जगह पत्नी और मेरे नन्हे पुत्र टोबी की कब्रों के बगल में होगी। मैंने यहाँ के लोगों के साथ इतना बुरा व्यवहार किया है कि मेरी मृत्यु पर कोई आँसू बहाने नहीं आएगा। शायद मीरजान मुझे याद करे—मेरा विश्वस्त बैरा मीरजान। और रेक्स? हाँथ, वफादार रेक्स! जब मैं मरूँगा, ये लोग तुम्हें छोड़ेंगे नहीं! वे पत्थरों या लाठियों से आपको मार डालेंगे। काश, मैं तुम्हारे लिए कुछ कर सकता!

मैं इसके आगे नहीं लिख सका। हाथ काँप रहे थे। मेरे नहीं थे, लेखक के।

मैंने कलम नीचे रख दी।

फिर मेरा सीधा हाथ धीमा पड़ गया और दाएँ तरफ जाकर उसने दराज का हत्था पकड़ लिया।

मैंने दराज खोली।

दराज के अंदर एक पिलकुशन था, पीतल का एक पेपरवेट था, एक पाइप था और कुछ कागज थे।

दराज थोड़ा और खुली, आधी रोशनी में धातु की कोई वस्तु चमकी।

एक पिस्तौल थी, उसका कुंडा हाथी दाँत का था।

हाथ ने पिस्तौल बाहर निकाली। हाथ का कंपन रुक गया।

सियारों के एक झुंड ने चीत्कार किया। सियारों के जवाब में ही शिकारी कुत्ता शायद फिर भौंकने लगा।

मैं कुरसी से उठ गया और दरवाजे की तरफ गया। फिर मैं बाहर बरामदे में चला गया।

सामने मैदान चाँदनी में नहा रहा था।

बरामदे से दस गज आगे एक बड़ा शिकारी कुत्ता खड़ा था, मुझे देखते ही उसने अपनी पूँछ हिलाई।

रेक्स बरामदे की तरफ आया।

जैसे ही उसने घास से सीमेंट पर कदम रखा, मेरा सीधा हाथ मेरी कमर तक उठ गया, पिस्तौल शिकारी कुत्ते की ओर तन गई। रेक्स अपने रास्ते में ठहर गया। उसकी आँखें पिस्तौल पर थीं। उसने एक हल्की गुर्राहट दी।

मेरे सीधे हाथ की तर्जनी ने थोड़ा दबाव दिया।

मेरी गन जैसे ही एक कौंध के साथ धड़की, हवा में धुएँ और बारूद की गंध भर गई।

रेक्स का निष्प्राण, लहूलुहान जिस्म कुछ बरामदे पर और कुछ घास पर पड़ा था।

पिस्तौल की आवाज से आस-पास के पेड़ों पर कौओं को जगा दिया था। फैक्टरी की तरफ से अब एक शोरगुल उठा।

मैं वापस शयन कक्ष में आ गया, दरवाजा बंद किया और मैं पलंग पर बैठ गया।

कोलाहल पास आने लगा।

मैंने पिस्तौल की अभी तक गरम नाल अपने सीधे हाथ के पास रख दी।

मुझे इतना ही याद है।

दरवाजे पर दस्तक के साथ मेरी आँख खुली।

'मैं आपकी चाय लाया हूँ, सर।'

खिड़की से आया दिन का प्रकाश कमरे में भरा हुआ था। जैसी कि मेरी आदत थी, मैंने अपनी बाईं कलाई पर निगाह डाली—

6.13 मिनट। मैंने घड़ी को अपनी आँखों के करीब लाकर तारीख देखी—अप्रैल 28।

अब मैंने दरवाजा खोला और सुखनराम को अंदर आने दिया।

'यहाँ से आधा घंटे की दूरी पर कार रिपेयर की एक दुकान है, सर,' उसने

कहा, 'सात बजे खुलेगी।'

'बहुत अच्छा,' मैंने कहा और चाय पीने लगा।

बीरभूम में नील की खेती करनेवाले किसी अंग्रेज की मृत्यु की सौवीं वर्षगाँठ की रात को मुझे जो अनुभव हुआ, उसे सुनकर क्या कोई मेरी बात पर यकीन करेगा?

□

गणित अध्यापक, पिंक महोदय और टीपू

टीपू ने अपनी भूगोल की किताब बंद की और घड़ी पर निगाह डाली। वह ठीक 47 मिनट तक लगातार पढ़ता रहा। अब 3.13 मिनट हो रहे थे। थोड़ी देर के लिए बाहर जाने में कोई नुकसान नहीं था, था क्या? वह विचित्र प्राणी हाल में लगभग इसी समय प्रकट हुआ था। क्या उसने यह नहीं कहा था कि टीपू अगर किसी वजह से कभी उदास हुआ तो वह दुबारा आएगा? अब एक कारण उपस्थित था। एक बहुत अच्छा कारण। क्या उसे एक मिनट के लिए बाहर जाना चाहिए?

अरे, नहीं। माँ बाहर बरामदे में आ गई थी। उसने माँ को देखा कि वह एक कौए को भगा रही थीं। फिर बेंत की कुरसी चरचराई। इसका मतलब था कि वह धूप लेने के लिए कुरसी पर आराम से बैठ गई हैं। टीपू को कुछ देर इंतजार करना होगा।

टीपू को उस प्राणी का हुलिया बहुत अच्छी तरह याद था। उसने वैसा आदमी कभी नहीं देखा था। इतना छोटा, कोई दाढ़ी या मूँछ नहीं; फिर भी वह कोई बच्चा नहीं था। किसी बच्चे की आवाज इतनी गहरी नहीं थी। लेकिन फिर, वह प्राणी बूढ़ा भी नहीं था। टीपू कतई समझ नहीं पाया कि आखिर वह था क्या। उसकी त्वचा चिकनी थी, उसका रूप-रंग चंदन जैसा, गुलाबीपन लिये हुए था। असल में, टीपू ने अपनी तरफ से उसका नाम 'श्रीमान सूखा पिंक' रख दिया, क्योंकि टीपू को पता नहीं था कि उसे किस नाम से पुकारा जाता है। उसने पूछा भी था, लेकिन उस प्राणी ने जवाब दिया, 'मेरा नाम तुम्हें बताना बेकार है। मेरे नाम के उच्चारण में तुम्हारी जीभ मुड़ जाएगी।'

टीपू ने इस बात पर लज्जित महसूस किया। 'मुझे क्यों हकलाना चाहिए? मैं 'गॉबिंडीगूक' और 'फ्लैबरगास्टेड' जैसे शब्दों का उच्चारण कर सकता हूँ। मैं 'फ्लॉक्सीनिहिपिलिफिकेशन' जैसा शब्द भी बोल सकता हूँ। तो फिर तुम्हारे नाम

में ऐसा क्या है कि मेरी जीभ मुड़ जाएगी?'

'सिर्फ एक जीभ से काम नहीं चला सकोगे तुम।'

'तुम्हारा मतलब है, तुम्हारे पास दो जीभें हैं?'

'तुम्हें अपनी भाषा में बोलने के लिए सिर्फ एक जीभ चाहिए।'

वह आदमी घर के पीछे लंबे व नंगे शिमूल वृक्ष के नीचे खड़ा हुआ था। बहुत लोग यहाँ नहीं आते हैं। उस वृक्ष के पीछे एक बड़ी खुली जगह थी और उसके आगे धान के खेत थे। और उनके पीछे, कुछ दूरी पर, पहाड़ियाँ खड़ी थीं। टीपू ने कुछ ही दिन पहले एक नेवले को झाड़ी के पीछे लुप्त होते देखा था। आज वह रोटी के कुछ टुकड़े जमीन पर बिखेरने के इरादे से लेकर आया था। हो सकता है, नेवला रोटी खाने के लालच में फिर बाहर निकल आए।

उसकी आँखें अचानक पेड़ के नीचे खड़े आदमी पर पड़ीं।

'हेलो!' उस आदमी ने हँसते हुए कहा।

क्या वह कोई पश्चिम-निवासी था? टीपू समझ गया कि अगर वह आदमी सिर्फ अंग्रेजी में बोलता रहा, तो वह ज्यादा समय तक बात नहीं कर सकेगा। वह आदमी चलकर उसके पास आया और उससे बोला, 'क्या तुम किसी कारण से उदास हो?'

'उदास?'

'हाँ।'

टीपू को बड़ा आश्चर्य हुआ। उससे किसी ने कभी ऐसा कोई सवाल नहीं पूछा था। उसने कहा, 'क्यों? नहीं, मैं ऐसा नहीं समझता।'

'क्या तुम्हें यकीन है?'

'बेशक।'

'लेकिन तुम्हें उदास होना चाहिए। गणना यही बताती है।'

'किस प्रकार की उदासी? मैंने सोचा, शायद मुझे नेवला दिख जाए। लेकिन ऐसा नहीं हुआ। क्या तुम मुझे इसलिए उदास समझ रहे हो?'

'नहीं, नहीं। जिस उदासी की ओर मेरा इशारा है, उसे जानकर तुम्हारे कान नीले पड़ जाएँगे, तुम्हारी हथेलियाँ सूख जाएँगी।'

'तुम्हारा मतलब किसी गहरी उदासी से है।'

'हाँ।'

'नहीं, मैं उतना उदास महसूस नहीं कर रहा हूँ।'

अब वह आदमी स्वयं अधिक उदास लगने लगा। उसने अपना सिर हिलाया

और कहा, 'इसका मतलब है, मैं अभी तक मुक्त नहीं हो सकता।'

'मुक्त?'

'हाँ, मुक्त। मैं मुक्त या आजाद नहीं हो सकता।'

'मैं जानता हूँ, मुक्त होना क्या होता है,' टीपू ने कहा, 'अगर मैंने दुखी महसूस किया तो क्या आपको मुक्त कर दिया जाएगा?'

उस आदमी ने टीपू पर सीधी निगाह डाली।

'क्या तुम साढ़े दस साल के हो?'

'हाँ।'

'और तुम्हारा नाम मास्टर तर्पण चौधरी है?'

'हाँ।'

'तब फिर कोई गलती नहीं है।'

टीपू नहीं समझ सका कि वह आदमी उसके बारे में इतना अधिक कैसे जानता है। उसने पूछा, 'क्या मेरा उदास होना जरूरी है? किसी और के उदास होने से काम नहीं चलेगा क्या?'

'नहीं। और उदास महसूस करना ही काफी नहीं है। उदासी का कारण भी मिट जाना चाहिए।'

'लेकिन अनेकानेक लोग उदास एवं दुखी हैं। निकुंज नामक एक भिखारी अकसर हमारे घर आता है। वह कहता है कि दुनिया में उसका कोई नहीं है। वह अवश्य ही बहुत दुखी होगा।'

'नहीं, वह काम नहीं आएगा,' उस आदमी ने फिर अपना सिर हिला दिया। दस वर्ष के तर्पण चौधरी—क्या कोई दूसरा भी है जिसका नाम भी यही हो और उम्र भी यही?'

'नहीं, मैं ऐसा नहीं समझता।'

'तो फिर वह तुम्हीं हो।'

टीपू से अगला सवाल पूछे बिना रहा नहीं गया।

'तुम किस रिहाई या मुक्ति की बात कर रहे हो? काफी आजादी से तो चल-फिर रहे हो तुम!'

'यह मेरा देश नहीं है। मुझे यहाँ देश-निकाला मिला है।'

'क्यों?'

'तुम सवाल बहुत पूछते हो।'

'मैं इच्छुक हूँ, बस इतना ही। देखो, मैं तुमसे पहली बार मिला हूँ। इसलिए,

स्वाभाविक है, मैं जानना चाहता हूँ कि तुम कौन हो, क्या करते हो, कहाँ रहते हो, और कौन तुम्हें जानता है। इसी प्रकार की बातें। उत्सुक होने में गलत क्या है?'

'अगर तुम इतना अधिक जानने की चेष्टा करोगे तो तुम्हें जिंजिरिया हो जाएगा।'

उस आदमी ने असल में 'जिंजिरिया' नहीं कहा। उसने जो कहा, उस शब्द का उच्चारण टीपू की समझ के बाहर था और इसीलिए टीपू ने 'जिंजिरिया' मान लिया। भगवान् जाने, किस प्रकार का रोग था यह।

लेकिन वह टीपू को किसकी याद दिला रहा था? स्पेल्सटिस्रिकन? या वह स्नो व्हाइट के बौनों में से एक था?

टीपू को परी कथाओं का बहुत शौक था। उसके दादू हर साल कलकत्ता से परी कथाओं की तीन या चार किताबें उसके लिए लेकर आते थे। टीपू उन परी-कथाओं को बड़े चाव से पढ़ता। उसकी कल्पना की उड़ानें उसे सात समंदर, सात नदियों और छत्तीस पहाड़ियों के पार ले जाती थीं। वह स्वयं को एक राजकुमार मान लेता, जिसके सिर पर मोतियों जड़ी एक पगड़ी होती। कमर से एक तलवार लटक रही होती, जिसकी म्यान पर जड़े हीरे चमक रहे होते। कभी-कभी वह बहुमूल्य हीरे-जवाहरात की खोज में निकल जाता और किसी राक्षस से संघर्ष करता।

'गुडबाई!' उस आदमी ने कहा।

क्या वह जाने की तैयारी में था?

'तुमने मुझे बताया नहीं कि तुम रहते कहाँ हो?'

उस आदमी ने कोई ध्यान नहीं दिया। उसने बस इतना ही कहा, 'हम फिर मिलेंगे, जब तुम उदास महसूस करोगे।'

'लेकिन तुम्हें पता कैसे चलेगा?'

कोई जवाब नहीं आया, क्योंकि तब तक वह आदमी झरबेरी के पेड़ को फाँद कर आँखों से ओझल हो गया था। उसकी छलाँग ने ऊँची कूद के सारे विश्व रिकॉर्ड तोड़ डाले।

यह घटना लगभग छह सप्ताह पहले घटी थी। टीपू ने दोबारा उस आदमी को नहीं देखा। लेकिन टीपू को इस समय उसकी बहुत आवश्यकता थी, क्योंकि वह बहुत अधिक निराश था।

उसकी उदासी का कारण था उसके स्कूल में आया गणित का नया अध्यापक, नरहरि बाबू।

टीपू ने उसे शुरू से ही पसंद नहीं किया। वह जब पहली बार कक्षा में आया था, उसने लड़कों को सिर्फ दो मिनट घूरकर देखा था। उसकी दृष्टि बहुत कठोर थी। लगता था मानो वह पढ़ाना शुरू करने से पहले अपनी कठोर दृष्टि से ही सबको मार डालना चाहता था। टीपू ने इससे पहले इतनी बड़ी मूँछोंवाला कोई आदमी नहीं देखा था। और उसकी आवाज! बाप रे! कितनी गहरी और तेज आवाज थी। उसे इतना तेज बोलने की क्या जरूरत थी? कक्षा में कोई बहरा तो था नहीं।

गाज गिरी दो दिन बाद। वह गुरुवार था। आसमान बादलों से भरा था और बाहर ठंड थी। टीपू ने लंच की छुट्टी में बाहर जाना नहीं चाहा। इसी कारण वह कक्षा में बैठकर दलिम कुमार की कहानी पढ़ने लगा। किसे पता था कि उसी समय गणित का अध्यापक उसकी कक्षा के आगे से निकलेगा और अंदर आकर उसकी खबर लेने लग जाएगा?

'यह कौन सी किताब है, तर्पण?'

हमें यह बात तो माननी होगी कि नए अध्यापक की याददाश्त या स्मरण-शक्ति अद्‌भुत थी, क्योंकि उसे हर लड़के का नाम पहले से याद था।

टीपू कुछ-कुछ घबरा गया, फिर भी उसने यह सोचकर हिम्मत दिखाई कि लंच-अवकाश के दौरान अगर वह कहानी की किताब पढ़ रहा है। तो उस पर किसी को क्या आपत्ति हो सकती है।

'दादी की कहानियाँ, सर!' उसने कहा।

'जरा मुझे देखने दो।'

टीपू ने वह पुस्तक अध्यापक को सौंप दी।

अध्यापक ने एक मिनट उसके पन्ने उलट-पलटकर देखे। फिर वह फट पड़ा, 'राजा, रानी, राजकुमार और दानव, हीरों के पेड़ों पर मोतियों के पक्षी, अनाप-शनाप! तुम यह क्या पढ़ रहे हो? झूठ और बकवास! अगर ऐसी ही मूर्खता से भरी किताबें पढ़ते रहेंगे तो गणित कब सीखेंगे?'

'लेकिन ये तो केवल कहानियाँ हैं, सर!' टीपू हकलाया।

'कहानियाँ? क्या सभी कहानियाँ विवेकपूर्ण नहीं होनी चाहिए? या सिर्फ इतना काफी है कि किसी के दिमाग में जो आया, वही लिख मारा?'

टीपू इतनी आसानी से झुकनेवाला नहीं था।

'क्यों, सर!' उसने कहा, 'रामायण तक में हनुमान और जांबुवान का वर्णन है। महाभारत में भी दानवों और राक्षसों की कहानियाँ भरी पड़ी हैं।'

'बहस मत करो,' नरहरि बाबू ने झिड़का—'वे कहानियाँ दो हजार वर्ष से

भी बहुत पहले ऋषियों द्वारा लिखी गई थीं। मनुष्य के शरीर और हाथी के सिरवाले गणेश तथा दस हाथोंवाली देवी दुर्गा को वैसा समझने की गलती मत करना जिनके बारे में तुम अनाप-शनाप पढ़ रहे हो। तुम्हें महान् पुरुषों के विषय में खोज करनेवालों, वैज्ञानिक आविष्कारों, मानव के विकास के बारे में पढ़ना चाहिए; वास्तविक संसार से संबद्ध विषयों के बारे में पढ़ना चाहिए। तुम बीसवीं सदी में रह रहे हो, है कि नहीं? गाँवों में मूर्ख, अज्ञानी लोगों ने कभी ऐसी बेकार व बकवास कहानियाँ पढ़कर मन-बहलाव किया होगा। तुम्हें क्या आवश्यकता है ऐसी कहानियाँ पढ़ने की? तुम्हें किसी देहाती स्कूल में चले जाना चाहिए और वहाँ गीतबद्ध दोहों की मदद से गणित सीखना चाहिए। क्या तुम ऐसा कर सकते हो?'

टीपू चुप लगा गया। उसने यह नहीं सोचा था कि एक छोटी सी बात को लेकर इतनी बड़ी बहस छिड़ जाएगी।

'तुम्हारी कक्षा में और कौन ऐसी किताबें पढ़ता है?' अध्यापक ने पूछा।

सच कहूँ तो कोई नहीं पढ़ता। एक बार शीतल ने टीपू से 'हिंदुस्तान की लोक-कथाएँ' पढ़ने के लिए ली थी और अगले दिन ही 'बकवास' कहकर लौटा दी थी। कहा था कि इससे तो फैंटम कॉमिक्स कहीं अधिक अच्छे होते हैं।

'कोई नहीं, सर,' टीपू ने जवाब दिया।

'हम्म! तुम्हारे पिता का क्या नाम है?'

'तारानाथ चौधरी।'

'कहाँ रहते हो तुम?'

'स्टेशन रोड। मकान सं. 5।'

'हम्म!' उसके अध्यापक ने वह किताब जोर से टीपू के डेस्क पर पटक दी और चला गया।

टीपू स्कूल के बाद सीधा अपने घर वापस नहीं गया। वह स्कूल के निकट आम के बाग के पार चला गया और बिशनूराम दास के सामने पहुँच गया। घर के सामने एक सफेद घोड़ा खूँटे से बँधा हुआ था। टीपू ने एक जमरूल वृक्ष के सहारे झुककर अनमने रूप से घोड़े को घूरकर देखा। बिशनूराम बाबू का अपना बीड़ी का कारखाना था। वह रोज घोड़े पर सवार होकर अपने कारखाने जाता था। पचास वर्ष की उम्र पार करने के बावजूद वह घुड़सवारी करने के लिए पूरी तरह चुस्त-दुरुस्त था।

टीपू उस घोड़े को देखने के लिए अकसर वहाँ आता था, लेकिन आज उसका मन कहीं और था। यह बात उसके दिल में गहरे बैठ गई थी कि गणित का

नया अध्यापक उसका कहानियों की किताबें पढ़ना बंद कराने की कोशिश करेगा। अपनी किताबों के बिना वह कैसे जी पाएगा? वह उन्हें प्रतिदिन पढ़ता है और उनमें अधिकतर वही किताबें थीं, जिन्हें उसके अध्यापक ने कूड़ा-करकट और बकवास कहकर खारिज कर दिया था। इन कहानियों को पढ़ते रहने के बावजूद वह गणित में अच्छा प्रदर्शन करता रहा है। पिछली परीक्षा में उसने 50 में से 45 अंक प्राप्त किए थे। पिछले गणित अध्यापक ने उसे कहानियों की किताबें पढ़ने से कभी नहीं रोका था।

जाड़ों में दिन छोटे होते हैं, अत: टीपू बोलता था कि उसे घर जल्दी लौटना होगा। और वह जाने वाला था, तभी उसने कुछ ऐसा देखा जिसके कारण उसे जल्दी से पेड़ के पीछे छिपना पड़ा।

उसका गणित अध्यापक नरहरि बाबू अपनी बगल में एक किताब और एक छाता दबाए उसकी तरफ आ रहा था।

तो क्या इसका मतलब यह था कि गणित अध्यापक यहीं-कहीं निकट में रहता है? बिशनूराम बाबू जहाँ रहते थे, उसके आगे पाँच और मकान थे। इन घरों के परे एक बड़ा, खुला मैदान था, जिसे हमलालूनी का मैदान कहा जाता था। बहुत समय पहले उस मैदान के पूर्व में रेशम की एक फैक्टरी थी। उसका मैनेजर, कहा जाता है, एक कठोर अधिकारी था। उसने मैनेजर की हैसियत से बत्तीस साल काम किया और फिर अपने ही बँगले में मर गया, जो फैक्टरी से अधिक दूर नहीं था। उसका नाम कुछ-कुछ विकृत हो गया और इस प्रकार उस पूरे क्षेत्र का नाम 'हमलालूनी का मैदान' पड़ गया।

सर्दियों के झुटपुटे में टीपू ने नरहरिबाबू को जमरूल वृक्ष के पीछे से देखा। टीपू को उसके व्यवहार पर आश्चर्य हुआ। नरहरि बाबू घोड़े के पास खड़ा था, घोड़े की पीठ को प्यार से सहला रहा था और अपने होंठों से एक अजीब सी आवाज निकाल रहा था।

उसी समय घर के सामने का दरवाजा खुला और अपने हाथ में एक चिरुट पकड़े हुए बिशनूराम बाबू खुद बाहर आए।

'नमस्कार।'

नरहरि बाबू ने घोड़े की पीठ से अपना हाथ हटाया और मुड़कर देखा। बिशनूराम बाबू ने नमस्कार का जवाब दिया और पूछा, 'एक खोल के बारे में क्या खयाल है?'

'मैं ठीक यही सोचकर आया हूँ,' टीपू के अध्यापक ने कहा। इसका मतलब

वह शतरंज खेला होगा, क्योंकि टीपू जानता था कि बिशनूराम बाबू को शतरंज का शौक है।

'बढ़िया घोड़ा है,' नरहरि बाबू ने कहा, 'कहाँ से लिया आपने यह घोड़ा?'

'कलकत्ता। मैंने इसे शोभाबाजार के द्वारिका मित्तर से खरीदा। यह दौड़ का घोड़ा हुआ करता था और नाम था पेगासस।'

पेगासस? नाम कुछ-कुछ जाना-पहचाना लगता था, लेकिन टीपू याद नहीं कर सका कि उसने यह नाम कहाँ सुना था।

'पेगासस!' गणित अध्यापक ने कहा, 'बड़ा विचित्र नाम है!'

'हाँ, घुड़दौड़ के घोड़ों के नाम आमतौर पर मनोरंजक होते हैं। हैप्पी बर्थ-डे, सुभान अल्लाह, फॉर्गेट-मी-नॉट…'

'क्या आप इस घोड़े की सवारी करते हैं?'

'बेशक! बड़ा तगड़ा पशु है यह। मुझे इसने एक दिन भी तकलीफ नहीं दी है।'

नरहरि बाबू घोड़े को ताकते रहे।

'किसी समय मैं यही घुड़सवारी करता था।'

'वास्तव में?'

'हम उन दिनों शेरपुर में रहते थे। मेरे पिता एक डॉक्टर थे। वह मरीजों को देखने जाने के लिए घोड़े का इस्तेमाल किया करते थे। तब मैं स्कूल में था। जब कभी मौका मिलता, मैं भी सवारी कर लेता था। अरे, बहुत समय निकल गया तब से अब तक।'

'क्या तुम इस घोड़े की सवारी करना चाहोगे?'

'क्या मैं कर सकता हूँ?'

'तो जाओ, करो।'

टीपू हैरानी से देखता रहा, जब उसके अध्यापक ने अपनी किताब और अपना छाता बरामदे में छोड़ा और घोड़े की रस्सी खोली। फिर वह एक ही छलाँग में घोड़े की पीठ पर सवार हो गया और अपनी एड़ियों से उसकी बगलों में ठोकर लगाई। घोड़े ने दुलकना शुरू कर दिया।

'दूर मत जाना।' बिशनूराम बाबू ने कहा।

'शतरंज बाहर निकालो।' नरहरि बाबू ने कहा, 'मैं बस अभी वापस आता हूँ।'

टीपू अब और नहीं रुक सका। वैसा अद्भुत दिन रहा यह।

लेकिन अभी और भी कुछ होना बाकी था।

शाम के लगभग सात बजे का समय था। टीपू ने अभी-अभी अपना होम-वर्क समाप्त किया था और वह एक-दो कहानियाँ पढ़ने के बारे में अभी सोच ही रहा था कि उसी समय नीचे से उसके पिताजी ने उसे पुकारा।

टीपू जब बैठक में पहुँचा, उसने नरहरि बाबू को अपने पिता के साथ बैठा पाया। टीपू का खून जम गया।

'तुम्हारा अध्यापक तुम्हारी वे सभी किताबें देखना चाहेगा, जो तुम्हारे दादू ने तुम्हें दी हैं,' उसके पिता ने कहा, 'उन्हें ले आओ।'

कुल 27 किताबें थीं। उन किताबों को उठाकर लाने के लिए टीपू को तीन बार जाना पड़ा।

टीपू के अध्यापक ने दस मिनट में उन सारी किताबों को देख डाला बीच-बीच में उसने 'उँह, उँह' कहते हुए कई बार अपना सिर हिलाया। अंत में उसने किताबों को एक तरफ किया और कहा, 'देखो श्रीमान चौधरी, मैं अपने वर्षों के चिंतन ओर अनुसंधान के आधार पर आपको कुछ बताने जा रहा हूँ। परी-कथाएँ या लोक-साहित्य, आप इसे जो चाहें कह सकते हैं, बच्चों के मन में केवल अंधविश्वास के बीज बोने का काम करते हैं। बच्चे को जो भी बताया जाए, वह स्वीकार कर लेगा। क्या आप इस बात को समझते हैं कि हम वयस्कों की कितनी बड़ी जिम्मेदारी है? क्या हमें बच्चों को यह बताना चाहिए कि एक आदमी का जीवन एक मछली के अंदर रहता है और इसी प्रकार की अन्य बातें; जबकि सच्चाई यह है कि व्यक्ति का जीवन व्यक्ति के हृदय में धड़कता है? यह कहीं दूसरी जगह नहीं हो सकता!'

टीपू नहीं समझ सका कि उसके पिता उसके अध्यापक की बातों से सहमत हैं या नहीं, लेकिन वह इतना अवश्य जानता था कि उसके पिता एक अध्यापक के अनुदेशों को मानने में विश्वास करते हैं।

'हर बच्चे को आज्ञाकारी होना चाहिए। टीपू ,' उसके पिता ने उसे अनेक बार कहा था, 'विशेषकर उसे अपने से बड़ों का कहा अवश्य मानना चाहिए। एक उम्र पर पहुँचने के बाद, अपनी शिक्षा पूरी कर चुकने के बाद और आत्मनिर्भर हो जाने पर, तुम जो चाहो कर सकते हो। तब तुम्हें अपना मत प्रकट करने का पूरा अधिकार होगा। लेकिन अभी नहीं।'

'क्या आपके पास बच्चों के वास्ते कोई दूसरी पुस्तकें हैं?' नरहरि बाबू ने पूछा।

'अरे हाँ', टीपू के पिता ने कहा, 'वे सब यहाँ मेरी बुक शेल्फ में मौजूद हैं। तुमने वे किताबें देखी नहीं हैं क्या, टीपू?'

'मैं उन सब किताबों को पढ़ चुका हूँ, पापा।' टीपू ने कहा।

'हर किताब?'

'हर किताब। विद्यासागर और सुरेश बिस्वास की जीवनी, कैप्टेन स्कॉट का दक्षिणी ध्रुव खोज अभियान, अफ्रीका में मुंगो पार्क के साहसिक कार्य, स्टील और अंतरिक्षयान की कहानी···आपने इतने पुरस्कार तो नहीं जीते, पापा।'

'ठीक है,' उसके पिता ने कहा, 'मैं तुम्हें कुछ और किताबें खरीद दूँगा।'

'अगर आप यहाँ तीर्थंकर बुक स्टॉल को बता दें तो वे आपके वास्ते कुछ किताबें कलकत्ता से मँगवा सकते हैं,' नरहरि बाबू बोले। अब से तुम केवल वही किताबें पढ़ोगे, तर्पण। ये किताबें नहीं।'

'ये नहीं!' शब्द केवल दो थे, बहुत सीधे-सीधे शब्द 'ये नहीं', लेकिन टीपू की पूरी दुनिया ध्वस्त करने के लिए ये दो शब्द काफी थे—'ये नहीं।'

टीपू के पिता ने नरहरि बाबू से किताबें लीं और उन्हें अपनी अलमारी में बंद कर दिया।

अब कोई उन किताबों तक नहीं पहुँच सकता।

किंतु माँ टीपू की तरफ लगती थी। वह अपनी माँ का कुड़कुड़ाना सुन सकता था। और जिस समय वे रात का खाना खा रहे थे, टीपू की माँ ने यहाँ तक कह दिया, 'जो आदमी ऐसी बात कह सकता है, वह अध्यापक बनने के योग्य ही नहीं है।'

पिता सहमत नहीं थे, 'क्या तुम समझ नहीं सकतीं कि उसने जो कुछ कहा है, टीपू की भलाई के लिए कहा है?'

'बकवास!' माँ ने कहा। फिर उसने प्यार से टीपू के बालों को सहलाया और कहा, 'चिंता मत करो, मैं तुमको कहानी सुनाऊँगी। तुम्हारी नानी मुझे ढेरों कहानियाँ सुनाया करती थीं। मैं उन्हें भूली नहीं हूँ।'

टीपू ने कुछ नहीं कहा। वह अपनी माँ से अनेक कहानियाँ पहले ही सुन चुका था और सोचता था कि अब उसके पास कहानियों का खजाना चुक गया है। अगर कोई कहानी उसके पास बची भी हो, तब भी किसी से कहानी सुनना और कहानी पढ़ना एक बात नहीं है। अपने सामने एक खुली किताब के साथ वह खुद को पूर्णतया एक भिन्न संसार में खोया हुआ पा सकता है। लेकिन वह अपनी माँ को वह संसार कैसे दिखाए?

दो दिन बाद टीपू को समझ आया कि वह वास्तव में उदास महसूस कर रहा था। यह निश्चित रूप से उसी प्रकार की उदासी थी, जिसका जिक्र मि. पिंक ने किया था। अब वही टीपू की एकमात्र उम्मीद थी।

आज रविवार था। पिता सो रहे थे। माँ बरामदे से चली गई थी और अपनी सिलाई मशीन चला रही थी। साढ़े तीन बजे का समय था। क्या उसे चुपचाप पिछले दरवाजे से निकल जाना चाहिए? अगर उस आदमी ने अपने रहने का पता बता दिया होता तो वह सीधा वहीं चला जाता।

टीपू धीरे-धीरे सीढ़ियाँ उतरा और पीछे के दरवाजे से बाहर निकल गया।

चमकती धूप के बावजूद हवा में तेज सर्दी थी। दूरी पर, पहाड़ियों तक फैले धान के खेत सुनहरे दिख रहे थे। कहीं एक फाख्ता कुहुक रही थी और शिरीष वृक्ष से यदा-कदा आती सरसराहट बता रही थी कि पत्तियों के बीच कोई गिलहरी छिपी हुई है।

'हेलो।'

ओह, चमत्कार हो गया। वह कब आया? टीपू ने उसे आते हुए नहीं देखा था।

'तुम्हारे कान पीछे से नीले पड़े हुए हैं तुम्हारी हथेलियाँ शुष्क लगती हैं। मैं बता सकता हूँ कि तुम किस कारण से उदास हो।'

'आप दुबारा यह कह सकते हैं,' टीपू ने कहा।

वह आदमी चलकर टीपू के समीप आया। उसने वही कपड़े पहने हुए थे।

हवा ने उसके गुच्छेदार बालों को सहलाया।

'मुझे बताओ कि हुआ क्या है, अन्यथा तुम जानते हो, मैं लुप्त हो जाऊँगा बेताल की तरह।'

टीपू हँसना चाहता था, लेकिन टीपू ने उस आदमी के कहे को सुधारने का कोई प्रयास नहीं किया। इसके बजाय टीपू ने अपने साथ हुए अन्याय का किस्सा संक्षेप में सुना दिया। बोलते समय उसकी आँखों से आँसू टपक रहे थे, फिर भी टीपू ने स्वयं को सँभाल लिया।

'हम्म,' उस आदमी ने कहा और सिर हिलाने लगा। उसका सिर सोलह बार ऊपर-नीचे हुआ। टीपू ने कुछ घबराहट महसूस की। क्या वह कभी रुकेगा नहीं? अथवा क्या ऐसा है कि रोआँसा होने लगा था। लेकिन वह आदमी सिर हिलाकर एक अंतिम हामी भरने के बाद रुक गया और एक बार फिर उसके मुँह से 'हम्म' निकला। टीपू की घबराहट मिट गई।

'क्या तुम समझते हो कि तुम कुछ कर सकते हो?' उसने डरते-डरते पूछा।

'मुझे ध्यान से सोचना पड़ेगा। अँतड़ियों का प्रयोग करना होगा।'

'अँतड़ियाँ? मतलब कि तुम अपने दिमाग का प्रयोग नहीं करोगे?'

उस आदमी ने कोई जवाब नहीं दिया; बल्कि उसने यह कहा, 'क्या मैंने कल उस मैदान में नरहरि बाबू को घोड़े की सवारी करते नहीं देखा?'

'कौन सा मैदान? ओह, तुम्हारा मतलब, हमलालूनी मैदान?'

'वही मैदान, जिसमें एक टूटी-फूटी इमारत है।'

'हाँ-हाँ। क्या तुम वहीं रहते हो?'

'मेरा ट्राइडिंगीपिडि उस बिल्डिंग के पीछे है।'

टीपू ने उसे शायद ठीक से नहीं सुना होगा। लेकिन अगर उसने सुना भी होता, तब भी वह शब्द को सही-सही बोल नहीं पाता।

उस आदमी ने पुनः सिर हिलाना शुरू कर दिया। इस बार वह इकतीस की गिनती पर रुक गया और कहने लगा, 'आज पूनम (पूर्णिमा) की रात होगी। अगर तुम देखना चाहते हो कि आज रात क्या होता है, तो जब चंद्रमा खजूर के पेड़ के बिल्कुल ऊपर पहुँच जाए , उस समय तुम उस मैदान में आ जाना। लेकिन ध्यान रखना कि तुम्हें कोई देखे नहीं।'

अकस्मात् एक भयानक विचार टीपू के मन में आया।

'तुम मेरे गणित अध्यापक को मारने का प्रयत्न नहीं करोगे? करोगे क्या?'

टीपू ने पहली बार उस आदमी को अपना सिर पीछे की ओर झटकते और हँसते हुए देखा।

उसने यह भी देखा कि उसके मुँह में दो जीभ हैं—और दाँत एक भी नहीं था।

'मार दूँगा?' उस आदमी ने हँसना बंद कर दिया। 'नहीं, नहीं, हम मरने-मारने में विश्वास नहीं करते। असल में, मुझे मेरे देश से निकाल दिया गया था, क्योंकि मैंने किसी को चिकोटी काटने के बारे में सोचा था। पहले गणनफल से जो नाम हमें मिला वह 'पृथ्वी' था, जहाँ मुझे भेजा जाना था। फिर हमें इस स्थान का नाम मिला और उसके बाद तुम्हारा अपना नाम आया। मैं जितनी जल्दी तुम्हारी उदासी का कारण मिटा दूँगा, उतनी ही जल्दी मुझे मुक्त कर दिया जाएगा।'

'तो फिर ठीक है। मिलते हैं।'

लेकिन वह आदमी पहले ही एक और लंबी छलाँग भरकर शहतूत के पेड़ के पार जा चुका था और गायब हो गया था।

टीपू के बदन में चढ़ी हलकी-सी झुनझुनी सारी शाम बनी रही। किस्मत की

बात थी कि उस रात उसके माता-पिता डिनर के लिए बाहर जा रहे थे। टीपू को भी बुलाया गया था। किंतु उसकी माँ ने सोचा कि टीपू के लिए बेहतर यही होगा कि वह घर पर रहे और पढ़ाई करे। उसकी परीक्षाएँ निकट आ रही हैं।

उन्होंने 7.30 बजे प्रस्थान किया। टीपू ने उनके चले जाने के बाद पाँच मिनट इंतजार किया, फिर वह निकल पड़ा। पूर्वी आकाश पीला हो चला था।

वह अपने स्कूल के पीछेवाले छोटे रास्ते से दस मिनट में बिशनूराम बाबू के घर के निकट पहुँच गया। घोड़ा उस समय वहाँ नहीं था। टीपू ने सोचा कि वह घर के पिछवाड़े अपने अस्तबल में होना चाहिए। बैठक की खुली खिड़की से रोशनी आ रही थी। कमरा चिरुट के धुएँ से भरा हुआ था।

'शह।'

यह आवाज उसके गणित अध्यापक की थी। स्पष्ट था, वह बिशनूराम बाबू के साथ शतरंज खेल रहा था। क्या आज रात वह घुड़सवारी के लिए नहीं जाएगा? कोई नहीं बता सकता था। लेकिन उस आदमी ने टीपू से हमलालूनी मैदान की ओर जाने के लिए कहा था। उसे वहाँ जाना चाहिए, हर हालत में।

यह पूर्णिमा की रात थी। चाँद अभी सुनहरा लग रहा था, लेकिन बाद में चाँदी के रंग का हो जाएगा। उसे खजूर के पेड़ की चोटी पर पहुँचने में अभी दस मिनट और लगेंगे। चाँदनी अभी बहुत चमकीली, अर्थात् तेज नहीं थी, लेकिन आस-पास सबकुछ आसानी से दिख रहा था। बहुत सारे पेड़-पौधे और झाड़ियाँ थीं। कुछ दूरी पर परित्यक्त पुरानी फैक्टरी खड़ी थी। वह आदमी उसके पीछे कहीं रहता है। लेकिन कहाँ?

टीपू एक झाड़ी के पीछे छिप गया और प्रतीक्षा करने लगा। वह अखबार के एक टुकड़े में कुछ गुड़ लपेटकर अपनी जेब में डाल लाया था। उसने थोड़ा सा गुड़ काटा और चबाने लगा। वह दूर जंगल से आ रही सियारों की आवाज सुन सकता था। अभी जो काला पक्षी उड़ कर गया, वह शायद कोई उल्लू था।

टीपू ने अपने कोट के ऊपर भूरे रंग का शॉल डाला हुआ था, जिसकी वजह से उसे अँधेरे में अलग से पहचाना नहीं जा सकता था और वह सर्दी से भी बचा रहा।

किसी घड़ी ने आठ बजने का संकेत दिया, शायद यह घड़ी बिशनूराम बाबू के घर की घड़ी थी।

और, कुछ ही क्षणों के पश्चात् टीपू ने एक और शोर सुना क्लिप-क्लॉप, क्लिप-क्लॉप, क्लिप-क्लॉप।

क्या यह घोड़ा था?

टीपू ने झाड़ी के पीछे से झाँककर देखा।

हाँ, यह सच में वही घोड़ा था और नरहरि बाबू उसकी पीठ पर सवार थे।

ठीक इसी क्षण एक बड़ी मुसीबत आ पड़ी। एक मच्छर कुछ देर से टीपू के कानों के पास मँडरा रहा था। टीपू ने मच्छर को भगाने की कोशिश की, लेकिन वह अचानक उसके एक नथने में सीधा घुस गया।

टीपू जानता था कि नाक को जोर से दबाकर छींक रोकी जा सकती है। लेकिन अगर उसने अभी ऐसा किया तो मच्छर कभी बाहर नहीं आएगा। अत: टीपू ने छींक निकल जाने दी, जिससे रात की नीरवता भंग हो गई। घोड़ा रुक गया।

किसी ने टीपू पर टॉर्च की रोशनी मारी।

'तर्पण?'

टीपू डर के मारे सुन्न हो गया। क्यों, क्यों, क्यों आज ही ऐसा होना था? वह वहाँ गया था और उस आदमी की बनाई सारी योजनाओं पर उसने पानी फेर दिया था। वह आदमी टीपू के बारे में क्या सोचेगा?

घोड़ा उसके गणित अध्यापक को अपनी पीठ पर बिठाए दुल्की चाल से उसकी तरफ आने लगा। परंतु घोड़े ने अचानक अपने आगेवाली टाँगें हवा में उठाईं। वह जोर से हिनहिनाया और अपने पथ से भटक गया। फिर वह मैदान में कूद गया।

उसके बाद जो कुछ हुआ, उसे देखकर तो टीपू की साँस रुक गई। घोड़े ने अपनी बगल से दो बड़े पंख निकाले और उन्हें जोर से फड़फड़ाते हुए जमीन से हवा में उड़ गया। टीपू के अध्यापक ने घोड़े की गरदन कसकर पकड़ ली और पूरी ताकत लगाकर उससे लटके रहा। उसके हाथ से टॉर्च छूटकर गिर गई थी।

चाँद खजूर के पेड़ की चोटी पर पहुँच गया था। चटक चाँदनी में टीपू ने घोड़े को आकाश में ऊँचे और ऊँचे जाते हुए देखा, जब तक कि वह तारों के बीच गायब नहीं हो गया।

पेगासस!

वह फौरन टीपू के पास लौट आया। यह एक यूनानी कहानी थी। मेदुसा एक राक्षसी थी—जिसके बालों की एक-एक लट एक विषैला सर्प था, जिसे देखने से ही आदमी पत्थर में बदल जाता था। साहसरी परसियस ने अपनी तलवार से उसका सिर काट दिया और उसके रक्त से पेगासस, पंखोंवाले द्रुतगामी अश्व का जन्म हुआ।

'घर जाओ, तर्पण!'

विचित्र आदमी टीपू की बगल में खड़ा था। उसके सुनहरे बाल चाँदनी में चमक रहे थे।

'सबकुछ ठीक है।'

नरहरि बाबू को अस्पताल जाना पड़ा। वह तीन दिन वहाँ रहा, हालाँकि किसी शारीरिक चोट का कोई निशान नहीं था। उसने किसी से बात नहीं की। यह पूछने पर कि बात क्या है, वह सिर्फ सिहर उठता और निगाह दूसरी तरफ कर लेता।

चौथे दिन उसे अस्पताल से छुट्टी मिल गई। वह सीधा टीपू के घर पहुँचा। टीपू के पिता और गणित अध्यापक के बीच क्या बातचीत हुई, टीपू के कुछ पल्ले नहीं पड़ा। लेकिन उसके चले जाने के बाद ही पिता ने टीपू को बुलाया और कहा, 'अरे···तुम अपनी किताबें मेरी अलमारी से ले सकते हो। नरहरि बाबू ने कहा कि तुम्हारे परी-कथाएँ पढ़ने पर अब उसे कोई ऐतराज नहीं है।'

टीपू को वह विचित्र आदमी फिर कभी दिखाई नहीं दिया। उस आदमी की खोज में वह पुरानी फैक्टरी के पीछे गया और रास्ते में बिशनूराम बाबू के घर के पास से भी गुजरा। घोड़ा अब भी उसी खूँटे से बँधा हुआ था। लेकिन उस फैक्टरी के पीछे सच में कुछ भी नहीं था—एक गिरगिट के सिवा, जो सिर से पूँछ तक पूरा गुलाबी था।

□

बिग बिल

ओल्ड कोर्ट हाउस स्ट्रीट में एक बिल्डिंग की नौवीं मंजिल पर स्थित कार्यालय में तुलसी बाबू के डेस्क के पास एक खिड़की थी, जहाँ से दूर-दूर तक फैला पश्चिमी आकाश नजर आता था। तुलसी बाबू का पड़ोसी जगनमारा दत्त बरसात के मौसम में एक सुबह खिड़की के बाहर पान की पीक थूकने गया था, जब उसने आकाश में एक दोहरा इंद्रधनुष देखा। उसने उस दृश्य पर घोर आश्चर्य व्यक्त किया और तुलसी बाबू की ओर मुड़कर कहा, 'यहाँ आइए, सर। ऐसा दृश्य आप हर रोज नहीं देख पाएँगे।'

तुलसी बाबू अपने डेस्क से उठे, खिड़की तक गए और बाहर देखने लगे।

'तुम मुझे क्या देखने के लिए कह रहे थे?' तुलसी बाबू ने पूछा।

'क्यों, वह दोहरा इंद्रधनुष नहीं दिख रहा?, जगनमय दत्त ने कहा, 'क्या आप वर्णांध (कलर ब्लाइंड) हैं?'

तुलसी बाबू अपने डेस्क की ओर लौट गए। 'मैं नहीं समझ सकता कि दोहरे इंद्रधनुष में देखने लायक ऐसी क्या विशेष बात है। आकाश में एक नहीं, ऐसे बीस इंद्रधनुष भी हों, तब भी उसमें आश्चर्यजनक कुछ नहीं होगा। दोहरा इंद्रधनुष ही क्यों, लोअर सरकुलर रोड पर स्थित दो मीनारोंवाले चर्च को आप जब तक चाहें, टकटकी लगाए देखते रह सकते हैं।'

हर किसी के पास एक जैसा आश्चर्य, बोध नहीं होता है, लेकिन तुलसी बाबू के बारे में यह भी नहीं कहा जा सकता था कि उनके अंदर आश्चर्य, बोध नाम की कोई चीज है भी या नहीं। सिर्फ एक चीज थी, जो तुलसी बाबू को हमेशा आश्चर्य में डाल देती थी और वह चीज थी मंसूर के मटन कबाब का अद्भुत स्वाद। तुलसी बाबू का दोस्त और सहकर्मी प्रद्योत चंद एकमात्र व्यक्ति था, जिसे

इस बात की जानकारी थी।

अत: ऐसी संशयी प्रकृति लेकर जनमे तुलसी बाबू को उस समय कोई विशेष हैरानी नहीं हुई, जब दंडकारण्य के वनों में ओषधीय वनस्पति की खोज करते समय उन्हें एक बहुत बड़ा अंडा मिला।

तुलसी बाबू पिछले पंद्रह वर्षों से आयुर्वेदिक ओषधियों में दिलचस्पी ले रहे थे। उनके पिता एक जाने-माने ओषधि विक्रेता थे। हालाँकि तुलसी बाबू अर्बुटनॉट एंड कं. में उच्च श्रेणी लिपिक के पद पर काम करते थे और उनका वेतन ही उनकी आमदनी का मुख्य स्रोत था, फिर भी वह पारिवारिक व्यवसाय का पूर्णतया त्याग करना नहीं चाहते थे। कुछ समय से उन्होंने इस ओर कुछ अधिक समय देना शुरू कर दिया था, क्योंकि कलकत्ता के दो प्रतिष्ठित व्यक्तियों को उनके नुस्खों से काफी फायदा हुआ था और इस कारण एक अंशकालिक आयुर्वेदिक ओषधि विक्रेता के रूप में उनका नाम प्रसिद्ध हो गया था।

इन्हीं जड़ी-बूटियों की खोज उन्हें दंडकारण्य ले आई थाी। तुलसी बाबू ने सुना था कि जगदलपुर से 30 मील उत्तर में एक पहाड़ी गुफा में एक संन्यासी रहता है जिसे ओषधीय वनस्पति के बारे में विशेष ज्ञान प्राप्त है और उस वनस्पति में एक जड़ी-बूटी ऐसी भी है, तब जो उच्च रक्तचाप में पर्याप्त लाभकारी मानी जाती है। कहा जाता था कि यह पौधा खोल्फिया सर्पेंटीना नामक अधिक सामान्य वनस्पति की अपेक्षा बहुत अधिक कारगर या गुणकारी होता है। तुलसी बाबू उच्च रक्तचाप से पीड़ित थे; सर्पेन्टीना ओषधि से उन्हें कोई विशेष लाभ नहीं हुआ था और होम्योपैथी या एलोपैथी में उन्हें कतई विश्वास नहीं था।

तुलसी बाबू जगदलपुर की यात्रा पर अपने मित्र प्रद्योत बाबू को अपने साथ ले गए। प्रद्योत बाबू को अपने मित्र के अड़ियल स्वभाव से अकसर बड़ी परेशानी होती थी। तब उसे कहना ही पड़ा, 'आश्चर्य-बोध को महसूस करने के लिए व्यक्ति को कुछ कल्पना से काम लेना पड़ता है। तुम्हारे अंदर कल्पना शक्ति का इतना अभाव है कि अगर एक पूरा भूत भी तुम्हारे सामने आ जाए, तब भी तुम्हें कोई आश्चर्य नहीं होगा।' तुलसी बाबू ने शांतिपूर्वक जवाब दिया था, 'वास्तव में, आश्चर्य का एहसास न होने पर जब कोई चकित होने का बहाना करता है तो वह सिर्फ एक दिखावा होता है। मुझे यह मंजूर नहीं।'

लेकिन इससे उनकी मित्रता पर कोई असर नहीं पड़ा।

शरत्कालीन अवकाश के दौरान ये दोनों जगदलपुर में एक होटल में ठहरे।

रास्ते में, मद्रास मेल में, दो विदेशी लड़के उनके डिब्बे में आ गए थे। वे दोनों स्वीडन निवासी निकले। उनमें से एक इतना लंबा-ऊँचा था कि उसका सिर डब्बे की छत को छू रहा था। प्रद्योत बाबू ने जब उससे पूछा था कि उसका कद कितना है, तो उसने जवाब में कहा था, 'दो मीटर और सात सेंटीमीटर।' लगभग सात फीट। बाकी यात्रा के दौरान प्रद्योत बाबू उस लंबे-ऊँचे कदवाले युवक से अपनी दृष्टि नहीं हटा सके; लेकिन तुलसी बाबू ने जरा भी आश्चर्य व्यक्त नहीं किया। उसने कहा, 'ऐसी असाधारण ऊँचाई स्वीडन के लोगों के आहार का ही परिणाम है। इस कारण इसमें कुछ भी आश्चर्य की बात नहीं है।'

जंगल में करीब एक मील पैदल चलने और फिर लगभग 500 सीढ़ियाँ चढ़ने के बाद वे संन्यासी घुमई बाबा की गुफा तक पहुँच गए। गुफा काफी बड़ी थी, लेकिन चूँकि सूरज का प्रकाश अंदर नहीं पहुँच पाता था, दस कदम आगे चलने के बाद ही उन्हें अंधकार ने घेर लिया। बाबा की अँगीठी से निरंतर उठता धुआँ उस अंधकार को और घना कर रहा था। प्रद्योत बाबू अपनी टॉर्च की रोशनी में, आरोही निक्षेपों और निलंबी निक्षेपों के अपव्यय को देखने में खोया हुआ था, जबकि तुलसी बाबू ने अपनी हर्बल ओषधि के विषय में पूछताछ की। घुमई, बाबा ने जिस वृक्ष का नाम लिया, उसे 'चक्रपर्ण' कहा जाता है, संस्कृत में जिसका अर्थ होता है—'गोल पत्तियाँ'। तुलसी बाबू ने कभी यह नाम नहीं सुना था, न उसका उल्लेख उन आधा दर्जन किताबों में कहीं था, जो किताबें उन्होंने जड़ी-बूटी के बननेवाली दवाओं के बारे में पढ़ी थीं। यह कोई वृक्ष नहीं, बल्कि एक झाड़ी थी, और यह दंडकारण्य के जंगल के सिर्फ एक भाग में पाई जाती थी, अन्यत्र कहीं नहीं। घुमई बाबा ने पर्याप्त दिशा-निर्देश दिए, जिन्हें तुलसी बाबू ने सावधानी से लिख लिया।

गुफा से बाहर आने के बाद तुलसी बाबू ने उस जड़ी-बूटी की खोज में जाने के लिए एक पल भी नहीं गँवाया। प्रद्योत बाबू खुशी से अपने मित्र का साथ दे रहा था; एक बार उसने एक बड़ा शिकार किया था—संरक्षण ने उस पर रोक लगा दी थी, लेकिन जंगल का आकर्षण बना रहा।

संन्यासी द्वारा दिए गए दिशा-निर्देश बिल्कुल सही साबित हुए। आधा घंटा चलने पर वे एक तंगघाटी के समीप पहुँचे, जिसे उन्होंने तीन मिनट में पार कर लिया और फिर बिजली गिरने से खाक हुए नीम वृक्ष के दक्षिण में सात कदम आगे चलकर उन्हें वह झाड़ी मिल गई। यह कमर तक ऊँचा एक पौधा था,

जिसकी गोल हरी पत्तियाँ थीं और प्रत्येक पत्ती के बीच में एक गुलाबी बिंदी थी।

'यह कैसी जगह है?' प्रद्योत बाबू ने चारों तरफ दृष्टि घुमाकर पूछा।

'क्यों, क्या खराबी है यहाँ?'

'सिर्फ एक नीम को छोड़कर यहाँ कोई वृक्ष ऐसा नहीं है, जिसे मैं पहचान सकूँ और देखो, कितनी नमी है इस जगह। जिन-जन स्थानों से हम गुजरे हैं, यह उनसे एकदम भिन्न है।'

पैरों के नीचे जमीन गीली थी, मगर तुलसी बाबू को उसमें कुछ भी अजीब नहीं लगा। 'क्यों, कलकत्ता में ही तापमान एक जगह कुछ होता है और दूसरी जगह कुछ। दक्षिण में टॉलीगंज उत्तर में श्याम बाजार की तुलना में अधिक ठंडा रहता है। जंगल का एक भाग दूसरे से भिन्न होने में अजीब क्या है? यह प्रकृति की विशिष्टता है, और कुछ नहीं।'

तुलसी बाबू ने अभी अपना थैला जमीन पर रखा ही था और वह झाड़ी की तरफ झुलने वाला था कि तभी प्रद्योत बाबू के एक सवाल ने उसे बीच में ही रोक दिया। 'आखिर यह है क्या चीज?'

तुलसी बाबू ने भी उस चीज को देखा था, लेकिन उन्हें कोई परेशानी नहीं हुई थी उससे।

'किसी प्रकार का अंडा होगा, और क्या!' तुलसी बाबू ने कहा।

प्रद्योत बाबू के विचार में यह अंडाकार चट्टान का एक टुकड़ा था, लेकिन और करीब से देखने पर वह समझ गया कि यह वास्तव में एक अंडा था—पीला, भूरी धारियों तथा नीली चित्तियोंवाला अंडा। इतना बड़ा अंडा किस जीव का हो सकता था? किसी अजगर का तो नहीं?

इस बीच तुलसी बाबू उस झाड़ी की कुछ पत्तेदार शाखाएँ पहले ही तोड़ चुके थे और उन्हें अपने थैले में भर चुके थे। वह कुछ और शाखाएँ तोड़ लेना चाह रहे थे, लेकिन उसे रुक जाना पड़ा; क्योंकि अंडे ने उसी समय कुछ हरकत करनी शुरू कर दी। अंडे का खोल टूटने की आवाज से चौंककर प्रद्योत बाबू एकदम पीछे हट गया, मगर फिर उसने हिम्मत जुटाई और कुछ कदम बढ़ाकर उसने करीब जाकर देखा। खोल से एक सिर बाहर आ चुका था। यह कोई साँप नहीं था, न घड़ियाल और न कोई कछुआ; यह एक पक्षी का सिर था। शीघ्र ही पूरा शरीर बाहर आ गया। यह काफी बड़ा पक्षी था, लगभग एक मुरगी के आकार का। प्रद्योत बाबू को पक्षियों का बहुत शौक था; उसके पास एक पालतू मैना और

एक बुलबुल थी, लेकिन उसने इतना बड़ा चूजा कभी नहीं देखा था। उसकी एक बड़ी चोंच थी और लंबी-लंबी टाँगें थीं। उसके बैंगनी पंख अद्‌भुत थे और पैदा होने के साथ ही उसका सतर्क व्यवहार देखने योग्य था।

तथापि, तुलसी बाबू को चूजे में कोई दिलचस्पी नहीं थी। वह उस पौधे से अधिकतम मात्रा में पत्तियाँ तोड़कर अपने थैले में भर लेने में व्यस्त थे।

प्रद्योत बाबू ने इधर-उधर देखा और कहा, 'बड़े आश्चर्य की बात है। इसके माता-पिता का कुछ अता-पता नहीं है, आस-पास में तो कतई नहीं।'

'मैं समझता हूँ, आज के लिए इतना ही अचंभा काफी है।' तुलसी बाबू ने अपना थैला अपने कंधे पर डालते हुए कहा, 'लगभग चार बजे का समय हो रहा है। अँधेरा बढ़ने से पहले हमें जंगल से निकल जाना चाहिए।'

कुछ-कुछ हिचकते हुए प्रद्योत बाबू चूजे के पास से हटे और अपने दोस्त के साथ चलने लगे। इंतजार में खड़ी टैक्सी तक पहुँचने में कम-से-कम आधा घंटा लगेगा।

पैरों की पटपटाहट सुनकर प्रद्योत बाबू को रुकना पड़ गया और जैसे ही प्रद्योत बाबू ने पीछे मुड़कर देखा तो पाया कि चूजा सीधे उनसे आँखें मिला रहा है।

फिर वह धीरे-धीरे चलकर तुलसी बाबू के सामने जाकर रुक गया और अपनी असाधारण रूप से लंबी चोंच खोलकर उसने तुलसी बाबू की धोती पकड़ ली।

प्रद्योत बाबू को इतना अचरज हुआ कि उससे कुछ कहते नहीं बना। फिर उसने देखा कि तुलसी बाबू ने चूजे को पकड़ लिया और उसे अपने बड़े थैले के अंदर डाल लिया।

'अरे, आप यह क्या कर रहे हैं?' प्रद्योत बाबू घोर विस्मय के साथ चीखा—'उस अनजान पक्षी को आपने थैले में भर लिया?'

'किसी पशु या पक्षी को पालतू रखने की मेरी तीव्र इच्छा बहुत समय से थी।' तुलसी बाबू ने पुनः चलते हुए कहा—'विजातीय कुत्तों को भी पालतू रखा जाता है। किसी अनाम चूजे को रखने में क्या बुराई है?'

प्रद्योत बाबू ने उस पक्षी को हिलते-डुलते, थैले से अपनी गरदन बाहर निकालते और अपनी बड़ी-बड़ी आँखें चारों ओर घुमाते हुए देखा।

तुलसी बाबू मसजिदबाड़ी स्ट्रीट में एक बिल्डिंग के द्वितीय तल पर एक फ्लैट में रहते थे। वह अविवाहित थे और उनके अलावा उनका एक नौकर था,

जिसका नाम नटवर था, एक रसोइया भी था, जिसे वह 'जयकेश्टो' पुकारते थे। जो नबरुन प्रेस का मालिक था। सान्याल महोदय का स्वभाव चिड़चिड़ा था और बिजली की निरंतर कटौती ने उन्हें और अधिक चिड़चिड़ा बना दिया था, क्योंकि बिजली न रहने से उनके कारोबार पर बुरा असर पड़ता था।

तुलसी बाबू को दंडकारण्य से लौटे दो माह हो चुके थे। उन्होंने चूजे को एक पिंजड़े में रख दिया था, जो उन्होंने वापस आने के बाद विशेष ऑर्डर देकर बनवाया था। वह पिंजड़ा अंदर के बरामदे के एक कोने में रखा था। तुलसी बाबू ने उस चूजे का एक नाम भी सोच लिया था—बिग बिल; कुछ समय बाद ही उस नाम से 'बिग' हटा दिया गया और अब केवल 'बिल' रह गया।

जगदलपुर आकर पहले दिन उन्होंने उस चूजे को अनाज का दाना खिलाने का प्रयत्न किया, लेकिन उसने खाने से मना कर दिया। तुलसी बाबू तभी समझ गए थे कि यह पक्षी मांसाहारी है; बस, उसी समय से तुलसी बाबू ने उसे कीड़े-मकोड़े, कॉकरोच इत्यादि देना शुरू कर दिया था। हाल में उस पक्षी की भूख बहुत बढ़ गई लगती थी, क्योंकि उसने अपनी व्यापक असंतुष्टि जतलाने के लिए अपनी चोंच पिंजड़े की सलाखों के बाहर निकालना आरंभ कर दिया था। अत: तुलसी बाबू को उसे मांस खिलाने के लिए बाध्य होना पड़ा। नटवर हर रोज बाजार से उसके लिए मांस लेकर आता, जिसे खाकर उसका आकार बहुत तेजी से बढ़ने लगा था।

पिंजड़ा खरीदते समय तुलसी बाबू ने बड़ी दूरदर्शिता से काम किया था, क्योंकि उन्होंने जो पिंजड़ा चुना वह उस पक्षी के वास्ते आकार में गई गुना बड़ा था। उनकी अंतर्दृष्टि ने उन्हें बता दिया था कि उनका पालतू पक्षी किसी विशाल आकारवाले पक्षी की प्रजाति का है। पिंजड़े की भीतरी छत जमीन से ढाई फीट ऊँची थी। लेकिन उन्होंने गौर किया कि बिल जब सीधा खड़ा होता है तो उसका सिर छत को छूने लगता है, हालाँकि बिल अभी सिर्फ ढाई महीने का था। वह समझ गए कि उन्हें जल्दी और अधिक बड़ा पिंजड़ा खरीदना पड़ेगा।

पक्षी की चीख भयानक आवाज वाली थी। मि. सान्याल जब एक सुबह बरामदे में खड़े चाय पी रहे थे तो उस चीख को सुनकर चाय उनके गले में अटक गई थी। दोनों पड़ोसी आम तौर पर एक-दूसरे से यदा-कदा ही बोलते थे; लेकिन उस दिन अपने खाँसी के दौरे से सँभलने के बाद मि. सान्याल ने तुलसी बाबू से पूछ ही लिया कि उन्होंने किस प्रकार का पशु पिंजड़े में बंद कर रखा है, जो ऐसी

भयंकर आवाज निकालता है। यह बात सच थी कि बिल की चीख किसी पक्षी की आवाज के बजाय किसी जानवर की आवाज अधिक लगती थी।

तुलसी बाबू अपने काम पर जाने के लिए तैयार हो रहे थे। वह शयन-कक्ष के द्वार पर आए और बोले, 'कोई पशु नहीं, एक पक्षी है। इसकी चीख जैसी भी हो, यह रात में किसी की नींद खराब नहीं करती है, जैसे आपकी बिल्ली करती है।'

तुलसी बाबू के मुँहतोड़ उत्तर ने बहस को वहीं समाप्त कर दिया, फिर भी सान्याल महोदय कुड़बुड़ाते रहे। अच्छी बात यह थी कि उनके फ्लैट से पिंजड़ा दिखाई नहीं देता था; अगर उन्हें पक्षी की एक झलक मिल जाती तो बहस काफी गंभीर झगड़े में बदल सकती थी।

यद्यपि उसकी सूरत-शक्ल से तुलसी बाबू को कोई परेशानी नहीं थी, किंतु प्रद्योत बाबू के लिए जरूर यह एक चिंता का विषय बना हुआ था। ऑफिस के बाद यदा-कदा ही दोनों का मिलना होता था; सप्ताह में केवल एक बार दोनों की भेंट होती थी, जब वे मंसूर के यहाँ कबाब और पराँठा खाने जाते थे। प्रद्योत बाबू का परिवार बड़ा था और उन पर अनेक जिम्मेदारियों का बोझ था। लेकिन दंडकारण्य से लौटने के बाद से तुलसी बाबू के पालतू पक्षी की ओर अकसर उसका ध्यान चला जाता था। इसका नतीजा यह हुआ कि वह शाम के समय अकसर तुलसी बाबू के घर आने लगे। पक्षी का आकार तेज गति से बढ़ते जाना और उसके रूप-रंग एवं सूरत-शक्ल में हो रहा बदलाव प्रद्योत बाबू के लिए निरंतर आश्चर्य प्रदान करने का स्रोत बन गया था। यह बात उनकी समझ से बाहर थी कि तुलसी बाबू इस बारे में कोई चिंता क्यों नहीं दरशाते थे। प्रद्योत बाबू ने कभी कल्पना नहीं की थी कि किसी पक्षी की आँख में इतना द्वेषपूर्ण भाव हो सकता है। कहरुबा सदृश परितारिका में काली पुतलियाँ उसे इस तरह घूरती थीं कि वह अत्यधिक बेचैनी महसूस करने लगता। पक्षी की चोंच उसकी देह के मढ़ते आकार के अनुपात में ही बढ़ रही थी। चोंच का रंग चमकदार काला था। वह गिद्ध की चोंच से मिलती थी, लेकिन बाकी शरीर के हिसाब से बहुत अधिक बड़ी थी। उसके अल्प विकसित पंखों और उसकी लंबी तगड़ी टाँगों तथा पैने पंजों से स्पष्ट था कि वह अभी उड़ने की स्थिति में नहीं था। प्रद्योत बाबू ने अपने अनेक परिचित व्यक्तियों को इस पक्षी के बारे में तफसील से बताया था, लेकिन कोई भी उसे पहचान नहीं सका।

एक रविवार को प्रद्योत बाबू अपने एक भतीजे से कैमरा उधार लेकर तुलसी बाबू के घर पहुँच गए। पिंजड़े में पर्याप्त रोशनी नहीं थी, इसलिए वह फ्लैश गन भी ले आए थे। कोई समय था जब वह फोटोग्राफी का काफी शौक रखते थे। प्रद्योत बाबू ने हिम्मत जुटाकर, पक्षी पर कैमरा फोकस करते हुए जैसे ही शटर दबाया, पक्षी ने फ्लैश की चमक आँखों में पड़ने पर विरोध में इतनी भयंकर चीख निकाली कि प्रद्योत चौंककर पूरे एक फुट पीछे हट गया। फिर उसके मन में विचार आया कि इस पक्षी की चीख को रिकॉर्ड कर लिया जाए। उसकी तसवीर दिखाकर और उसकी आवाज सुनाकर, हो सकता है कि उसकी पहचान बताना आसान हो जाए। प्रद्योत बाबू के मन में कुछ तो चल रहा था, जो उन्होंने अपने मित्र को नहीं बताया था, लेकिन किसी पुस्तक या किसी पत्रिका में उन्होंने एक बार कहीं एक पक्षी की तसवीर देखी थी, जिसकी शक्ल तुलसी बाबू के इस पालतू पक्षी से बहुत मिलती थी। अगर वो तसवीर दुबारा सामने आ जाए तो वह उससे मिलाकर देखेंगे।

बाद में जब दोनों मित्र चाय का मजा ले रहे थे, तुलसी बाबू ने एक नई सूचना का बखान किया। जब से बिल आया है, तब से कौओं और गौरैया ने उनके फ्लैट में आना बंद कर दिया है। यह एक वरदान था क्योंकि गौरैया अत्यधिक आरंभिक स्थानों में घोंसला बना लेती हैं, जबकि कौए रसोई से खाने की वस्तुएँ उठाकर ले जाते हैं। वह सब रुक गया था।

'क्या ऐसा है?' प्रद्योत बाबू ने हमेशा की तरह चकित होकर पूछा।

'खैर, तुम यहाँ सारे समय रहते आए हो; क्या तुमने कोई दूसरे पक्षी देखे हैं?'

प्रद्योत बाबू मान गए कि कोई दूसरा पक्षी उन्हें नजर नहीं आया। 'लेकिन आपके उन दोनों नौकरों का क्या हाल है? क्या उन्हें बिल की आदत हो गई है?'

'रसोइया कभी बिल के नजदीक नहीं जाता है, लेकिन नटवर उसे चिमटे से मांस खिलाता है। अगर उसे कोई शिकायत भी हो तो भी उसने कभी बताया नहीं है। और जब बिल शैतानी पर उतर आता है तो मेरी एक झलक पाते ही उसकी सिट्टी-पिट्टी गुम हो जाती है। वैसे, यह तो बताओ, तसवीर लेने के पीछे उद्देश्य क्या था?'

प्रद्योत बाबू ने अगले दिन तसवीर निकलवा ली और उसकी दो बड़ी प्रतियाँ भी बनवा लीं। तसवीर की एक प्रति उसने तुलसी बाबू को दी और दूसरी प्रति

वह पक्षी विज्ञानी रंजय शोभ के पास ले गया। हाल में ही सिक्किम के पक्षियों पर श्री शोभ का एक लेख साप्ताहिक पत्रिका 'देश' में प्रकाशित हुआ था।

लेकिन श्री शोभ उस तसवीर से पक्षी को पहचान नहीं सके। उनके यह पूछने पर कि इस पक्षी को कहाँ देखा जा सकता है, प्रद्योत बाबू ने साफ झूठ बोल दिया कि, 'यह तसवीर ओसाल से मेरे एक मित्र ने भेजी है। वह चाहता है कि मैं इस पक्षी की पहचान के बारे में उसे बताऊँ'

तुलसी बाबू ने अपनी डायरी में तारीख दर्ज कर ली—फरवरी 14, 1980। बिग बिल, जिसे अभी पिछले महीने ही साढ़े तीन फीट के पिंजड़े से निकालकर साढ़े चार फीट के पिंजड़े में डाला गया था, पिछली रात एक दुष्कर्म कर बैठा।

मध्य रात्रि में तुलसी बाबू की अचानक आँख खुल गई, जब उन्हें कुछ आवाजें आने का संदेह हुआ—ऐसा लगता था जैसे कोई टीन या तार काटने की कोशिश कर रहा है। लेकिन आवाज बहुत जल्द बंद हो गई और खामोशी छा गई।

तुलसी बाबू के मन में संदेह उत्पन्न हो गया कि कुछ चक्कर जरूर है। वह मच्छरदानी से बाहर निकल आए। जालीदार खिड़की से चाँदनी फर्श पर पड़ रही थी। तुलसी बाबू ने चप्पलें पहनीं, मेज की दराज से टॉर्च निकाली और बरामदे में आ गए।

टॉर्च की रोशनी में तुलसी बाबू ने देखा कि पिंजड़े पर लगी जाली फाड़ दी गई है और उसमें इतना बड़ा छेद हो गया है, जिसमें से पक्षी आसानी से बाहर निकल सकता है। पिंजड़ा खाली था।

तुलसी बाबू को टॉर्च की रोशनी में इस तरफ कुछ नहीं दिखाई दिया। बरामदे का दूसरा हिस्सा मि. सान्याल के फ्लैट की तरफ जाता था।

तुलसी बाबू तुरंत उस तरफ जा पहुँचे और उन्होंने टॉर्च की रोशनी दाएँ हाथ की ओर डाली।

उनका संदेह सही साबित हुआ।

मि. सान्याल की बेचारी बिल्ली को बिल ने अपनी चोंच में दबा रखा था। फर्श पर बिल्ली के खून के छींटे चमक रहे थे। लेकिन बिल्ली अभी जिंदा थी और छटपटा रही थी।

तुलसी बाबू जोर से चिल्लाए, 'बिल!' और बिल ने तुरंत बिल्ली को अपनी चोंच से छोड़ दिया।

फिर वह लंबे डग भरता हुआ कोने की ओर गया और जल्दी से अपने

पिंजड़े में घुस गया।

संकट की इस घड़ी में भी तुलसी बाबू राहत की साँस लेने से नहीं चूके।

मि. सान्याल के कमरे के दरवाजे पर एक बड़ा-सा ताला लटका हुआ था। दिसंबर और जनवरी के महीनों में उनके प्रेस में स्कूल की किताबें छपने के कारण बहुत अधिक काम रहा, जिसे खत्म करने के बाद वह तीन दिन पहले अवकाश पर चले गए थे।

सबसे अच्छा तो यह होगा कि बिल्ली को खिड़की से बाहर सड़क पर फेंक दिया जाए। भटकनेवाले कुत्ते और बिल्लियाँ आए दिन कलकत्ते की सड़कों पर कुचले जाते हैं; उन्हीं में एक संख्या और जुड़ जाएगी।

तुलसी बाबू शेष रात में फिर बिल्कुल नहीं सो सके।

अगले दिन तुलसी बाबू को रेलवे बुकिंग ऑफिस जाने के लिए अपने दफ्तर से एक-दो घंटे की छुट्टी लेनी पड़ी। एक बुकिंग क्लर्क से उनकी जान-पहचान होने के कारण उनका काम बहुत आसान हो जाता था। प्रद्योत बाबू ने पालतू पक्षी के बारे में पूछा था और तुलसी बाबू ने जवाब दिया था कि वह बिल्कुल ठीक है। फिर कुछ क्षण सोचने के बाद उन्होंने कहा था, 'तुमने जो तसवीर खींची थी, मैं उसे फ्रेम कराने के बारे में सोच रहा हूँ।'

24 फरवरी को तुलसी बाबू का दूसरी बार जगदलपुर आना हुआ। उसी ट्रेन के सामान यान में बिल को भी एक डिब्बे में बंद करके लाया गया था और उस डिब्बे में रोशनी एवं हवा आने के लिए एक छेद दिया गया था।

जगदलपुर से तुलसी बाबू दो कुलियों को लेकर और डिब्बे में बंद पक्षी को लेकर एक कार से जंगल में उस जगह की खोज में निकल पड़े, जहाँ उस पक्षी को उन्होंने पाया था।

मुख्य सड़क पर एक असंदिग्ध मील पत्थर के निकट तुलसी बाबू कार से उतर गए और उन कुलियों के साथ, जिन्होंने पक्षी का डिब्बा उठाया हुआ था, झुलसे नीम-वृक्ष की दिशा में चल दिए। उस जगह तक पहुँचने में करीब एक घंटा लगा। कुलियों ने उस बंद डिब्बे को नीचे रख दिया। कुलियों को पहले ही काफी अच्छी बख्शीश दी जा चुकी थी और उन्हें बता दिया गया था कि वह डिब्बा उनको ही खोलना होगा। ठीक ऐसा ही किया गया और तुलसी बाबू को यह देखकर तसल्ली हुई कि बिल एकदम सही-सलामत था। वे दोनों कुली बिल को देखकर अवश्य चौंके और उनकी चीख निकल गई; लेकिन तुलसी बाबू को

उसकी चिंता नहीं थी। उनका काम हो गया था, यही काफी था उनके लिए। बिल तुलसी बाबू को एकटक देख रहा था। उसका सिर साढ़े चार फीट ऊँचे पिंजड़े की छत तक पहले ही पहुँच चुका था।

'गुडबाय बिल।'

जितनी जल्दी विदा लें, उतना ही अच्छा रहेगा।

तुलसी बाबू अपने वापसी सफर पर चल पड़े।

इस यात्रा के विषय में उन्होंने अपने दफ्तर में किसी को कुछ नहीं बताया था, प्रद्योत बाबू को भी नहीं। सोमवार को जब वह अपने डेस्क पर पहुँचे तो प्रद्योत बाबू ने स्वभावतः पूछ लिया कि वह किधर चले गए थे। तुलसी बाबू ने संक्षेप में जवाब दिया कि वह अपनी भानजी के विवाह में नैहटी गए थे।

करीब दो सप्ताह बाद, तुलसी बाबू के घर पहुँचने पर प्रद्योत बाबू को पिंजड़ा खाली देखकर बहुत हैरानी हुई। उसने इस बारे में तुलसी बाबू से पूछा। 'पक्षी चला गया।' तुलसी बाबू ने जवाब दिया।

प्रद्योत बाबू ने स्वाभाविक रूप से यही समझा कि पक्षी मर गया है। यह सोच कर उसे दुःख हुआ। उसने ऐसी कल्पना नहीं की थी कि पक्षी इतनी जल्दी चल बसेगा। उसने कतई गंभीर होकर तुलसी बाबू से यह बात नहीं कही थी कि पक्षी के न रहने पर उसकी तसवीर उन्हें उसकी याद दिलाती रहेगी। उसके द्वारा खींची नई तसवीर तुलसी बाबू ने फ्रेम कराकर अपने शयन-कक्ष में टाँगी हुई थी। तुलसी बाबू कुछ अस्वस्थ लग रहे थे और वातावरण में उदासी छाई हुई थी। उदासी छाँटने के लिहाज से प्रद्योत बाबू ने एक सुझाव रखा—'हम काफी समय से मंजूर के ढाबे में खाना खाने नहीं गए हैं। आज रात वहाँ जाकर कबाब और पराँठा खाने के बारे में क्या विचार है?'

'मुझे उस खाने में अब कोई रुचि नहीं रही है।'

प्रद्योत बाबू को अपने कानों पर विश्वास नहीं हुआ।

'कबाब के लिए आपकी इच्छा भर गई? बात क्या है? क्या आपकी तबीयत ठीक नहीं है? क्या आपने उस जड़ी-बूटी को आजमाया है, जो संन्यासी ने आपको बताई थी?'

तुलसी बाबू ने कहा कि चक्रपर्ण का रस लेना शुरू करने के बाद से उनका रक्तचाप लगभग सामान्य हो गया था। तुलसी बाबू ने इस बात का जिक्र नहीं किया कि जब तक बिल उनके पास रहा, उस दौरान वह जड़ी-बूटी ओषधियों

के बारे में सबकुछ भूल गए थे और अभी एक सप्ताह पहले ही उन्होंने उन दवाओं को लेना फिर शुरू किया है।

'वैसे,' प्रद्योत बाबू बोले, 'उस ओषधि का जिक्र छिड़ने से मुझे याद आया—क्या आपने दंडकारण्य के जंगल के बारे में अखबारों में आज छपी खबर पढ़ी है?'

'क्या लिखा है अखबार में?'

तुलसी बाबू एक दैनिक अखबार खरीदते अवश्य थे, लेकिन पहले पृष्ठ के आगे बिरले ही जाते थे। अखबार वहीं पड़ा हुआ था उनके पास। प्रद्योत बाबू ने उस खबर की ओर उनका ध्यान दिलाया। शीर्षक था—'दंडकारण्य का आतंक'।

छपी खबर में बताया गया था कि दंडकारण्य के जंगलों के आस-पास स्थित गाँव में घरेलू पशुओं एवं पालतू मुर्गियों व बतखों आदि का जीवन अचानक खतरे में पड़ गया है। किसी अज्ञात प्रजाति का जानवर उन्हें मारकर खाने लगा है। उस इलाके में कोई बाघ रहा हो, ऐसी बात कभी नहीं सुनी गई। सबूत मिला है कि यह कोई विडाल-वंशी जानवर है, जिसने घोर आतंक मचाया हुआ है। आमतौर पर अपने शिकार को घसीटकर अपनी खोह अथवा माँद में ले जाते हैं; पर यह विशेष जानवर ऐसा नहीं करता है। मध्य प्रदेश सरकार द्वारा काम पर लगाए गए शिकारियों ने एक सप्ताह तक खोज की, लेकिन वे ऐसे किसी जानवर को तलाशने में विफल रहे, जो इतना भयंकर हत्याकांड और आतंक मचा सकता हो। नतीजा यह हुआ कि गाँववालों में डर फैल गया। एक विशेष गाँववासी ने दावा किया कि उसने दो पाँववाले एक जीव को अपनी गोशाला से भागते हुए देखा था। वह जाँच-पड़ताल करने जब उधर गया तो उसने अपनी एक भैंस को मरे हुए पाया; भैंस के पेट का निचला हिस्सा फटा हुआ और खाया हुआ था।

तुलसी बाबू ने खबर पढ़ी, अखबार तह किया और उसे वापस मेज पर रख दिया।

'अब यह मत कहना कि इस किस्से में आपने कुछ भी असाधारण नहीं पाया।' प्रद्योत बाबू ने कहा।

तुलसी बाबू ने अपना सिर हिला दिया। दूसरे शब्दों में उन्हें कुछ भी आश्चर्यपूर्ण नहीं लगा।

तीन दिन बाद प्रद्योत बाबू के साथ कुछ अजीब बात हो गई। उनकी पत्नी ने नाश्ते के समय पाचक बिस्कुटों का डिब्बा खोला ही था और वह चाय के साथ

बिस्कुट उन्हें देने ही वाली थी कि उसी समय प्रद्योत बाबू अचानक उठ खड़े हुए और घर से बाहर निकल गए।

जब तक वह इकडैलिया रोड में अपने दोस्त अनिमेष के फ्लैट पर पहुँचे, वह उत्तेजना के कारण थरथराने लगे थे।

उन्होंने अपने दोस्त के हाथों से अखबार को एक तरफ पटका और फिर हाँफते हुए कहा, 'तुम रीडर्स डाइजेस्ट की प्रतियाँ कहाँ रखते हो? जल्दी से लाओ तो जरा-बहुत महत्त्वपूर्ण बात है!'

अनिमेष रीडर्स डाइजेस्ट के लाखों पाठकों में से एक था। अपने मित्र के ऐसे व्यवहार पर उसे बहुत अचंभा हुआ, लेकिन कुछ भी कहने का यह अवसर नहीं था। वह जाकर अपने बुककेस में से 'रीडर्स डाइजेस्ट' के एक दर्जन से अधिक अंक निकालकर ले आया।

'तुम्हें इनमें से कौन सा अंक देखना है?'

प्रद्योत बाबू ने पूरा बंडल ले लिया, कई अंकों के पृष्ठों को उलट-पलटकर देखा और अंत में उन्हें वह चीज मिल ही गई, जिसकी उन्हें तलाश थी।

'हाँ, यही है वह पक्षी। इसमें कोई संदेह नहीं।'

उनकी उँगलियाँ 'शिकागो म्यूजियम ऑफ नेचुरल हिस्ट्री' में रखे एक पक्षी के कल्पित नमूने की तसवीर पर ठहर गईं। तसवीर में म्यूजियम के एक सेवक को ब्रश से उस मॉडल (कल्पित पक्षी के नमूने को) को साफ करते हुए दिखाया गया था।

'ऐंडलग्लोर्निस।' प्रद्योत बाबू ने उसका नाम पढ़कर सुनाया। उस नाम का अर्थ था—आतंक पक्षी। तसवीर के साथ दिए गए लेख में उसका वर्णन एक विशाल प्रागैतिहासिक प्रजाति के रूप में किया गया है, जो मांस-भक्षी, घोड़े से भी तेज और अत्यंत खूँखार होती है।

प्रद्योत बाबू के मन में उत्पन्न संदेह सही साबित हुआ, जब अगली सुबह ऑफिस में तुलसी बाबू उसके पास आए और कहा कि उन्हें एक बार फिर दंडकारण्य जाना है और यह कि उन्हें खुशी होगी, यदि प्रद्योत बाबू भी साथ चलें और अपनी बंदूक भी ले चलें। ट्रेन में सोने के लिए बर्थ नहीं मिल सकी, क्योंकि उसके लिए समय नहीं था। फिर भी जाना तो था ही, क्योंकि मामला गंभीर एवं अत्यावश्यक था।

प्रद्योत बाबू तुरंत राजी हो गए।

दोनों दोस्त जिस लक्ष्य की खोज में जा रहे थे, उसके जोश में उन्हें यात्रा की असुविधा महसूस नहीं हुई। प्रद्योत बाबू ने 'रीडर्स डाइजेस्ट' में जिस पक्षी की तसवीर देखी थी, सारा किस्सा बता दिया था। उन्होंने यह भी कहा था कि उन्हें नहीं लगता कि बंदूक की जरूरत पड़ेगी भी या नहीं। बंदूक ले चलने का सुझाव उन्होंने एहतियात के तौर पर दिया था। दूसरी तरफ प्रद्योत बाबू अपने मित्र के आशावाद से सहमत नहीं थे। उन्होंने बंदूक ले जाना अत्यावश्यक समझा और वह किसी भी संभाव्य घटना का सामना करने के लिए पूर्णतया तैयार थे। सुबह के अखबार में लिखा था कि मध्य प्रदेश सरकार ने उस व्यक्ति को 5,000/- रुपए का इनाम देने की घोषणा की है, जो उस खूँखार जीव को मारने या पकड़ने में सफल होगा। एक लकड़हारे का बेटा उसका शिकार हो गया था और तब से उस जीव को मानव-भक्षी घोषित कर दिया गया था।

जगदलपुर में किसी पशु-पक्षी का शिकार करने की मंजूरी वन-संरक्षक श्री तिरुमलै से मिलती थी। लेकिन श्री त्रिपाठी ने सावधान किया कि तुलसी बाबू और प्रद्योत बाबू को अपने ही बूते पर जाना होगा, क्योंकि उनके साथ जाने के लिए किसी को राजी करना अब संभव नहीं होगा।

प्रद्योत बाबू ने पूछा कि क्या उन शिकारियों से कोई सूचना प्राप्त हुई है जो उनसे पहले जंगल में गए थे। तिरुमलै का चेहरा गंभीर हो गया।

'अब तक चार शिकारी उस जानवर को मारने का प्रयास कर चुके हैं। उनमें से तीन को कामयाबी नहीं मिली। चौथा कभी वापस नहीं आया।'

'कभी नहीं लौटा?'

'नहीं, उसी समय से शिकारी वहाँ जाने से इनकार कर रहे हैं। अतः तुमको भी इस मुहिम पर जाने से पहले दो बार सोच लेना चाहिए।'

प्रद्योत बाबू की हिम्मत टूट गई, लेकिन अपने मित्र की दृढता देखकर उनकी हिम्मत लौट आई।

'मैं समझता हूँ, हम जाएँगे,' वह बोले।

इस बार उन्हें कुछ अधिक पैदल चलना पड़ा, क्योंकि टैक्सीवाले ने जंगल की ओर जानेवाली सड़क के कच्चे रास्ते पर जाने से मना कर दिया था। तुलसी बाबू को पक्का विश्वास था कि काम दो घंटे के अंदर समाप्त हो जाएगा और टैक्सी चालक 50 रुपए की टिप के लोभ में उतनी देर इंतजार करने के लिए मान गया। दोनों मित्र अपने लक्ष्य की खोज में चल पड़े।

उस समय वसंत चल रहा था और जंगल ने बिल्कुल नया रूप धारण किया हुआ था; पिछली बार ऐसा नहीं था, जब वे यहाँ आए थे। प्रकृति अपने नियमानुसार चल रही थी और फिर भी वहाँ एक प्रकार की अस्वाभाविक खामोशी छाई हुई थी। न चिड़ियों की चहचहाहट थी और न कोयल की कूक।

तुलसी बाबू ने हमेशा की तरह कंधे पर अपना थैला लटका हुआ था। प्रद्योत बाबू को पता था कि उस थैले में एक पैकेट है, लेकिन यह नहीं मालूम था कि उस पैकेट में है क्या। प्रद्योत बाबू अपनी बंदूक और गोलियाँ सँभाले हुए थे।

झाड़-झंखाड़ भरा रास्ता आगे चलकर जैसे-जैसे कुछ साफ होने लगा, वे अब जंगल में दूर तक देख सकते थे। उन्होंने कुछ दूरी से देखा कि कटहल के वृक्ष के पीछे एक आदमी का शव हाथ-पैर फैलाए जमीन पर पड़ा है। तुलसी बाबू का ध्यान पहले उस तरफ नहीं गया था और वह तभी रुके, जब प्रद्योत बाबू ने उनको उस तरफ देखने के लिए कहा। प्रद्योत बाबू ने बंदूक पर अपनी पकड़ जमाई और उस शव की ओर बढ़े। तुलसी बाबू आधे रास्ते गए और फिर लौट पड़े।

'तुम्हें देखकर लगता है मानो तुमने भूत देख लिया हो।' तुलसी बाबू ने कहा, जब उनका दोस्त उनके निकट आया।

'क्या यह वही लापता शिकारी नहीं है?'

'अवश्य वही होगा,' प्रद्योत बाबू के जरिए गले से निकला। 'लेकिन इस मुरदे की पहचान करना आसान नहीं होगा। इसका सिर गायब है।'

बाकी रास्ते वे कुछ नहीं बोले।

नीम के पेड़ तक पहुँचने में एक घंटे का समय लगा, जिसका मतलब था कि वे कम-से-कम 3 मील चले होंगे। प्रद्योत बाबू ने देखा कि ओषधीय झाड़ी के नए पत्ते निकल आए हैं और उसका पहलेवाला रूप वापस आ गया है।

'बिल ! बिली!'

प्रद्योत बाबू को यह पुकार कुछ उपहासपूर्ण लगी और वह मुसकराए बिना नहीं रह सका। लेकिन अगले ही क्षण उसे खयाल आया कि तुलसी बाबू के लिए यह पुकार बहुत स्वाभाविक है। उस भयानक पक्षी को उन्होंने पालतू बना लिया था। प्रद्योत बाबू ने खुद अपनी आँखों से देखा था।

तुलसी बाबू की पुकार जंगल में गूँज गई।

'बिल! बिल! बिली!'

अब प्रद्योत बाबू को सघन जंगल में कुछ हलचल होती महसूस हुई। वह हलचल उनकी तरफ आ रही थी और इस तेज गति से आ रही थी कि हर पल वह बड़ी और बड़ी होती जा रही प्रतीत होती थी।

यह वही पक्षी था।

प्रद्योत बाबू को अपने हाथ में थामी हुई बंदूक अचानक बहुत भारी महसूस हुई। उन्हें संदेह हुआ कि बंदूक का इस्तेमाल वह कर भी सकेंगे या नहीं।

पक्षी ने अपनी चाल धीमी कर दी और उसने पेड़-पौधों के बीच से चोरी-छिपे उनकी ओर देखा।

ऐंडलग्लोर्निस। प्रद्योत बाबू यह नाम कभी नहीं भूलेंगे। आदमी के बराबर ऊँचा पक्षी। शुतुरमुर्ग भी लंबे-ऊँचे होते हैं, लेकिन अधिकतर अपनी लंबी गरदन के कारण। इस पक्षी की पीठ ही एक औसत आदमी की ऊँचाई जितनी थी। इस पक्षी का कद एक माह के अंदर ही डेढ़ फीट ऊँचा हो गया था। इसके पंखों का रंग भी बदल गया था। बैंगनी त्वचा के ऊपर अब काले-काले धब्बे आ गए थे। पक्षी की तृणमणि आँखों में झलकता द्वेषपूर्ण भाव अब इतना भयावह हो गया था कि सहन करना मुश्किल था। वह इसी दृष्टि से अपने पूर्व मालिक को देख रहा था।

कुछ पता नहीं चल रहा था कि वह क्या करने वाला है। उसकी चुप्पी को हमले की तैयारी समझकर प्रद्योत बाबू ने अपने काँपते हाथों से बंदूक ऊपर करने का प्रयास किया। लेकिन ऐसा करते ही पक्षी ने अपनी दृष्टि प्रद्योत बाबू की तरफ मोड़ दी। उसके पंख फूल गए, जिसके कारण वह और भी डरावना लगने लगा।

'बंदूक नीचे करो,' तुलसी बाबू ने धीरे से पटकते हुए कहा।

प्रद्योत बाबू ने आज्ञा का पालन किया। पक्षी ने भी अपने पंख नीचे कर लिये और फिर अपनी दृष्टि अपने मालिक की ओर घुमा दी।

'मुझे नहीं पता कि तुम अभी भी भूखे हो।' तुलसी बाबू ने कहा, 'लेकिन उम्मीद है कि तुम इसे खा लोगे, क्योंकि मैं यह चीज तुमको दे रहा हूँ।'

तुलसी बाबू ने पैकेट पहले ही अपने थैले से निकाल लिया। उन्होंने एक पैकेट को खोला और उसमें से निकले मांस के भारी टुकड़े को पक्षी की तरफ फेंक दिया।

'तुमने मुझे लज्जित किया है। आशा करता हूँ कि आज के बाद तुम ठीक व्यवहार करोगे।'

प्रद्योत बाबू हैरान रह गए, जब उन्होंने देखा कि पक्षी ने मांस का वह टुकड़ा अपनी लंबी चोंच से पकड़कर अपने मुँह के अंदर रख लिया है।

'इस बार यह सच्ची विदाई है।'

तुलसी बाबू ने मुँह फेर लिया। प्रद्योत बाबू को पक्षी की ओर पीठ करने से डर लग रहा था और वह कुछ कदम पक्षी की तरफ मुँह लिये हुए पीछे हटे। जब उन्होंने देख लिया कि पक्षी उनकी ओर बढ़ने या हमला करने का कोई प्रयास नहीं कर रहा है, तब वह भी मुड़ गए और अपने मित्र के साथ हो लिये।

एक सप्ताह बाद अखबारों में खबर आई कि दंडकारण्य में आतंक समाप्त हो गया है। प्रद्योत बाबू ने ऐंडलग्लोर्निस के बारे में तुलसी बाबू को कुछ नहीं बताया था और इस बात का भी जिक्र नहीं किया था कि इस पक्षी का अस्तित्व 30 लाख वर्ष पहले नष्ट हो गया था। लेकिन अखबारों में छपी खबर ने उन्हें अपने मित्र के पास आने के लिए बाध्य कर दिया।

'मैं समझ नहीं पा रहा हूँ कि यह हुआ कैसे?' प्रद्योत बाबू ने कहा, 'शायद आप इस पर कुछ प्रकाशा डाल सकें।'

'इसमें रहस्य की कोई बात नहीं है।' तुलसी बाबू ने कहा, 'मैंने उसे जो मांस दिया, उसमें मैंने कुछ अपनी ओषधि मिला दी थी।'

'ओषधि?'

'चक्रपर्ण का एक सत्त। यह व्यक्ति को शाकाहारी बना देता है। जैसा कि इसके सेवन से मैं शाकाहारी बन गया हूँ।'

□

अनत बाबू का खौफ

अनत बाबू से मेरी मुलाकात रघुनाथपुर जाते हुए ट्रेन में हुई। मैं अवकाश पर वहाँ जा रहा था। मैं कलकत्ता में एक दैनिक समाचार-पत्र के लिए काम करता था। पिछले कुछ महीनों में काम का बोझ इतना बढ़ गया था कि मेरा दम घुटने लगा था। मुझे कुछ फुरसत की घोर आवश्यकता थी। इसके अलावा मुझे लिखने का शौक था और कुछ विचार मेरे मन में घुमड़ रहे थे, जिन्हें मैं कहानियों में तब्दील करना चाहता था, जिसकी वजह से मुझे और चिंतन-मनन करने की आवश्यकता थी। और मुझे सोचने के लिए शांति एवं निस्तब्धता चाहिए थी। अतः मैंने दस दिन के अवकाश के लिए अर्जी दे दी और लिखने के कागज का एक पैकेट अपने सूटकेस में रखकर छुट्टी मनाने चल दिया।

रघुनाथपुर को चुनने का एक कारण था। कॉलेज के मेरे एक पुराने सहपाठी, बिरेन बिस्वास का वहाँ अपना पैतृक घर था। एक शाम कॉफी हाउस में बैठे हुए हम गपशप कर रहे थे और ऐसे स्थानों के बारे में बातचीत कर रहे थे, जहाँ जाकर अवकाश का आनंद लिया जा सके। जब उसने सुना कि मैंने छुट्टी के लिए आवेदन किया है, बिरेन ने तुरंत कहा कि यदि मैं चाहूँ तो रघुनाथपुर में उसके पैतृक घर में मुफ्त ठहर सकता हूँ।

'मैं भी तुम्हारे साथ चलता,' उसने कहा, 'लेकिन तुम जानते ही हो कि इस समय मैं किस कदर बँधा हुआ हूँ। तुमको कोई कठिनाई नहीं होगी। भारद्वाज तुम्हारी देखभाल करेगा। उसने 50 साल हमारे परिवार की सेवा की है।'

हमारा डिब्बा पूरी तरह भरा हुआ था। अनतबंधु मित्रा बिल्कुल मेरे बगलवाली सीट पर बैठे हुए थे। वह लगभग पचास वर्ष के रहे होंगे। कद अधिक लंबा नहीं था, बालों के बीच माँग निकली हुई थी। उनकी आँखों में एक तीक्ष्ण भाव था और उनके होंठों पर एक खुशी भरी मुसकान थी। उनकी वेशभूषा से ऐसा प्रतीत होता

था जैसे उन्होंने पचास वर्ष पहले के किसी नाटक में कोई भूमिका निभाने के लिए स्वयं को सँवारा हो। इन दिनों कोई इस प्रकार की जाकेट या वैसे कॉलर, चश्मा या जूते नहीं पहनता है।

हमारी बातचीत शुरू हो गई। पता चला कि वह भी रघुनाथपुर जा रहे थे।

'क्या आप भी छुट्टी पर जा रहे हैं?'

मैंने उनसे पूछा। मगर उन्होंने उत्तर नहीं दिया और ऐसा प्रतीत हुआ कि वह कुछ विचारमग्न हो गए हैं, अथवा यह भी हो सकता है कि ट्रेन के कोलाहल में वह मेरा प्रश्न सुन नहीं पाए।

बिरेन का घर मुझे बहुत अच्छा लगा। घर वास्तव में सुंदर था। घर के सामने खुली जगह थी, जिस पर सब्जियाँ और फूल उगे हुए थे। किट में कोई और घर नहीं थे, इसलिए पड़ोसियों द्वारा शांति भंग किए जाने की भी संभावना नहीं थी।

भारद्वाज के विरोध के बावजूद मैंने अटारी में एक कमरा अपने लिए चुना। वह एक छोटा सा, हवादार, आरामदायक कमरा था और पूर्णतया ऐकांतिक था। मैं अपना सामान ऊपर ले गया। सामान खोलने पर मुझे पता चला कि मैं रेजर ब्लेड लाना भूल गया हूँ।

'कोई फिक्र की बात नहीं।' भारद्वाज ने कहा, 'कुंडू बाबू की दुकान यहाँ से केवल पाँच मिनट के फासले पर है। आपको ब्लेड वहाँ मिल जाएँगे।'

शाम 4 बजे के लगभग, चाय पीने के बाद, मैं उस दुकान के लिए चल दिया। दुकान को देखकर मुझे कुछ ऐसा आभास हुआ जैसे लोग उस जगह का इस्तेमाल एक क्लब की तरह करते हैं। अधेड़ उम्र के करीब सात लोग अंदर लकड़ी की बेंचों पर बैठे हुए मजे से गप्पें लड़ा रहे थे। उनमें से एक कुछ-कुछ उत्तेजित होकर कह रहा था, 'खैर, यह ऐसा कुछ नहीं है जिसके बारे में मैंने केवल सुना हो। मैंने सारी घटना अपनी आँखों से देखी है। ठीक है, यह घटना तीस साल पहले घटी थी। लेकिन उस प्रकार की किसी घटना को व्यक्ति की स्मृति से मिटाया नहीं जा सकता, बताइए, मिटाया जा सकता है क्या? जो हुआ, उसे मैं कभी भुला नहीं पाऊँगा, विशेषकर इसलिए, क्योंकि हलधर दत्त मेरा एक घनिष्ठ मित्र था। वास्तव में, उसकी मौत के लिए मैं आज भी खुद को अंशत: जिम्मेदार मानता हूँ।'

मैंने 7 ओ क्लॉक का एक पैकेट खरीदा। फिर मैं थोड़ा इधर-उधर घूमकर ऐसी-ऐसी चीजों को देखता रहा, जिनकी मुझे कोई आवश्यकता नहीं होती है। उस भद्रपुरुष ने अपनी बात जारी रखी, 'जरा कल्पना करो, मेरे अपने मित्र ने मेरे साथ

सिर्फ दस रुपए की शर्त लगाई और रात बिताने के लिए उस पश्चिमी कमरे में चला गया। अगली सुबह मैं काफी देर तक उसके आने का इंतजार किया; लेकिन जब वह नहीं आया तो मैं जितेन बक्शी, हरिचरन साहा और कुछेक दूसरे लोगों के साथ हालदार भवन में उसे खोजने के लिए गया। और हमने उसे उसी कमरे में फर्श पर मरा पड़ा पाया, शरीर पत्थर की तरह ठंडा, आँखें खुली हुईं और छत को घूरती हुईं। उसकी आँखों में जो नग्न भय मैंने देखा, मैं आपको बताऊँ, उसका एक ही अर्थ हो सकता था—भूत। उसके शरीर पर कोई चोट नहीं थी। सर्पदंश का अथवा उसी प्रकार का कोई दूसरा निशान भी नहीं था। तो, उसे भूत-प्रेत के अलावा किसने मारा होगा? बताइए मुझे?'

उस दुकान में पाँच मिनट और गुजारने पर मुझे इतना तो पता चल ही गया कि वे किस विषय में बात कर रहे थे। उनकी बातों से स्पष्ट था कि रघुनाथपुर के दक्षिणी कोने में दो सौ साल पुरानी कोई हवेली है, जो स्थानीय जमींदारों, हालदार वंश की थी। वह हवेली वर्षों से परित्यक्त पड़ी हुई थी। इस हवेली में पश्चिम-मुखी एक विशेष कमरे को भुतहा माना जाता था। हालाँकि हलधर दत्त की मृत्यु के बाद पिछले तीस वर्ष से किसी ने उस कमरे में एक रात बिताने का साहस नहीं किया, फिर भी रघुनाथपुर के निवासियों को उस कमरे में डेरा जमाए भूत मंडली के बारे में सोचकर एक विशेष प्रकार की सनसनी महसूस होती थी। इस मान्यता के पीछे दो कारण थे—एक तो हलधर दत्त की रहस्यपूर्ण मृत्यु और दूसरे, हालदार परिवार के इतिहास में अनेक हत्याओं एवं आत्महत्याओं का एक लंबा सिलसिला।

इस वार्त्तालाप से मन में उत्पन्न कौतूहल के साथ मैं जैसे ही उस दुकान से बाहर निकला, मैंने अनत बाबू मित्रा को बाहर खड़े पाया और उनके होठों पर वही मुसकान थी, जो मैंने ट्रेन में उनसे मुलाकात के दौरान पहली बार देखी थी।

'क्या आपने सुना, वे लोग जो कह रहे हैं?' उन्होंने पूछा।

'जी हाँ,' मैं सुने बिना नहीं रह सका।'

'क्या आप को इसमें विश्वास है?'

'किसमें? भूत-प्रेत में?'

'हाँ।'

'ओहो, आप समझो, मैंने भुतहा घरों के बारे में अकसर बहुत सुना है। लेकिन मेरी भेंट कभी किसी ऐसे व्यक्ति से नहीं हुई, जो भुतहा घर में रह चुका हो और उसने कुछ देखा हो। इस कारण मैं बहुत विश्वास के साथ नहीं...'

अनत बाबू की मुसकान गहरा गई।

'क्या आप उसे देखना चाहेंगे?' उन्होंने कहा।

'क्या?'

'वह घर।'

'देखना? आपका तात्पर्य क्या है?'

'सिर्फ बाहर से। यहाँ से बहुत दूर नहीं है। अधिक-से-अधिक एक मील। अगर आप इस मार्ग पर सीधे चलते जाएँ, दो मंदिरों को पार करके और दाहिने मुड़ें, तो रास्ता बहुत छोटा पड़ेगा, वहाँ से सिर्फ एक-चौथाई मील।'

आदमी वाकई बहुत दिलचस्प लगता था। इसके अलावा, घर लौटने की भी कोई इतनी जल्दी नहीं थी। अत: मैं उसके साथ चल दिया।

हालदार हवेली को देख पाना आसान नहीं था। जंगली पेड़-पौधों और विसर्पी लताओं की सघन आबादी ने अधिकांश हवेली को ढक लिया था। उस हवेली के द्वार का सबसे ऊपरी हिस्सा ही हवेली तक पहुँचने से दस मिनट पहले नजर आने लगता था। प्रवेश द्वार वास्तव में बहुत विशाल था। उसके ऊपर नहबतखाना एक बूचड़खाना था। सामने के बरामदे तक एक लंबा रास्ता तय करना पड़ता था। कुछ मूर्तियों और फव्वारे के अवशेष बता रहे थे कि एक समय घर और प्रवेश-द्वार के बीच के मैदान में वहाँ एक बगीचा हुआ करता था। घर की बनावट विचित्र थी। वहाँ कुछ भी ऐसा नहीं था, जो सौंदर्यशास्त्र के निम्नतम स्तर के अनुरूप कहने लायक हो। हवेली का पूरा ढाँचा एक बदसूरत ढेर जैसा था। अस्त होते सूर्य की अंतिम किरणें काईदार दीवारों पर पड़ती थीं।

अनत बाबू ने एक मिनट उस हवेली को घूरा, फिर उन्होंने कहा, 'जहाँ तक मैं समझता हूँ, भूत-प्रेत दिन की रोशनी में बाहर नहीं आते हैं। क्यों न हमें···' उन्होंने आँख मारते हुए आगे जोड़ा, 'अंदर जाकर उस कमरे पर एक निगाह डालें?'

'वह पश्चिम-मुखी कमरा? वही कमरा, जिसमें···'

'हाँ, वही जिसमें हलधर दत्त की मृत्यु हुई।'

यह आदमी कुछ ज्यादा ही दिलचस्पी दिखा रहा है, मैंने सोचा। अनत बाबू मेरे मन की बात समझ गए।

'मैं देख सकता हूँ, तुम्हें आश्चर्य हो रहा है। खैर, तुमको सच बताने में कुछ बुराई मैं नहीं देखता हूँ। मेरा रघुनाथपुर आने का एकमात्र कारण यह घर है।'

'सच में?'

'हाँ। कलकत्ता में मैंने सुना था कि इस घर में भूतों का बसेरा है। मैं इतनी दूर

यही देखने की हसरत लेकर आया कि क्या मैं उस भूत की एक झलक पा सकता हूँ। आपने ट्रेन में मुझसे पूछा था कि मैं यहाँ किसलिए आ रहा हूँ। मैंने जवाब नहीं दिया, आपको अच्छा नहीं लगा होगा। लेकिन मैंने तय कर लिया था कि तुमको बताने से पहले मेरे लिए तुमको कुछ अच्छी तरह जान लेना बेहतर होगा।'

'लेकिन भूत को देखने के लिए आपको कलकत्ता से इतनी दूर आने की क्या आवश्यकता थी?'

'एक मिनट रुको मैं वो भी बता दूँगा। मैंने अपने व्यवसाय के बारे में तुमको अभी तक नहीं बताया है। बताया है क्या? सच यह है कि मैंने प्रेतात्माओं एवं सभी अलौकिक चीजों के बारे में बहुत अध्ययन किया है। पिछले बीस वर्ष मैंने इसी विषय में शोध करते हुए बिताए हैं। मृत्यु के बाद जीव, पृथ्वी पर बसनेवाली आत्माओं, नर-पिशाचों, भेड़िए में परिवर्तित मनुष्यों, काला जादू, जादू-टोना इत्यादि विषयों पर अब तक जो कुछ भी प्रकाशित हुआ है, मैंने सब पढ़ा है। इसके लिए सात भाषाएँ सीखनी पड़ीं। लंदन में एक प्रोफेसर नार्टन हैं, जो ऐसी ही रुचि रखते हैं। पिछले तीन वर्ष से हम दोनों के बीच पत्र-व्यवहार चल रहा है। मेरे लिखे लेख ब्रिटेन में जान-मानी पत्रिकाओं में छप चुके हैं। मैं शेखी बघारना नहीं चाहता, लेकिन मैं समझता हूँ कि यह कहना उचित होगा कि उन चीजों के बारे में इस देश में किसी को भी इतनी जानकारी नहीं है जितनी जानकारी मैं रखता हूँ।'

वह बहुत सच्चाई से बोले। उनकी बात सुनकर मुझे जरा भी यह महसूस नहीं हुआ कि वह झूठ बोल सकते हैं या बढ़ा-चढ़ाकर कह सकते हैं। इसके विपरीत, मेरे मन में एहसास जागा कि उन्होंने जो कुछ कहा, उस पर मैं आसानी से विश्वास कर सकता हूँ। उनके प्रति मेरे अंदर कुछ आदर भाव भी उत्पन्न हुआ।

कुछ मिनट की खामोशी के बाद उन्होंने कहा, 'मैं देश भर में कम-से-कम तीन सौ भुतहा घरों में ठहर चुका हूँ।'

'साधुवाद!'

'हाँ। जबलपुर, चेरापूँजी, काँठी, कटोआ, जोधपुर, अजीमगंज, हजारीबाग, सिउड़ी, बारसाट···और अनेक स्थानों में। मैं छप्पन बँगलों में ठहर चुका हूँ और कम-से-कम तीस नील कुटियों में। इनके अलावा, कलकत्ता और इसके उपनगरों में करीब पचास भुतहा मकान हैं, जहाँ मैंने रातें बिताई हैं। लेकिन···'

अनत बाबू रुक गए। फिर उन्होंने अपना सिर झटका और आगे कहा, 'भूत-प्रेत मुझसे बचते रहे हैं। शायद वे उन्हीं लोगों के पास जाते हैं, जिन्हें उनसे कुछ सरोकार नहीं होता है। मुझे बार-बार निराश होना पड़ा है। सिर्फ एक बार मद्रास के

निकट तिरुचिरापल्ली में एक पुरानी इमारत में मुझे ऐसा प्रतीत हुआ कि वहाँ कुछ अजीब चीज मौजूद है। ब्रिटिश राज्य के दौरान वहाँ एक क्लब हुआ करता था। जानते हो क्या हुआ? कमरे में अँधेरा था और हवा का नामो-निशान नहीं था, फिर भी जब-जब मैंने एक मोमबत्ती जलाने की कोशिश की, किसी ने या किसी चीज ने हर बार उसे बुझा दिया। बारह दीयासलाई बेकार चली गई। तथापि, तेरहवीं दीयासलाई से मैं मोमबत्ती जलाने में कामयाब रहा; लेकिन जैसे ही मोमबत्ती जली, वहाँ मौजूद प्रेतात्मा गायब हो गई। एक बार कलकत्ता के एक घर में भी मुझे बहुत रोचक अनुभव हुआ था। हमेशा की तरह मैं एक अँधेरे कमरे में बैठा हुआ था और कुछ होने की प्रतीक्षा कर रहा था, तभी अचानक मुझे महसूस हुआ कि किसी मच्छर ने मेरे सिर में काटा है। मुझे हैरानी हुई, मैंने अपने सिर पर हाथ फेरा और पाया कि मेरे सिर से एक-एक बाल गायब हो गया है। मैं पूरी तरह गंजा था! क्या यह सच में मेरा अपना सिर था? या मैंने किसी और का सिर छुआ? पर नहीं, मच्छर ने असल में काटा था। मैंने तुरंत अपनी टॉर्च निकाली और उसकी रोशनी में शीशे में देखा। मेरे सारे बाल सही-सलामत थे। गंजेपन का कोई संकेत नहीं था।

'इतने वर्षों में मुझे प्रेतात्माओं संबंधी केवल दो अनुभव हुए हैं। मैं कहीं भी कुछ खोज पाने की आशा छोड़ चुका था। लेकिन हाल ही में मैंने रघुनाथपुर स्थित इस मकान के बारे में एक लेख एक पुरानी पत्रिका में पढ़ा। अत: मैंने सोचा, मुझे यहाँ आना चाहिए और अंतिम बार अपनी किस्मत आजमाने का मौका नहीं छोड़ना चाहिए।'

हम मुख्य द्वार तक पहुँच गए थे। अनत बाबू ने अपनी घड़ी देखी और कहा, 'आज सूर्यास्त शाम 5.31 बजे होगा। अभी 5.15 हुए हैं। चलो, अँधेरा होने से पहले हम एक नजर डाल लेते हैं।'

अलौकिक घटनाओं में उनकी रुचि संभवत: छुतहा रोग जैसी थी। मैंने उनका सुझाव तुरंत स्वीकार कर लिया। उनकी तरह मैं भी उस घर के अंदर जाने, विशेषकर उस कमरे को देखने के लिए व्यग्र हो उठा।

हम मुख्य द्वार के अंदर गए। एक विशाल प्रांगण था और कुछ ऐसा था, जो स्टेज जैसा लगता था। उसका प्रयोग पूजा तथा अन्य उत्सवों के लिए किया जाता होगा। अब वहाँ हर्षोल्लास का कोई संकेत नहीं था, जो पहले कभी रहा होगा।

प्रांगण के चारों ओर बरामदे थे। हमारे दाईं तरफ एक टूटी हुई पालकी थी और उसके आगे ऊपर जाने का जीना था।

जीने पर इतना अँधेरा था कि अनत बाबू को अपनी जेब से टॉर्च निकालकर

जलानी पड़ी। रास्ता बनाने के लिए हमें मकड़ी के जालों की पूरी दीवार हटानी पड़ी। हम जब अंतत: पहली मंजिल पर पहुँचे, मैंने अपने मन में सोचा, 'यह मकान अगर भुतहा निकला तो कोई आश्चर्य नहीं होगा।'

हम गलियारे में खड़े हो गए और हमने कुछ मोटा-मोटा हिसाब लगाया। हमारे बाएँ तरफ का कमरा निश्चित रूप से पश्चिम-मुखी कमरा होना चाहिए। तय करने के बाद अनत बाबू बोले, 'चलो, हमें समय नष्ट नहीं करना चाहिए। आओ मेरे साथ।'

गलियारे में केवल एक चीज थी—पुराने जमाने की एक विशाल घड़ी। उसका शीशा टूटा हुआ था, उसकी एक सुई गायब थी और पेंडुलम एक तरफ पड़ा था।

पश्चिमी कमरे का दरवाजा बंद था। अनत बाबू ने अपनी उँगली से दरवाजे को हलका-सा धक्का दिया। किसी अज्ञात भय के कारण मेरे रोंगटे खड़े हो गए। दरवाजा खुल गया।

लेकिन कमरे के अंदर देखने योग्य कुछ भी असामान्य नहीं था। कभी यह बैठक-खाना रहा होगा। बीच में एक बड़ी मेज पड़ी थी, जिसका ऊपरी हिस्सा गायब था। सिर्फ चार टाँगें सीधी खड़ी थीं। खिड़की के पास एक आरामकुरसी थी, हालाँकि उसमें बैठना अब बहुत आसान नहीं होगा, क्योंकि उसका एक हाथ और उसकी सीट का एक हिस्सा टूटा हुआ था।

इन चीजों के अलावा कमरे में एक अलमारी भी थी, जिसमें कभी बंदूकें रही होंगी, बगैर नली का एक हुक्का था और दो साधारण कुरसियाँ थीं, जिनके बाजू टूटे हुए थे। अनत बाबू गहरे विचार में डूब गए लगते थे। कुछ समय के पश्चात् उन्होंने कहा, 'क्या तुम्हें कुछ गंध आती है?'

'कैसी गंध?'

'लोबान, तेल और जलता मांस··· सबकुछ की मिली-जुली गंध।'

मैंने गहरी साँस खींची, मगर कोई गंध नहीं आई। उस फफूँदियाह गंध के अलावा, जो सामान्यत: उस कमरे से आती ही है, जिसे लंबे समय तक बंद रखा गया हो।

इसलिए मैंने कहा, 'क्यों, नहीं तो। मैं नहीं समझता कि ऐसी कोई···'

अनत बाबू ने कुछ नहीं कहा। फिर उन्होंने अचानक अपने बाएँ हाथ को सीधे हाथ से मारा और चिल्लाकर कहा, 'भगवान् मैं इस गंध को अच्छी तरह पहचानता हूँ। इस घर में जरूर कोई आत्मा भटक रही है। देखना यह है कि वो

सामने आएगी या नहीं। चलो, चलते हैं।'

अनत बाबू ने अगली रात हालदार हवेली में बिताने का निश्चय किया। जब हम वहाँ से लौट रहे थे, उन्होंने रुक कर कहा, 'मैं आज नहीं जाऊँगा, क्योंकि कल अमावस (चंद्रहीन) की रात है; भूत एवं प्रेतात्माओं के प्रकट होने के लिए सबसे उपयुक्त रात। इसके अलावा, मुझे कुछ चीजों की जरूरत है, जो मैं आज अपने साथ नहीं लाया हूँ। वो चीजें मैं कल लेकर आऊँगा। आज तो मैं सिर्फ एक नजर डालने आया था।'

बिरेन के घर के निकट विदा लेने से पहले उन्होंने अपनी आवाज धीमी करके कहा, 'कृपया मेरी योजना के बारे में किसी को बताना मत। मैंने आज जो कुछ सुना है, उससे लगता है कि यहाँ के लोग बहुत अंधविश्वासी हैं और आसानी से भयभीत हो जाते हैं। मेरी योजना का उन्हें पता चल गया तो वे मुझे उस हवेली में जाने से रोक सकते हैं। और,' उन्होंने आगे कहा, 'कृपया बुरा न मानें कि मैंने आपको साथ चलने के लिए नहीं कहा। इस प्रकार का काम व्यक्ति को अकेले ही करना चाहिए आप समझते हैं न···।'

अगले दिन मैं लिखने के लिए बैठ गया, लेकिन लिखने में ध्यान नहीं लगा सका। मेरा मन बार-बार उस हवेली के पश्चिम-मुखी कमरे की तरफ ही जाता रहा। भगवान् जाने, अनत बाबू को क्या अनुभव होने वाला था। सच कहूँ तो मैं थोड़ा बेचैन और चिंता महसूस कर रहा था।

शाम के समय मैंने हालदार हवेली के द्वार तक अनत बाबू का साथ दिया। आज वह गरदन तक ऊँची एक काली जाकेट पहने हुए थे। उनके कंधे से एक फ्लास्क लटक रहा था और उनके हाथ में वही टॉर्च थी, जिसका इस्तेमाल उन्होंने एक दिन पहले किया था। उन्होंने घर के अंदर जाने से पहले अपनी जेब से कई छोटी-छोटी शीशियाँ निकालीं। 'देखो,' उन्होंने कहा, 'इस शीशी में एक विशेष तेल है, जो मैंने अपने फॉर्मूले के मुताबिक खुद बनाया है। यह मच्छर भगाने की एक बढ़िया चीज है। और इस शीशी में कार्बोलिक एसिड है। अगर मैं इसे कमरे में छिड़क दूँ तो मैं साँपों से सुरक्षित रहूँगा।'

उन्होंने वे शीशियाँ वापस अपनी जेब में रखीं, टॉर्च उठाई और उसे अपने सिर से लगाया। फिर उन्होंने मुझे अंतिम प्रणाम किया और पैरों तले बजरी को पीसते हुए अंदर चले गए।

उस रात मैं ठीक तरह सो नहीं सका। दिन निकलते ही मैंने भारद्वाज को एक थरमस में दो जनों के लिए पर्याप्त चाय भर देने के लिए कहा। चाय भरा थरमस

आते ही मैं हालदार हवेली की तरफ चल दिया।

आस-पास कोई नहीं था। क्या मैं अनत बाबू को पुकारूँ या मैं सीधे उस कमरे तक चला जाऊँ? मैं अभी इसी दुविधा में था कि एक आवाज आई, 'यहाँ—इस तरफ!'

अनत बाबू उस घर के पूर्व की ओर से जंगली पेड़-पौधों भरे छोटे जंगल से निकलकर आ रहे थे, हाथ में नीम की एक टहनी पकड़े हुए। वह कतई ऐसे नहीं लग रहे थे, जिसे एक रात पहले किसी अलौकिक या विकराल अनुभव से गुजरना पड़ा हो।

पास आकर उन्होंने एक चौड़ी मुसकान से मेरा स्वागत किया।

'मुझे करीब आधा घंटा लगा नीम का पेड़ खोजने में। टूथपेस्ट की अपेक्षा मैं इसे अधिक पसंद करता हूँ। आप समझ सकते हैं।'

पिछली रात के अनुभव के बारे में पूछने में मुझे कुछ संकोच हो रहा था।

'मैं चाय लाया हूँ,' पूछने के बजाय मैंने कहा, क्या आप कुछ चाय यहाँ लेना चाहेंगे या फिर घर जाना अधिक पसंद करेंगे?'

'अरे, मेरे साथ आओ, उस फव्वारे के पास बैठते हैं।'

अनत बाबू ने चाय की एक लंबी चुस्की भरी और कहा, 'आह! चाय बहुत बढ़िया है।' फिर वह मेरी तरफ मुड़े और अपनी आँख में एक चमक के साथ बोल, 'तुम यह जानने के लिए अत्यंत उत्कंठित हो कि रात कैसी गुजरी, सही बात है न?'

'हाँ, मेरा मतलब है···हाँ, थोड़ा तो···'

'ठीक है, मैं सब बताऊँगा। लेकिन अभी मैं सिर्फ एक बात कहना चाहूँगा—पूरा अभियान बहुत सफल रहा।'

उन्होंने चाय का दूसरा मग भरा और अपना किस्सा शुरू किया—

'शाम 5 बजे का समय था' जब तुम मुझे यहाँ छोड़कर गए। घर के अंदर जाने से पहले मैंने थोड़ा इधर-उधर घूमकर देखा। सावधानी बरतनी पड़ती है, आप समझते हैं। कभी-कभी जानवर तथा अन्य सजीव प्राणी भूत-प्रेतों की अपेक्षा अधिक हानि पहुँचा सकते हैं। लेकिन मैंने कुछ भी खतरनाक नहीं पाया। फिर मैं अंदर चला गया और ग्राउंड फ्लोर के खुले कमरों में जाकर देखा। किसी भी कमरे में कोई फर्नीचर नहीं था। एक कमरे में पुराना कूड़ा-कर्कट पड़ा हुआ था और दूसरे कमरे में छत से कुछ चमगादड़ लटके हुए थे। कमरे में मेरे दाखिल होने पर उन्हें कोई फर्क नहीं पड़ा और मैं उनकी शांति में खलल डाले बिना बाहर निकल आया।

'शाम 6.30 बजे से करीब मैं ऊपर गया और मैंने रात बिताने की तैयारी शुरू कर दी। मैं अपने साथ एक झाड़न (डस्टर) ले गया था। सबसे पहले मैंने उस आरामकुरसी को साफ किया। भगवान् जाने, कितने अरसे से वह कुरसी वहाँ पड़ी थी।

'कमरा घुटन भरा लग रहा था, इसलिए मैंने खिड़की खोल दी गलियारे में जाने का दरवाजा भी खुला छोड़ दिया, यह सोचकर कि भूत महाशय की इच्छा उस दरवाजे से आने की हो सकती है। फिर मैंने फ्लास्क और टॉर्च को फर्श पर रख दिया तथा आरामकुरसी पर लेट गया। यह बिल्कुल भी आरामदायक नहीं थी, फिर भी मुझे बुरा नहीं लगा, क्योंकि पहले भी मैं अनेक रातें इससे भी बहुत खराब स्थिति में गुजार चुका था।

'5.30 बजे सूरज डूब गया था। बहुत जल्दी अँधेरा हो गया और वह गंध काफी तेज हो गई। मैं सामान्यतः उत्तेजित नहीं होता हूँ; लेकिन मुझे मानना होगा कि पिछली रात मुझे एक अजीब तरह की उत्तेजना महसूस हुई।'

'मैं आपको ठीक-ठीक समय तो नहीं बता सकता, लेकिन मेरा अनुमान है कि रात नौ बजे का समय रहा होगा, जब एक जुगनू खिड़की के अंदर आया और करीब एक मिनट तक कमरे में चक्कर काटने के बाद उड़ता हुआ बाहर निकल गया।

'धीरे-धीरे, कहीं दूर से, गीदड़ों-सियारों का वृंदगान आना भी बंद हो गया और झींगुर शांत हो गए। कह नहीं सकता, मुझे कब नींद आ गई।

'पर एक शोर ने मुझे जगा दिया। यह घड़ी का शोर था, जो आधी रात की सूचना दे रही थी। एक गहरा, किंतु सुरीला घंटनाद गलियारे से आ रहा था। अब मैं पूर्णतया जाग गया था और मैंने उस घंटनाद को सुनने के अलावा दो और चीजों पर गौर किया—पहली बात, मैं एक बहुत आरामदायक कुरसी पर लेटा हुआ था। उसका टूटा हुआ हिस्सा अब वहाँ नहीं था, और किसी ने आकर मेरी पीठ के पीछे एक तकिया रख दिया था। दूसरी बात, मेरे सिर के ऊपर एकदम नया पंखा लटका हुआ था। उससे लगी एक लंबी रस्सी गलियारे तक जा रही थी और कोई अदृश्य हाथ उस रस्सी को हलके-हलके खींच रहा था।

'मैं उन चीजों को एकटक देख रहा था और उनका मजा ले रहा था, उसी समय मुझे एहसास हुआ कि बिना चाँद की रात में कहीं से एक पूरा चाँद निकल गया है। पूरा कमरा चमक चाँदनी से भरा हुआ था। फिर किसी चीज की सुगंध पूर्णतया अप्रत्याशित रूप से मेरे नथनों से आ लगी। मैंने मुड़कर देखा तो एक

हुक्का अपने करीब रखा पाया उत्कृष्ट किस्म की तंबाकू की खुशबू कमरे में भर गई थी।'

अनत बाबू रुक गए। फिर उन्होंने मुसकराकर कहा, 'बहुत खुशनुमा माहौल था, तुम मानते हो न?'

'हाँ, क्यों नहीं, सच में। तो आपने बाकी रात बड़े आराम से बिताई, ऐसा है क्या?'

इस पर अनत बाबू अचानक गंभीर हो गए और एक गहरी खामोशी में डूब गए। मैंने उनके दोबारा बोलने का इंतजार किया; लेकिन जब वह नहीं बोले तो मैं अधीर हो उठा। 'क्या आपके कहने का यह तात्पर्य है,' मैंने कहा, 'कि आपके लिए भय महसूस करने का कोई कारण नहीं था? आपने बहरहाल, कोई भूत नहीं देखा?'

अनत बाबू ने नजर उठाकर मुझे देखा। किंतु इस बार उनके होंठों पर मुसकान का जरा सा भी संकेत नहीं था। उनकी आवाज कर्कश हो चली थी, जब उन्होंने पूछा, 'एक दिन पहले जब तुम उस कमरे में गए थे, तब क्या तुमने उसकी भीतरी छत को ध्यान से देखा था?'

'नहीं, मुझे नहीं लगता कि मैंने ध्यान से देखा। क्यों?'

'उसमें जरूर कुछ विशेष बात है। उसे तुमको दिखाए बिना मैं आगे का किस्सा तुम्हें नहीं सुना सकता। चलो, अंदर चलें।'

हमने अँधेरा जीना फिर चढ़ना शुरू किया। पहली मंजिल तक जाने के रास्ते में अनत बाबू ने मुझसे सिर्फ एक बात कही, अब मुझे भूतों का पीछा फिर नहीं करना पड़ेगा, सीतेश बाबू। कभी नहीं। उनके साथ मेरा काम समाप्त हो गया है।'

मैंने गलियारे में उस विशाल घड़ी पर नजर डाली। यह उसी तरह थी जैसी दो दिन पहले थी

हम पश्चिमी कमरे के सामने ठहर गए।

'अंदर जाओ।', अनत बाबू ने कहा।

दरवाजा बंद था। मैंने दरवाजे को धक्का दिया और अंदर चला गया। तब मेरी आँखें फर्श पर पड़ीं और मेरे पूरे बदन में भय की एक लहर दौड़ गई।

फर्श पर यह कौन पड़ा था पैरों में भारी बूट पहने हुए? और यह किसका अट्टहास था—ऊँचा और कर्णभेदी, बाहर गलियारे से आता हुआ जो हालदार हवेली के कोने-कोने में गूँज रहा था? मैं उस अट्टहास में डूब गया। मेरे सोचने-समझने की शक्ति, मेरी बुद्धि, सबकुछ को उसने अशक्त कर दिया…? क्या

यह···हो सकता है? ···मैं आगे नहीं सोच सका।

जब मैंने अपनी आँखें खोलीं, मैंने अपने पलंग के पाँयते भारद्वाज को खड़ा पाया और भवतोष मजूमदार मुझ पर जोर-जोर से पंखा झल रहे थे।

'ओह, धन्य हो ईश्वर का, आप सही-सलामत आ गए हैं!' उन्होंने चिल्लाकर कहा। 'अगर सिधुचरन ने आपको उस घर में जाते हुए नहीं देखा होता तो भगवान् जाने क्या हो जाता। वैसे, आपको वहाँ जाने की जरूरत क्या थी?'

मैं बस कुछ बुदबुदाकर रह गया, 'पिछली रात, अनत बाबू···'

भवतोष बाबू ने मुझे बीच में ही टोक दिया, 'अनत बाबू! उनके बारे में अब कुछ नहीं किया जा सकता। निस्संदेह, मैंने हाल में जो कहा था उस पर उन्होंने कतई विश्वास नहीं किया।' शुक्र है भगवान् का, तुम रात बिताने उसके साथ उस कमरे में नहीं गए। तुमने देखा, उसका क्या हाल हुआ। नहीं देखा तुमने? उतने वर्ष पहले हलधर दत्त के साथ भी ठीक यही हुआ था। फर्श पर पड़ा था, शरीर ठंडा और अकड़ा हुआ। उसकी खुली आँखों में वही डर समाया हुआ था छत को एकटक घूरते हुए।

मैंने अपने मन में सोचा, 'नहीं, वह नहीं पड़े हैं वहाँ ठंडे और अकड़े हुए। मैं जानता हूँ, मृत्यु के बाद अनत बाबू का क्या हुआ है। शायद, मैं कल सुबह ही उनको खोज निकालूँ—अगर मैं उस तरफ वापस गया तो। वह एक काली जाकेट और भारी बूट पहने होंगे, हालदार हवेली के जंगल से निकलकर आ रहे होंगे, हाथ में नीम की एक टहनी लिये और इस कान से उस कान तक खीसें निकालते हुए।'

□

सदानंद की छोटी सी दुनिया

आज मैं बहुत खुश महसूस कर रहा हूँ, इसलिए मैं समझता हूँ कि आपको सबकुछ बता देने के लिए यह एक अच्छा अवसर है। मुझे आशा ही नहीं बल्कि पूरा विश्वास है कि आप मेरा यकीन करेंगे। आप मेरे लोगों जैसे नहीं हैं। वे मुझ पर केवल हँसना जानते हैं। वे समझते हैं कि मैं मनगढ़ंत बातें कर रहा हूँ। इस कारण मैंने उनसे बात करना बंद कर दिया है।

अभी मध्याह्न है, इसलिए मेरे कमरे में कोई नहीं है। वे तीसरे पहर अंदर आएँगे। अभी यहाँ केवल दो लोग हैं—मैं और मेरा दोस्त लाल बहादुर। लाल बहादुर सिंह! ओह, कल मैं उसके वास्ते कितना अधिक चिंतित था। मुझे विश्वास नहीं था कि वह कभी मेरे पास वापस आएगा। वह बहुत चतुर है, इसी कारण वह साफ बच गया। कोई और होता तो अब तक मिट गया होता।

मैं भी कितना मूर्ख हूँ!—मैंने तुम्हें अपने दोस्त का नाम तो बता दिया है, लेकिन अपना नाम नहीं बताया है।

मेरा नाम सदानंद चक्रवर्ती है। यह किसी दाढ़ीवाले बूढ़े आदमी का नाम लगता है, नहीं लगता है क्या? वास्तव में, मैं केवल तेरह वर्ष का हूँ। अगर मेरा नाम ही पुराने ढंग का है तो इसमें मैं क्या कर सकता हूँ। आखिरकार, यह नाम मैंने तो चुना नहीं; मेरी दादी ने चुना था।

अगर दादी को पता होता कि यह मेरे लिए बड़ी मुसीबत बन जाएगा तो उसने मेरे लिए अवश्य ही कोई दूसरा नाम सोचा होता। वह कैसे जानती कि लोग मुझे यह कहकर चिढ़ाएँगे, 'तुम्हारा नाम जब 'सदानंद' है तो फिर तुम इतने उदास क्यों रहते हो?' ऐसे-ऐसे मूर्ख मिलते हैं। मानो किसी गधे की तरह हँसना ही एकमात्र तरीका रह गया है किसी को अपनी खुशी दिखाने का। कोई हँसता न हो, तब भी अनेक तरीके हैं खुश होने के। उदाहरण के लिए—मान लो, जमीन से कोई नन्हा

पौधा बाहर निकल रहा है और एक टिड्डा बार-बार आकर उसकी नोक पर बैठता है। इसे देखकर आप अवश्य ही खुश हो सकते हैं, लेकिन इस पर अगर आप ठठाकर हँस पड़ें तो लोग आपको पागल समझेंगे। मेरे उस पागल-चाचा की तरह। मैंने उसे कभी देखा नहीं, लेकिन मुझे बताया गया था कि वह सारे समय हँसता रहता था। कहा जाता है कि उन्हें जब उसे जंजीरों में डालना पड़ा, तब भी उसे यह बात इतनी मनोरंजक लगी कि उसने हँस-हँसकर अपना बुरा हाल कर लिया। सच्चाई यह है, मैं उन चीजों में हँसी खोज लेता हूँ जिनकी ओर अधिकतर लोगों का ध्यान भी नहीं जाता है। मैं जब बिस्तर में पड़ा होता हूँ, तब भी मैं उन चीजों को देखता और महसूस करता हूँ, जिनसे मुझे खुशी मिलती है। कभी-कभी कपास का कोई बीज खिड़की से तिरता हुआ अंदर आ जाएगा। बहुत छोटी-छोटी चीजें, जिन्हें हवा का हलके से हलका झोंका हिलाते-डुलाते हुए ऊपर और ऊपर की ओर भेज देता है। कितना आनंदित दृश्य होता है यह। और अगर यह तिरता हुआ नीचे आपकी तरफ आ जाता है, आप इसे एक फूँक मारते हैं और यह तिनका फिर ऊपर हवा में उड़ जाता है।

और अगर कोई कौआ आकर खिड़की पर बैठ जाता है तो उसे देखने में सर्कस देखने जैसा मजा आता है। मैं उस समय बिल्कुल शांत और निश्चेष्ट हो जाता हूँ, जब कोई कौआ आकर निकट बैठ जाता है और मैं अपनी आँखों की कोर से उसकी हरकतों को देखता रहता हूँ। बेशक, अब इसमें कोई मजा नहीं रह गया है। मजा है···लेकिन नहीं, मुझे अभी सबकुछ नहीं बता देना चाहिए, वरना सारा मजा बिगड़ जाएगा। बेहर होगा कि मैं शुरू से आरंभ करूँ।

एक बार लगभग एक वर्ष पहले मुझे बुखार हुआ था। यह कोई नई बात नहीं थी, क्योंकि मुझे अकसर बुखार आ जाता है। मुझे ठंड जल्दी लग जाती है। माँ इसका कारण यह बताती है कि मैं बाहर घास पर अधिक समय बिताता हूँ।

हमेशा की तरह बिस्तर में पड़े रहना पहले एक-दो दिन तो अच्छा लगा। सर्दी के एहसास के साथ-साथ आलस्य का मिला-जुला एहसास। इसके साथ एक मजा यह भी था कि स्कूल नहीं जाना था। मैं बिस्तर पर पड़ा हुआ खिड़की के बाहर एक गिलहरी को मदार वृक्ष पर चढ़ते-उतरते देख रहा था कि उसी समय माँ ने आकर एक कड़वा काढ़ा मुझे पीने को दिया। मैंने एक अच्छे लड़के की तरह काढ़ा पी लिया और फिर एक गिलास पानी लिया, थोड़ा सा पिया और बाकी मुँह से पिचकारी की तरह खिड़की के बाहर निकाल दिया। मैंने अपने चारों ओर कंबल लपेटा और एक नींद लेने के लिए अपनी आँखें बंद करने वाला ही था कि तभी

किसी चीज पर मेरी निगाह पड़ी।

पानी की कुछ बूँदें खिड़की की चौखट पर पड़ गई थीं और उनमें से एक बूँद में एक बहुत छोटी काली चींटी,अपने को डूबने से बचाने की कोशिश कर रही थी।

मुझे यह इतना विलक्षण लगा कि मैं अपनी कुहनियों के बल उठ गया और आगे की तरफ झुक गया, ताकि मैं चींटी की कोशिश को करीब से देख सकूँ।

उसे देखते-देखते मुझे अचानक ऐसा लगा मानो वह चींटी कोई चींटी न हो, बल्कि एक इनसान हो। असल में, उसने मुझे झोंटू के बहनों की याद दिला दी, जो मछली का शिकार करते समय किनारे से फिसलकर तालाब में गिर गया था और, जिसने तैरना न जानने के कारण अपनी दोनों बाँहें पानी के बाहर निकाल जोर-जोर से उछालना-पटकना शुरू कर दिया, ताकि डूबने से बच सके। अंत में झोंटू के सबसे बड़े भाई और उनके नौकर नरहरि ने समय रहते पहुँचकर उसे बचा लिया।

उस घटना के याद आते ही मेरे मन में उस चींटी को बचाने की तीव्र इच्छा उठी।

यद्यपि मुझे बुखार था, फिर भी मैं बिस्तर से उछल पड़ा। कमरे से बाहर दौड़ा, अपने पिता के अध्ययन कक्ष में पहुँचा और उनके लेखन पैड से ब्लॉटिंग पेपर का एक टुकड़ा फाड़ लिया। फिर मैं जल्दी से अपने कमरे में लौटा और उसको इस प्रकार पकड़ा, ताकि उसका किनारा पानी की बूँद को छू ले। ऐसा होते ही, पानी को ब्लॉटिंग पेपर ने सोख लिया।

डूबने से अचानक बची चींटी को कुछ समझ नहीं आ रहा था कि किधर जाए। वह कभी इधर दौड़ती और कभी उधर और फिर नाली के पाइप से नीचे उतर कर कहीं गायब हो गई। खिड़की की चौखट पर उस दिन फिर और कोई चींटी नजर नहीं आई।

अगले दिन बुखार तेज हो गया। दिन के बीच माँ आई और मुझसे बोली, 'तुम खिड़की को क्यों ताक रहे हो? तुम्हें कुछ नींद लेने की कोशिश करनी चाहिए।'

माँ को खुश करने के लिए मैंने आँखें बंद कर लीं। लेकिन माँ के जाते ही मैंने दुबारा आँखें खोलीं और मैं फिर ड्रेन पाइप को घूरने लगा।

दोपहर में सूरज जब मदार वृक्ष के पीछे चला गया था, मैंने एक चींटी को नाली के पाइप के मुँह से अपना सिर बाहर निकालते हुए देखा।

वह अचानक बाहर निकली और खिड़की की चौखट पर तेजी से चलने लगी।

हालाँकि सभी चींटियाँ एक जैसी लगती हैं, फिर भी मुझे कुछ-कुछ ऐसा आभास हुआ कि यह वही चींटी है, जो कल डूबते-डूबते बच गई। मैंने उसके साथ मित्रवत् व्यवहार किया था, शायद इसी कारण वह मुझसे मिलने चली आई थी।

मैंने पहले से अपनी योजना बना रखी थी। मैं रसोई से कुछ शक्कर ले आया था। शक्कर को कागज में लपेट लिया था और उस पुड़िया को मैंने अपने तकिए के पास रख लिया था। अब मैंने वह पुड़िया खोली, उसमें से शक्कर का एक बड़ा दाना निकाला तथा उस दाने को खिड़की की चौखट पर रख दिया।

चींटी चौंक गई और चलते-चलते अचानक रुक गई। फिर वह सावधानी से आगे बढ़ी और चीनी के दाने को उसने अपने सिर से चारों तरफ से छूकर जाँचा-परखा। तत्पश्चात् वह अचानक ड्रेनपाइप की ओर दौड़ गई और उसके अंदर लुप्त हो गई।

मैंने सोचा, बड़ी अजीब बात है। मैंने तो चीनी का इतना बढ़िया दाना उसे दिया और वह उस दाने को छोड़कर चली गई। अगर उसे खाने के लिए कुछ चाहिए नहीं था तो फिर वह आई क्यों थी?

थोड़ी देर में डॉक्टर आ गया। उसने मेरी नाड़ी देखी, मेरी जीभ की जाँच की और स्टेथेस्कोप से मेरी छाती व पीठ को जाँचा। फिर उसने कहा, 'तुम्हें वह तीखा-कड़वा मिश्रण अभी और लेना चाहिए। एक-दो दिन में तुम्हारा बुखार चला जाएगा।'

मुझे कुछ खुशी नहीं हुई। बुखार होने पर स्कूल जाने का क्या मतलब और स्कूल जाने का यह मतलब तो नहीं होता कि दोपहर के समय ड्रेनपाइप को न देखें जब चींटियाँ बाहर निकलती हैं। खैर, डॉक्टर के जाते ही मेरा ध्यान फिर खिड़की की तरफ मुड़ गया और मुझे यह देखकर बड़ी खुशी हुई कि काली चींटियों का एक पूरा सैन्य दल ड्रेनपाइप से निकलकर चौखट पर आ गया था। मैं समझ गया, इस सैन्य दल की नेता वही चींटी होगी और उसने दूसरी चींटियों को शक्कर के उस दाने के बारे में बता दिया होगा और फिर उन सबको अपने साथ लेकर चली आई होगी।

कुछ समय तक देखते रहने के बाद मैं खुद समझ गया कि चींटियाँ बहुत चतुर होती हैं। सारी चींटियों ने एकजुट होकर चीनी के दाने को ड्रेनपाइप की ओर धकेलना शुरू कर दिया। मैं बता नहीं सकता कि यह सब कितना रोचक था। मैंने कल्पना की कि वे चींटियाँ अगर कुली होतीं और किसी भारी वस्तु को धकेल रही

होतीं तो वे सब मिलकर शोर कर रही होतीं कुछ इस तरह, 'दम लगाओ, हेइसा! मारो धक्का, हेइसा! साँस पकड़ के, हेइसा!'

मेरा बुखार उतर जाने के बाद कुछ दिन तक स्कूल में मेरा मन नहीं लगा। बार-बार मेरा ध्यान खिड़की की चौखट की ओर पलट जाता। हर दिन दोपहर में चींटियाँ वहाँ आती होंगी। हर सुबह स्कूल जाने से पहले मैं चीनी के कुछ दाने चौखट पर छोड़ देता और जब स्कूल से वापस आता, वे दाने गायब हो चुके होते।

कक्षा में मेरा डेस्क कमरे के बीच में था, जहाँ मैं बैठा करता था। मेरी बगल में शीतल बैठता था। मैं एक दिन कुछ देर से पहुँचा और मैंने अपनी जगह पर फणी को बैठे पाया। अत: मेरे पास कोई विकल्प नहीं रहा और मुझे कक्षा में पीछे, दीवार के सामने बैठना पड़ा। मध्यावकाश से पहले अंतिम कक्षा इतिहास की होती थी। इतिहास अध्यापक हरधन बाबू अपनी पतली आवाज में हनीबल की बहादुरी का वर्णन कर रहे थे। हनीबल कार्थेज से एक सेना लेकर गया था और आल्प्स पर्वत को पार करके इटली पर धावा बोलने के लिए आगे बढ़ रहा था।

सुनते-सुनते अचानक मुझे लगा कि हनीबल की सेना कक्षा में मौजूद है और मेरे बहुत करीब से कूच कर रही है।

मैंने चारों ओर देखा और मेरी दृष्टि पीछे दीवार पर जा टिकी। चींटियों की एक लंबी कतार—सैकड़ों की तादाद में छोटी, काली चींटियों की ताकतवर सेना जैसे युद्ध-क्षेत्र की ओर कूच कर रही हो।

तभी मैंने नीचे की ओर देखा और पाया कि फर्श के निकट दीवार में एक दरार थी, जिसमें से चींटियाँ निकलकर बाहर आ रही थीं।

मध्यावकाश के लिए जैसे ही घंटी बजी, मैं दौड़ा-दौड़ा अपनी कक्षा के कमरे के पीछे गया और दरारवाली जगह को मैंने खोज लिया। चींटियाँ उस दरार से बाहर निकल रही थीं और घास के बीच से होकर अमरूद के एक पेड़ की ओर जा रही थीं।

मैंने चींटियों का पीछा किया और देखा कि अमरूद के पेड़ के पाँव तले चींटियों ने पूरा एक किला बनाया हुआ था।

यह मिट्टी का एक टीला था। टीले में बिल्कुल नीचे की ओर एक बहुत छोटा छिद्र था, जिससे चींटियाँ अंदर जा रही थीं।

मुझे उस किले के अंदर देखने की तीव्र उत्कंठा थी।

मेरी जेब में मेरी पेंसिल थी और उसकी नोक से मैंने मिट्टी के टीले को सावधानी से खोदना शुरू कर दिया। पहले तो मुझे अंदर कुछ नहीं मिला, लेकिन

थोड़ा और आगे खोदने पर मैंने जो देखा, वह मेरी जिंदगी का सबसे बड़ा आश्चर्य था। उस टीले के अंदर अनगिनत छोटे-छोटे कमरे थे और एक कमरे से दूसरे कमरे में जाने के लिए रास्तों का जाल बिछा हुआ था। कितना विचित्र, कितना अद्भुत। चींटियों ने किस तरह अपने नन्हे हाथों और पैरों से इतने अद्भुत दुर्ग का निर्माण किया? क्या उन्होंने भी किताबों से सीखा, तसवीरें बनाना, इमारतों का निर्माण करना सीखा? क्या इसका मतलब यह था कि वे मनुष्यों से भिन्न नहीं हैं? वे कैसे अपना घर बना लेती हैं। जबकि बाघ, हाथी, भालू और घोड़ों को अपना घर बनाना नहीं आया? मेरा पालतू कुत्ता भूलो भी नहीं बना सकता।

चिड़िया अवश्य घोंसला बनाती हैं। लेकिन कितनी चिड़ियाँ एक ही घोंसले में रह सकती हैं? क्या चिड़ियाँ कोई ऐसा किला बना सकती हैं, जिसमें वे हजारों की तादाद में रह सकें?

चूँकि मैंने टीले का एक हिस्सा खराब कर दिया था, चींटियों में बड़ी खलबली मच गई थी। मुझे उनके लिए अफसोस हुआ। मैंने सोचा, क्योंकि मैंने उनको क्षति पहुँचाई है? मुझे उनकी कुछ भलाई अवश्य करनी चाहिए, अन्यथा वे मुझे अपना दुश्मन समझेंगी जबकि मैं उनका दुश्मन नहीं हूँ। मैं वास्तव में उनका मित्र हूँ।

अत: अगले दिन माँ से मिली मिठाई का आधा टुकड़ा मैंने साल पत्र में लपेट कर अपनी जेब में डाल लिया और स्कूल चला गया। कक्षा शुरू होने का घंटा बजने से ठीक पहले मैंने मिठाई का वह टुकड़ा चींटियों की पहाड़ी के पास रख दिया। चींटियों को खाने की तलाश में दूर-दूर जाना पड़ता है; लेकिन आज उन्हें घर के दरवाजे पर ही खाना मिल जाएगा। निश्चय ही मेरी तरफ से उनके प्रति यह एक नेक काम कहलाएगा।

कुछ ही सप्ताह में गरमी की छुट्टियाँ शुरू हो गईं और चींटियों के साथ मेरी दोस्ती बढ़ने लगी। मैं अपने से बड़ों को चींटियों के व्यवहार के बारे में बताता; लेकिन उन्होंने मेरी बात पर कोई ध्यान नहीं दिया, बल्कि उलटे उन्होंने मेरी हँसी उड़ाना शुरू कर दिया। अत: मैंने किसी को भी कुछ न बताने का फैसला कर लिया। मैंने सोच लिया कि मैं अब जो कुछ भी करूँगा, खुद ही करूँगा और जो कुछ भी जानूँगा, उसे अपने तक ही रखूँगा।

एक दिन, दोपहरी में मैं पिंटू के घर के अहाते की दीवार के सहारे बैठा हुआ लाल चींटियों द्वारा बनाई गई एक पहाड़ी को देख रहा था। लोग कहेंगे कि आप लाल चींटियों के पास अधिक समय तक नहीं बैठ सकते, क्योंकि वे काट

लेती हैं। लाल चींटियों ने मुझे भी काटा था, लेकिन कुछ समय से मैंने गौर किया कि अब वे मुझे नहीं काटती हैं। अत: मैं उन्हें निडर होकर देख रहा था। उसी समय मैंने छीकू को तेजी से आते हुए देखा।

मैंने अभी तक छीकू का जिक्र नहीं किया है। उसका असली नाम श्रीकुमार है। वह उसी कक्षा में है, जिसमें मैं हूँ; लेकिन वह मुझसे बड़ा होना चाहिए, क्योंकि उसके होंठों के ऊपर मूँछों की एक पतली लकीर उभर आई है। छीकू एक धाँसू किस्म का लड़का है, इसलिए कोई उसे पसंद नहीं करता। सामान्यत: मैं उससे पंगा नहीं लेता हूँ, क्योंकि वह मुझसे तगड़ा है।

छीकू ने मुझे देखा और चिल्लाया, 'अरे ऐ बेवकूफ, तू वहाँ जमीन पर बैठा क्या कर रहा है?'

मैंने उसकी ओर कोई ध्यान नहीं दिया। मैं चींटियों पर आँखें गड़ाए रहा।

छीकू और करीब चला आया और बोला, 'तेरा इरादा क्या है? तेरा इस तरह देखना मुझे पसंद नहीं।'

मैं जो कर रहा था, मैंने उससे नहीं छिपाया और उसे सच-सच बता दिया।

छीकू ने मुँह बनाया और कहा, 'क्या मतलब है तेरा, चींटियों को देख रहा है? इसमें देखने का क्या है? और तेरे अपने घर में क्या चींटियाँ नहीं हैं जो तू इन्हें देखने के लिए इतनी दूर चलकर आया है?'

मैंने कहा, 'मैं उन्हें देख रहा हूँ, क्योंकि मुझे अच्छा लगता है चींटियों को देखना। तुझे चींटियों के बारे में कुछ जानकारी नहीं है। तू अपने काम से काम क्यों नहीं रखता? क्यों चला आता है यहाँ मुझे परेशान करने?'

छीकू ने गुस्से भरी बिल्ली की तरह फुंकार मारी और कहा, 'तो तुझे चींटियों को देखा अच्छा लगता है, क्यों? ठीक वहाँ! वहाँ!' इससे पहले कि मैं कुछ करूँ या कुछ कहूँ, छीकू ने तीन बार जोर की ठोकर मारकर चींटियों का घर ढहा दिया और कम-से-कम 500 चींटियों को कुचल दिया।

छीकू ने खुलकर ठहाका लगाया और वह जाने ही वाला था कि तभी मेरे अंदर कुछ तूफान सा उठा। मैं उछलकर छीकू की पीठ पर चढ़ गया। उसके बालों को पकड़ा और चार-पाँच बार उसका सिर पिंटू के अहाते की दीवार से टकरा दिया। फिर मैंने उसे जाने दिया। छीकू के आँसू निकल आए और वह रोते-रोते चला गया।

जब मैं घर लौटा, मुझे पता चला कि छीकू पहले ही वहाँ आकर मेरी शिकायत कर गया है।

लेकिन मुझे आश्चर्य हुआ, जब माँ ने मुझे न तो फटकार लगाई और न मेरी पिटाई की। शायद माँ ने छीकू की बात पर विश्वास नहीं किया था, क्योंकि इससे पहले मैंने कभी किसी को नहीं मारा था। उसके अलावा, माँ यह भी जानती थी कि मैं छीकू से डरता हूँ। लेकिन जब माँ ने मुझसे पूछताछ की तो मैं उससे झूठ नहीं बोल सका।

माँ को बहुत हैरानी हुई—'तुमने क्या सच में उसका सिर दीवार से टकराया?'

मैंने कहा, 'हाँ, मैंने ऐसा किया। और सिर्फ छीकू ही क्यों, जो भी चींटियों का घर तोड़ेगा, मैं उसके साथ ऐसा ही करूँगा।'

यह सुनकर माँ इतनी नाराज हुई कि उसने मुझे एक थप्पड़ जड़ दिया।

यह शनिवार था। पापा ऑफिस से जल्दी घर आ गए। जब माँ ने उन्हें सारा किस्सा बताया तो पापा ने मुझे मेरे कमरे में बंद कर दिया।

हालाँकि मेरे गाल पर थप्पड़ के निशान पड़ गए थे, फिर भी मुझे अपने लिए कोई खेद नहीं था। मुझे दुःख था तो उन चींटियों के प्रति। एक बार साहिबगंज में, दो रेलगाड़ियों की टक्कर में 300 लोग मारे गए थे। आज छीकू ने कुछ ही पल में इतनी सारी चींटियों को मार डाला।

यह बात मुझे बहुत खराब लगी, बहुत-बहुत खराब।

बिस्तर पर पड़े-पड़े मैं इस पूरी घटना का विचार कर रहा था कि अचानक मुझे कुछ सिहरन महसूस हुई और मैंने अपने ऊपर कंबल खींच लिया। और फिर मुझे नींद आ गई। कुछ समय पश्चात् एक अजीब शोर के कारण मेरी आँख खुली।

उच्च स्वर में एक बारीक व मधुर आवाज पूरे लय-ताल के साथ, एक गीत की तरह आस-पास कहीं गूँज रही थी।

वह आवाज सुनकर मेरे कान खड़े हो गए और मैं इधर-उधर देखने लगा। लेकिन कुछ जान नहीं पाया कि आवाज किधर से आ रही थी। हो सकता है, दूर कोई गा रहा हो। लेकिन इस प्रकार का गायन मैंने पहले कभी नहीं सुना था। देखो, कौन है यहाँ? मैं जो विचित्र आवाज सुन रहा था वह ड्रेनपाइप से आ रही थी।

इस बार मैं उसे ठीक से पहचान गया—यह वही चींटी थी, जिसे मैंने डूबने से बचाया था। वह सीधे मेरी ओर देख रही थी और सामने की अपनी दोनों टाँगें उठा कर और उनसे अपना सिर छूते हुए मुझे सलाम कर रही थी।

इस काले जीव को मैं क्या कहकर पुकारूँ? काली, कृष्णा? मुझे इसके बारे

में सोचना होगा। आखिरकार मित्र का कोई नाम तो होना चाहिए। मैं खिड़की की चौखट पर अपना हाथ रखता हूँ, हथेलियाँ ऊपर किए हुए। चींटी ने अपने सिर से दोनों पाँव नीचे किए और धीरे-धीरे चलकर मेरे हाथ की ओर आई। फिर वह मेरी छोटी उँगली पर चढ़ गई और मेरी हथेली की लकीरों के आर-पार घूमने लगी।

ठीक उसी समय दरवाजे पर हुई एक आवाज सुनकर मैं चौंक गया और वो चींटी मेरी हथेली से उतरकर ड्रेनपाइप में जाकर गायब हो गई।

वह मेरी माँ थी। माँ कमरे में आई और उसने मुझे एक गिलास दूध दिया। फिर उसने मेरा माथा छूकर देखा और कहा कि मुझे फिर बुखार हो गया है।

अगली सुबह डॉक्टर आया। माँ ने कहा, 'यह सारी रात बेचैन रहा है, और बार-बार 'काली' पुकारता रहा है।' माँ ने सोचा कि मैं शायद देवी काली की प्रार्थना कर रहा था, क्योंकि मैंने अपनी नई मित्र के विषय में माँ को नहीं बताया था।

डॉक्टर ने जब मेरी पीठ पर आला रखा, मुझे फिर वही गाना सुनाई दिया। गाने की ध्वनि कल के मुकाबले अधिक तेज थी और गाने की धुन अलग थी। यह खिड़की से आ रही प्रतीत होती थी। लेकिन डॉक्टर ने मुझे एकदम स्थिर रहने के लिए कहा था, इसलिए मैं उधर देखने लिए अपना सिर नहीं घुमा सका।

डॉक्टर जब जाँच पूरी कर चुका, तब मैंने खिड़की की तरफ नजर घुमाकर जल्दी से देखा। इस बार वहाँ एक बड़े वाला काला चींटा था और यह भी मुझे सलाम कर रहा था। इनका मतलब, क्या सारी चींटियाँ मेरी दोस्त बन गई हैं?

और, क्या यही वह चींटा था, जो गाना गा रहा था?

किंतु माँ ने किसी गाने के बारे में कुछ नहीं कहा। क्या इसका मतलब यह लगाया जाए कि माँ गाना नहीं सुन सकी?

मैं पूछने के लिए माँ की तरफ मुड़ा और उसे अपनी आँखों में गुस्सा लिये चींटी को घूरते हुए पाया। अगले ही क्षण उसने मेरी गणित की कॉपी मेज से उठाई, मेरे ऊपर झुकी और उस कॉपी के एक झपट्टे से चींटी को उसने मसल डाला बस, उसी क्षण गाना रुक गया।

'पूरे घर में चींटियाँ रेंग रही हैं!' माँ ने कहा, 'जरा सोचो, क्या होगा, अगर कोई चींटी रेंगते हुए तुम्हारे कान में घुस गई तो?'

मुझे एक इंजेक्शन देने के बाद डॉक्टर चला गया। मैंने मरी हुई चींटी को देखा। वह चींटा एक खूबसूरत गाना गाते हुए मारा गया। ठीक मेरे बड़े चाचा

इंद्रनाथ की तरह। वह शास्त्रीय संगीत परंपरा पर आधारित गाने गाया करते थे, जिसकी मुझे अधिक समझ नहीं थी। एक दिन वह तानपुरा बजा रहे थे और गा रहे थे और तभी अचानक उनकी मृत्यु हो गई। उन्हें जब अंतिम संस्कार हेतु ले जाया जा रहा था, उनकी शव-यात्रा के साथ-साथ एक कीर्तन-मंडली भी भजन गाते हुए चल रही थी। मैंने उसे देखा और वह दृश्य मुझे अभी तक याद है, हालाँकि तब मैं बहुत छोटा था।

और फिर एक विचित्र घटना घटी। इंजेक्शन के बाद मैं सो गया और मैंने सपने में देखा कि मेरे बड़े चाचा इंद्रनाथ की शव-यात्रा की भाँति एक दर्शन के लगभग चींटियाँ उस मृत चींटे को अपने कंधों पर उठाकर ले जा रही हैं तथा अन्य चींटियों की पूरी एक पंक्ति भजन-कीर्तन करते हुए पीछे पीछे चल रही है।

दोपहर में मेरी नींद खुली, जब माँ ने अपना ठंडा हाथ मेरे माथे पर रखा।

मैंने खिड़की पर निगाह डाली और पाया कि वह मृत चींटा अब वहाँ नहीं है।

इस बार मेरा बुखार कई दिनों तक चलता रहा। कोई आश्चर्य नहीं, क्योंकि घर में हर एक ने चींटियों को मारना शुरू कर दिया था। बुखार कैसे जा सकता है, जब आपको पूरे दिन चींटियों को चीख-पुकार सुननी पड़ती हो?

इसके अलावा एक और समस्या थी। जिस समय रसोई में चींटियों को मारा जा रहा था, उस दौरान चींटियों के झुंड-के-झुंड खिड़की की चौखट पर चढ़े चले आ रहे थे और मिलकर बुरी तरह रो रहे थे। मैं समझ सकता था, वे चाहते थे कि मैं या तो चींटियों की हत्या बंद कराने के लिए कुछ करूँ या फिर उन लोगों को दंड दूँ, जो यह अत्याचार कर रहे थे। लेकिन मैं बुखार में ग्रस्त होने के कारण कुछ नहीं कर सका। अगर मैं ठीक भी होता, तब भी एक छोटा लड़का बड़ों को कैसे रोक सकता था?

लेकिन एक दिन इसके बारे में कुछ करने के लिए मुझे बाध्य होना ही पड़ा।

मुझे ठीक से याद नहीं कि वह कौन सा दिन था, लेकिन मुझे इतना अवश्य याद है कि पौ फटते ही मेरी आँख खुल गई थी और मैंने माँ को कहते सुना था कि एक चींटी फटीक के कान में घुस गई और उसे काट लिया।

इस खबर से मुझे कुछ अचंभा हुआ था, लेकिन तभी मैंने फर्श पर जोर-जोर से झाड़ू मारने-पटकने की आवाज सुनी और मैं समझ गया कि वे चींटियाँ मार रहे हैं।

फिर एक बड़ी विचित्र घटना घटी। मैंने कुछ बारीक आवाजें सुनीं, जो

'मदद करो, कृपया मदद करो' की गुहार लगा रही थीं। मैंने खिड़की की चौखट की ओर देखा और पाया कि चींटी का एक बड़ा झुंड वहाँ जमा हो गया है और वे बदहवास होकर इधर-उधर दौड़ रही हैं।

उनकी चीख-पुकार सुनकर मैं अब चुप नहीं रह सका। मैं अपने बुखार को भूल गया, बिस्तर से उछला और तेजी से कमरे के बाहर चला गया। पहले तो मेरी समझ में नहीं आया कि मैं क्या करूँ, फिर मैंने फर्श पर मिट्टी का एक गमला पटक दिया, जो धड़ाक से टूट गया। तत्पश्चात् मैंने टूटनेवाली हर चीज को उठा-उठाकर पटकना और तोड़ना शुरू कर दिया। यह एक चतुराई भरी चाल थी, क्योंकि इससे चींटियों का मारा जाना एक दम रुक गया। लेकिन मेरी इस हरकत के कारण माता-पिता, मेरी चाची, मेरा चचेरा भाई सैबी—सभी लोग अपने-अपने कमरों से बाहर निकल आए। उन्होंने मुझे पकड़कर वापस मेरे बिस्तर पर लिटा दिया और मेरे कमरे को ताला लगा दिया।

मैं खूब हँसा और मुझे यह एहसास होता रहा कि मेरी खिड़की पर मौजूद चींटियाँ मुझे 'शुक्रिया कहते हुए फिर ड्रेनपाइप के अंदर वापस जा रही हैं।

इसके कुछ ही समय बाद मुझे घर छोड़ना पड़ा। एक दिन डॉक्टर आया उसने मेरे स्वास्थ्य की जाँच की और कह दिया कि उपचार के लिए मुझे अस्पताल में भरती कराना आवश्यक है।

पहले दिन मैं बहुत दुखी हुआ, क्योंकि कमरा इतना साफ था कि मैं समझ गया कि यहाँ कोई चींटियाँ नहीं होंगी। बिल्कुल नया कमरा होने के कारण कमरे की दीवारों में कोई दरार या छेद नहीं था। कोई अलमारी भी नहीं थी, ताकि चींटियाँ उसके नीचे या पीछे छिप सकें। लेकिन खिड़की के एकदम बाहर आम का एक पेड़ था और उसकी एक शाखा पहुँच के अंदर थी।

लेकिन पहले दिन मैं खिड़की के करीब नहीं जा सका। कैसे जा सकता था मुझे एक पल के लिए भी अकेला नहीं छोड़ा गया था। या तो नर्स मौजूद रहती थी या डॉक्टर या मेरे घर से आया कोई-न-कोई व्यक्ति हर समय कमरे में मेरे आस-पास रहता था। दूसरा दिन भी इतना ही बुरा था।

मैं इस कदर विक्षुब्ध था कि मैंने दवा की एक शीशी जमीन पर फेंक कर तोड़ दी। इस बात से डॉक्टर बहुत नाराज हो गया। वह एक अच्छा डॉक्टर नहीं था। कोई नया डॉक्टर था। उसकी बड़ी-बड़ी मूँछों और उसके मोटे चश्मे से मैंने यह अनुमान लगाया था।

तीसरे दिन, कुछ हो गया। तब मेरे कमरे में एक ही नर्स थी और वह कोई

किताब पढ़ रही थी। मैं अपने बिस्तर पर लेटा हुआ सोच रहा था कि मुझे क्या करना चाहिए। मैंने ठक की आवाज सुनी और देखा कि नर्स के हाथ से किताब छूटकर फर्श पर गिर पड़ी है। नर्स को नींद आ गई थी।

मैं बिस्तर से उठा और पंजों के बल चलकर खिड़की तक गया। मैंने खिड़की से बाहर लगभग लटकते हुए और अपने शरीर को यथासंभव आगे की ओर पसार कर आखिरकार आम-वृक्ष की उस डाल को पकड़ ही लिया और फिर उसे मैंने अपनी तरफ खींचने का प्रयास किया।

ऐसा करने से एक आवाज हुई, जिसके कारण नर्स जाग गई, और फिर शब्दों के बाण चलने लगे।

नर्स ने एक चीख मारी, दौड़ती हुई मेरी तरफ आई और फिर मुझे अपनी बाँहों में उसने कसकर पकड़ लिया तथा खींचकर मुझे मेरे पलंग तक ले गई और मुझे जोर से बिस्तर पर पटक दिया। तभी दूसरे लोग भी कमरे में चले आए और मैं कुछ नहीं कर सका।

डॉक्टर ने तुरंत मुझे एक इंजेक्शन लगा दिया। उनकी बातों से मैं समझ गया कि वे मेरे बारे में क्या कह रहे थे। उनका कहना था कि मैं खिड़की से कूदने की फिराक में था। बेवकूफ लोग! अगर मैं इतनी ऊँचाई से कूदा होता तो मेरी सारी हड्डियों का चूरमा बन जाता और मैं मर गया होता।

डॉक्टर के चले जाने के बाद मुझे नींद आने लगी। मुझे घर में मेरे पलंग के पास वाली खिड़की का खयाल आया और मुझे बहुत दुःख महसूस हुआ। कोई नहीं कह सकता था कि मैं दुबारा घर वापस कब आऊँगा।

मैं लगभग सोने ही लगा था कि तभी मैंने एक पतली आवाज सुनी, जो कह रही थी, 'सिपाही आपकी सेवा में हाजिर है सर! सिपाही आपकी सेवा में!'

मैंने अपनी आँखें खोलीं और दो बड़े चींटों को पलंग के साथ लगी मेज पर रखी दवा की शीशी के पास अपना सीना खोलकर खड़े हुए पाया।

वे आम के पेड़ की उस शाखा से मेरे हाथ पर चढ़ गए होंगे ओर मुझे पता नहीं चला होगा।

मैंने कहा, 'सिपाहियो!'

उधर से जवाब आया, 'जी सर, आपकी सेवा में।'

'आपका नाम क्या है?' मैंने पूछा।

एक ने कहा, 'लाल बहादुर सिंह।' और दूसरे ने बताया, 'लाल चंद पांडे।'

मैं बहुत खुश हुआ। लेकिन मैंने उन्हें सावधान कर दिया कि जैसे ही कमरे

में लोग आएँ, उन्हें छिप जाना होगा, वरना लोग उन्हें मार देंगे। लालचंद और लाल बहादुर ने मुझे सलाम किया और कहा, 'बहुत अच्छा, सर।' फिर उन दोनों ने मुझे एक खूबसूरत गाना सुनाया। उनके मधुर गान को सुनते-सुनते मुझे गहरी नींद आ गई।

मैं आपको अभी बता दूँ कि कल क्या हुआ था, क्योंकि अब पाँच बजने जा रहे हैं और डॉक्टर आता ही होगा। दोपहर में मैंने लाल चंद और लाल बहादुर को टेबल पर कुश्ती करते हुए देखा, जब मैं पलंग पर लेटे हुए आराम कर रहा था। मुझे सो जाना चाहिए था; लेकिन दवा की गोली और इंजेक्शन का कोई असर नहीं हुआ। या सच कहूँ तो मैंने जानबूझकर सोना नहीं चाहा और जागता रहा। अगर मैं दोपहर के समय सो जाता तो अपने नए दोस्तों के साथ खेलने का समय कब मिलता?

मैंने एक इशारा किया और लाल बहादुर को फौरन भेज के नीचे जाकर कहीं गायब हो गया। लेकिन लाल चंद को पीठ के बल पछाड़ दिया गया था और वह तेजी से हवा में अपने पाँव मार रहा था, ताकि किसी तरह सीधा हो जाए और भाग सके। बस, तभी वह भयानक घटना घट गई।

डॉक्टर कमरे में आया। उसने चींटे को देखा और अंग्रेजी में कुछ कड़वे बोल निकालते हुए उसने अपने हाथ से चींटे को मेज से झाड़ दिया।

लाल चंद की चीख से मैं बता सकता था कि उसे भारी चोट लगी है; लेकिन मैं कर भी क्या सकता था? जब तक डॉक्टर ने मेरी नब्ज जाँचने के लिए आकर मेरी कलाई पकड़ी, मैंने उठने का प्रयत्न किया। लेकिन नर्स ने मुझे बलपूर्वक लिटा दिया, उठने नहीं दिया।

जाँच करने के बाद डॉक्टर ने हमेशा की तरह चिड़चिड़ा मुँह बनाया और अपनी मूँछ के किनारे को खरोंचा। वह जैसे ही दरवाजे की ओर मुड़ा, उसका चेहरा यकायक तन गया। वह उछल पड़ा और उसके मुँह से 'हाय' निकल गई।

बस, फिर तो कोहराम मच गया। स्टेथेस्कोप उसके हाथ से छूटकर दूर जा गिरा। उसका चश्मा उसकी नाक से फिसलकर फर्श पर जा गिरा और चूर-चूर हो गया। जल्दी से जाकेट उतारने के चक्कर में उसकी जाकेट का एक बटन टूट गया, उसकी टाई गरदन पर कस गई, जिसे निकालने के लिए उसे बड़ी मशक्कत करनी पड़ी और उसका दम घुटने लगा था। उसने झट से कमीज उतारकर फेंकी। कमीज के नीचे पहनी हुई बनियान में छेद था, जो सबने देखा। यह सब करते हुए वह इधर-उधर कूद रहा था और बराबर चीख रहा था। मैं अवाक् था।

नर्स बोली, 'क्या बात है, सर?'

डॉक्टर की कूद-फाँद और चीख-पुकार जारी रही, 'चींटा! लाल चींटा! मेरी बाँह पर चढ़ गया। ओह!'

अच्छा, अच्छा, अच्छा! मैं जानता था कि यह होगा और यही होना भी चाहिए तुम्हारे साथ। लाल बहादुर ने अपने मित्र की ओर से बदला ले लिया था।

अगर वे अब मुझे देखते तो जान जाते कि सदानंद किस सीमा तक प्रसन्न हो सकता है।

□

शिबू और राक्षस

'हे शिबू! इधर आ।'

शिबू जब स्कूल जा रहा होता तो फटिक दा उर्फ लूनी फटिक रास्ते में अकसर उसे इसी तरह आवाज लगाते।

वह मुख्य चौराहे से हटकर, जहाँ पुराना जंग खाया स्टीमरोलर पिछले दस वर्ष से पड़ा हुआ था, टीन की छतवाले एक छोटे से घर में रहते थे। फटिक-दा सारा दिन न जाने कितने तरह के छोटे-मोटे काम करते रहते। शिबू को केवल इतना पता था कि वह बहुत गरीब हैं और, जैसा कि लोगों का कहना है, वह इस कारण पागल हो गए, क्योंकि जब वह एक विद्यार्थी थे, उस समय उन्होंने कड़ी मेहनत की थी। तयारी, फरिकंदा की कुछ बातें शिबू को यह सोचने पर विवश कर देती थीं कि उनकी जैसी समझ बहुत कम लोगों में होती है।

लेकिन यह बात भी वास्तव में सच थी कि उनका कहा अधिकतर बहुत पागलपन लगता था।

'मैं कहता हूँ, क्या तुमने पिछली रात चाँद को देखा?'

'चाँद का बायाँ पक्ष कुछ अधिक बढ़ा हुआ दिखता था, मानो उसका कोई सींग निकल आया हो।' या 'लगता है, सारे कौओं को जुकाम हो गया है। क्या तुमने सुना नहीं, वे किस अजीब ढंग से काँव-काँव कर रहे हैं!'

शिबू को बहुत हँसी आती थी, जब फटिक-दा इस तरह की बात करते। लेकिन कभी-कभी उसे खीझ होने लगती थी। अनर्थक और असंगत बातों में लगे रहना समय की बरबादी थी। इसलिए वह आवाज लगाने पर भी हमेशा रुकता नहीं था। 'आज नहीं फटिक-दा, मैं कल आऊँगा।' कहकर वह स्कूल की तरफ चल देता।

आज वह रुकना नहीं चाहता था, लेकिन फटिक दा की पुकार में आज कुछ अधिक ही आग्रह था।

'मैं जो कहना चाहता हूँ, अगर तुमने नहीं सुना तो तुम्हारा ही नुकसान होगा।'

शिबू ने सुना था कि सामान्य लोगों के विपरीत पागल लोगों की भविष्यवाणी कभी-कभी बिल्कुल सही साबित होती है। वह अवश्य ही किसी मुसीबत में पड़ना नहीं चाहता था। अतः तनिक घबराहट महसूस करते हुए वह फटिक दा के घर की ओर चल पड़ा।

फटिक दा एक हुक्के में नारियल पानी उड़ेल रहे थे।

'क्या तूने जनार्दन बाबू को ध्यान से देखा है?' फटिक दा ने कहा।

जनार्दन बाबू शिबू के स्कूल में आए गणित के नए अध्यापक का नाम था। वह दस दिन पहले ही आए थे।

'मैं आज उनके दर्शन करूँगा।' शिबू ने कहा, 'क्योंकि आज मेरा पहला पीरियड ही गणित का है!'

फटिक दा ने खीझ में अपनी जीभ से 'टक्-टक्' की, फिर वह बोले, 'देखना और गौर करना दो अलग बातें हैं। क्या तुम इसका मतलब समझते हो? देखो, क्या तुम मुझे बता सकते हो कि तुम्हारी बेल्ट में छोटे-छोटे कितने छेद हैं? और तुम्हारी कमीज पर कितने बटन हैं? बिना देखे मुझे बताने का प्रयास करो।'

शिबू से सही उत्तर देते नहीं बना।

फटिक दा ने कहा, 'सुनो, मेरा क्या अभिप्राय है? तुमने सच में इन चीजों पर कभी गौर नहीं किया है; हालाँकि जो कमीज और बेल्ट तुमने पहनी हुई है, वे तुम्हारी अपनी हैं। इसी प्रकार तुमने कभी जनार्दन बाबू को ध्यान से नहीं देखा है।'

'मुझे किस बात पर गौर करना चाहिए था? कोई विशेष बात?'

फटिक दा अपना हुक्का गुड़गुड़ाने लगे।

'हाँ, मान लो, उनके दाँत। क्या तुमने उनके दाँत ध्यान से देखे हैं?'

'दाँत?'

'हाँ, दाँत।'

'मैं उन्हें कैसे देख सकता हूँ? वह कभी हँसते नहीं हैं।'

यह बात सच भी। जनार्दन बाबू वस्तुतः झगड़ालू अथवा चिड़चिड़े नहीं थे, लेकिन कोई दूसरा अध्यापक उनके जैसा गंभीर और निराशाजनक नहीं था।

फटिक दा ने कहा, 'ठीक है। अगर वह हँसे तो उसके दाँतों को ध्यान से देखना और मुझे बताना कि तुमने क्या देखा है।'

उस दिन एक विचित्र बात हो गई। शिबू की कक्षा में जनार्दन बाबू को हँसी

आ गई। यह तब हुआ, जब कुछ ज्यामितीय आकारों के संदर्भ में जनार्दन ,बाबू ने पूछा कि चार भुजाएँ किसकी होती हैं।

'देवों की, सर।' शंकर चिल्लाया, 'स्वर्ग में देवों की चार भुजाएँ होती हैं।'

यह उत्तर सुनकर जनार्दन बाबू मुँह खोलकर, हो-हो करते हुए जोर-जोर से हँसने लगे।

शिबू की आँखें सीधे उनके दाँतों पर गईं।

फटिक दा पत्थर के एक भारी बट्‌टे से कुछ पीस रहे थे, जब शिबू शाम के समय उनके घर पहुँचा। उन्होंने शिबू को देखकर कहा, 'यह जो दवा मैं बना रहा हूँ, अगर इसका अपेक्षित प्रभाव होता है तो मैं एक की तरह रंग बदलने के काबिल हो जाऊँगा।'

शिबू बोला, 'फटिक-दा, मैंने उन्हें देख लिया है।'

'क्या?'

'दाँत।'

'ओह, तो कैसे दिखते हैं दाँत?'

'ठीक थे, सिवाय इसके कि पान खाने के कारण उनका रंग कत्थई हो गया है और दो दाँत बाकी दाँतों से अधिक लंबे हैं।'

'कौन से दो?'

'बगलवाले, इस तरफ को।' शिबू ने अपने मुँह की बगलों की ओर इशारा करके बताया।

'मैं समझा। तुम्हें पता है, इन दाँतों को क्या कहते हैं।'

'क्या?'

'कैनाइन दाँत। जैसे कुत्तों के होते हैं।'

'ओह!'

'क्या तुमने किसी दूसरे आदमी के ऐसे लंबे दाँत देखे हैं?'

'शायद नहीं।'

'ऐसे दाँत किसके होते हैं?'

'कुत्तों के।'

'मूर्ख! सिर्फ कुत्ते ही क्यों? सभी मांसाहारी पशुओं के लंबे पैने दाँत होते हैं जिनका इस्तेमाल वे अपने शिकार का मांस और हड्डियाँ फाड़कर खाने के लिए करते हैं, विशेषकर जंगली जानवर।'

'मैं समझ गया।'

'और कौन ऐसे दाँत रखता है?'

शिबू ने अपना दिमाग झिंझोड़ना शुरू कर दिया। और कौन? मनुष्यों और जानवरों के अलावा किसके दाँत होते हैं?

फटिक दा जो मिश्रण बना रहे थे, उसमें अखरोट तथा चुटकी भर मिरच डालते हुए उन्होंने कहा, 'तुम नहीं जानते, जानते हो क्या? क्यों, राक्षसों के ऐसे दाँत होते हैं!'

राक्षस? राक्षसों और जनार्दन बाबू का क्या संबंध? और आज राक्षसों की चर्चा किसलिए? वे तो केवल परी-कथाओं में होते थे। उनकी बड़ी-बड़ी टाँगें होती थीं, मजबूत दाँत होते थे और उनकी पीठ झुकी हुई होती थी।

शिबू चौंक उठा।

जनार्दन बाबू की पीठ निश्चित रूप से सीधी नहीं थी।

वह झुककर चलते थे। किसी ने इसका कारण यह बताया था कि उनको कमर का गठिया है (कटिवेदना रहती हैं)।

बड़े-बड़े दाँत, झुकी हुई पीठ···और क्या-क्या विकृतियाँ होती हैं राक्षसों में?

लाल-लाल आँखें।

शिबू को जनार्दन बाबू की आँखों को ध्यान से देखने का अवसर नहीं मिला था, क्योंकि वह हमेशा काला चश्मा पहने रहते थे। यह बताना असंभव था कि चश्मे के पीछे उनकी आँखें लाल या बैंगनी या हरी थीं।

शिबू गणित में अच्छा था। एल.सी.एम, एच.सी.एफ., बीजगणित, अंकगणित—वह सब हल कर लेता था। कम-से-कम कुछ दिन पहले तक तो लिया करता था। अपने पुराने गणित अध्यापक प्यारीचरन बाबू के समय में शिबू को अकसर पूरे अंक मिला करते थे। लेकिन अब उसे कठिनाई होने लगी थी, हालाँकि वह स्वयं को हमेशा यह कहकर ढाढस दिलाता रहता था कि 'ऐसा नहीं हो सकता, कोई आदमी एक राक्षस नहीं हो सकता। इस आधुनिक दौर में तो बिल्कुल नहीं। जनार्दन बाबू कोई राक्षस नहीं हैं। वह एक इनसान हैं।

वह कक्षा में चुपचाप इन शब्दों को दोहरा रहा था, तभी एक भयंकर घटना घट गई।

जनार्दन बाबू ब्लैकबोर्ड पर कुछ लिख रहे थे। अचानक वह पलटे। उन्होंने अपना चश्मा उतारा और जो सूती शॉल वह पहने हुए थे, उसके एक कोने से वह अपने चश्मे का शीशा अन्यमनस्कतापूर्वक साफ करने लगे। कुछ समय बाद उन्होंने

अपनी दृष्टि उठाई और सीधे शिबू की आँखों में देखा। शिबू डर के मारे सर्द हो गया। जनार्दन बाबू की आँखों का सफेदी वाला भाग बिल्कुल भी सफेद नहीं था। दोनों आँखें लाल थीं, टमाटर की तरह लाल। इसके बाद शिबू के कई सवाल गलत हो गए।

शिबू स्कूल के बाद विरले ही सीधा घर जाता था। वह पहले मित्तरों के मैदान में जाता और लाजवंती के पौधों से छेड़खानी करता। एक-एक पौधे को सो जाने के लिए कोमलता से सहलाने के बाद वह सरलदीघी की ओर चला जाता, जो एक बड़ा, गहरा तालाब था। तालाब पर पहुँचकर वह मिट्टी के बरतनों के टूटे टुकड़ों को लेकर बतखों एवं नर-बतखों के साथ खेलने की कोशिश करता। अगर वह किसी टुकड़े को पानी पर सात बार कूदाने में सफल हुआ तो वह हरेन द्वारा बनाया गया रिकॉर्ड तोड़ देगा। सरलदीघी के दूसरी तरफ ईंटों का भट्ठा था। हजारों ईंटों के ढेर लगे हुए थे। शिबू वहाँ आमतौर पर दस मिनट बिताता था, कसरत वगैरह करता था और फिर तिरछा रास्ता पकड़कर अपने घर चला जाता।

आज छुई-मुई के पौधे बेजान लग रहे थे। क्यों? क्या कोई व्यक्ति चलता हुआ इधर आया था और उन पर पाँव रखता हुआ चला गया था? लेकिन वह कौन हो सकता था? इधर बहुत लोग नहीं आते।

शिबू ने वहाँ अब और रुकना नहीं चाहा। हवा में कुछ अजीब बात थी। एक प्रकार का पूर्वाभास। जल्दी अँधेरा होने का अँदेशा था। और क्या कौए हमेशा इतना शोर मचाते हैं—या आज किसी चीज ने उन्हें भयभीत कर दिया था?

शिबू सरलदीघी की तरफ चल दिया। लेकिन जैसे ही उसने अपनी किताबें तालाब के पास नीचे रखीं, वहाँ रुकने के बारे में उसका मन बदल गया। आज बतखों के साथ खेलने का दिन नहीं था। असल में आज बाहर रहने का ही दिन नहीं था। उसे जल्दी घर चले जाना चाहिए , अन्यथा कुछ भयंकर घटना हो सकती है।

एक विशाल मछली ने अपना सिर पानी से बाहर निकाला और फिर एक जबरदस्त छपाक् के साथ तालाब में गायब हो गई।

शिबू ने अपनी किताबें उठाईं। थोड़ी दूर खड़े पीपल वृक्ष के नीचे घना अँधेरा था। उसने पेड़ से लटके चमगादड़ देखे। थोड़ी देर के बाद उनके उड़ने का समय हो जाएगा। फटिक दा ने एक बार कहा था कि वह उसे बताएँगे कि चमगादड़ उलटे लटके रहते हैं, फिर भी चमगादड़ों के मस्तिष्क में रक्तस्राव (हर रोज) क्यों नहीं होता है।

शिबू उनके घर की तरफ चल दिया।

उसने ईंटों के भट्ठे के पास जनार्दन बाबू को देखा।

ईंट के भट्ठे से करीब 20 गज के फासले पर शहतूत का एक पेड़ था। कुछ मेमने उस पेड़ के आस-पास खेल रहे थे और जनार्दन बाबू उत्सुकता से उन्हें देख रहे थे। उनके पास एक किताब थी और छाता भी उनके हाथ में था। शिबू अपनी साँस रोककर ईंटों के एक ढेर के पीछे छिप गया। उसने ऊपर की दो ईंटें हटा दीं और बीच में खाली जगह से बाहर ताकने लगा।

उसने जनार्दन बाबू को अपना हाथ उठाते और हाथ के पीछे से अपना मुँह साफ करते हुए देखा।

जाहिर है, मेमनों को देखकर जनार्दन बाबू की लार टपकने लगी थी, अन्यथा उन्होंने ऐसा हाव-भाव नहीं दिखलाया होता।

फिर अकस्मात्, जनार्दन बाबू ने किताब छोड़ दी, छाता भी नीचे रख दिया और नीचे दुबककर एक मेमने को पकड़ लिया। शिबू उस मेमने का जोर-जोर से मिमियाना सुन सकता था। उसने जनार्दन बाबू की खिलखिलाहट भी सुनी। अब उससे सहन नहीं हो रहा था।

शिबू चुपचाप वहाँ से निकल जाना चाहता था, लेकिन ईंटों के अगले ढेर को पार करने की जल्दी में वह सीधा जमीन पर जा गिरा।

'कौन है वहाँ?'

शिबू किसी तरह खुद को सँभालने लगा था कि तभी उसने देखा कि जनार्दन बाबू ने मेमने को घास पर छोड़ दिया और उसकी तरफ दौड़े चले आ रहे हैं।

'कौन है यह? शिवराम? क्या तुम्हें चोट लगी है? तुम यहाँ क्या कर रहे हो?

शिबू की बोली नहीं निकली। उसका मुँह सूख गया था। लेकिन वह भी जनार्दन से अवश्य पूछना चाहता था कि वह क्या कर रहे हैं यहाँ? उन्होंने मेमने को बाँहों में क्यों उठाया? उनकी लार क्यों टपक रही थी?'

जनार्दन बाबू ने एक हाथ बढ़ाया, 'लो, हाथ पकड़ो, मैं उठाता हूँ तुम्हें।'

लेकिन शिबू किसी मदद के बिना ही उठ खड़ा हुआ।

'तुम क्या निकट ही रहते हो?'

'हाँ, सर।'

'क्या वह लाल रंग का मकान तुम्हारा है?'

'हाँ, सर।'

'मैं समझा।'

'मुझे जाने दें, सर।'

'अरे, यह क्या, खून?'

शिबू ने अपनी टाँगों को देखा। उसके घुटने पर खरोंच आ गई थी और उस पाँव से दो-चार बूँद खून टपक पड़ा था।

जनार्दन बाबू की नजर खून पर थी। उनका चश्मा झिलमिला रहा था।

'मुझे जाने दें, सर।' शिबू ने अपनी किताबें उठाईं।

'सुनो, शिवराम।'

जनार्दन बाबू ने शिबू की पीठ पर एक हाथ रखा। शिबू के दिल की धड़कन तेज हो गई।

'मुझे खुशी है, तुम मुझे अकेले में मिल गए। मैं तुमसे कुछ पूछना चाहता था। क्या तुम्हें गणित के सवाल समझने में कुछ कठिनाई हो रही है? वे सारे आसान-आसान सवाल तुमसे गलत कैसे हो गए? अगर तुम्हें कोई मुश्किल है तो तुम स्कूल के बाद मेरे घर आ सकते हो। मैं तुम्हें विशेष कोचिंग दूँगा। गणित में पूरे अंक प्राप्त करना बहुत आसान है। क्या तुम आओगे?'

शिबू को अपनी पीठ से जनार्दन बाबू का हाथ हटाने के लिए एक कदम पीछे हटना पड़ा।

'नहीं सर!' उसने थूक निगला, 'मैं खुद सँभाल दूँगा। मैं कल तक बिल्कुल ठीक हो जाऊँगा।'

'ओके। लेकिन यदि कोई समस्या हो तो मुझे बताना जरूर। और मुझसे डरना मत। वैसे डरने की बात भी क्या है? क्या तुम समझते हो कि मैं कोई राक्षस हूँ, जो तुम्हें जिंदा खा जाएगा? हा हा हा!'

शिबू दौड़ लगाते हुए घर पहुँचा। उसने हिरेन अंकल को ड्राइंग रूम में बैठे पाया। हिरेन अंकल कलकत्ता में रहते थे और उन्हें मछली मारने का बहुत शौक था। वह सप्ताहांत में अकसर यहाँ आ जाते और शिबू के पिता के साथ मछली का शिकार करने सरलदीघी जाते थे।

शायद वे आज फिर जाएँगे, क्योंकि उसने देखा कि जाने की जरूरी तैयारियाँ हो चुकी हैं। लेकिन हिरेन अंकल एक बंदूक भी लेकर आए हुए थे। बतखों को मारने की कुछ बात थी। शिबू के पिता बंदूक सँभाल सकते थे; हालाँकि उनका निशाना उतना अच्छा नहीं था जितना हिरेन अंकल का था।

शिबू रात का खाना खाने के बाद सीधा सोने चला गया। अब उसके मन में

कोई संशय नहीं रह गया था कि जनार्दन बाबू एक राक्षस हैं। फटिक दा का शुक्रिया उन्होंने पहले ही सावधान कर दिया था। अगर उन्होंने खबरदार न किया होता तो कौन जाने, ईंटों के भट्ठे पर आज क्या हो जाता? शिबू सिहर गया और खिड़की के बाहर देखने लगा।

चाँदनी में हर चीज चमक उठी। वह जल्दी सोने चला गया था, क्योंकि उसे अगली सुबह जल्दी उठकर अपनी परीक्षाओं के लिए पढ़ाई करनी थी। सामान्यत:, बत्ती जली रहने पर उसे नींद नहीं आती थी। लेकिन आज चाँदनी अगर इतनी अच्छी नहीं होती तो उसने बत्ती जली छोड़ दी होती। आज उसे अँधेरे में अकेले सोने में डर लग रहा था। घर के दूसरे लोगों ने अभी तक भोजन समाप्त नहीं किया था।

अर्धनिद्रित, शिबू अभी तक खिड़की के बाहर देख रहा था, उसी समय एक आदमी को देखकर डर से उसके रोंगटे खड़े हो गए।

वह आदमी सीधे खिड़की की तरफ चला आ रहा था। वह कुछ-कुछ झुका हुआ था और उसने चश्मा पहन रखा था।

जनार्दन बाबू!

शिबू ने महसूस किया कि उसका गला फिर सूखने लगा है।

जनार्दन बाबू पंजों के बल चलकर खुली खिड़की की तरफ आए, शिबू ने अपना तकिया कसकर पकड़ लिया।

जनार्दन बाबू ने तनिक इधर-उधर देखा और फिर कुछ झिझकते हुए एक अजीब नुकीले स्वर में कहा, 'शिवराम, क्या तुम यहाँ हो?'

हे भगवान्! आवाज भी अलग है। क्या उनके अंदर का राक्षस रात में इतने खुले रूप से बाहर निकल आया?

उन्होंने पुकारा, 'शिवराम!'

इस बार शिबू की माँ ने बरामदे से उसकी आवाज सुनी और चिल्लाई, 'शिबू, बाहर तुम्हें कोई पुकार रहा है। क्या तुम सो रहे हो?'

जनार्दन बाबू खिड़की से गायब हो गए। एक मिनट बाद शिबू ने दोबारा उनकी आवाज सुनी, 'शिवराम ने अपनी ज्यामिती अर्थात् रेखागणित की किताब ईंटों में छोड़ दी थी। चूँकि कल रविवार है, मैंने सोचा, मैं अभी जाकर दे आता हूँ। उसे जरूरत हो सकती है'

फिर उन्होंने अपनी आवाज धीमी कर दी और शिबू को उनकी बात सुनाई नहीं दी। लेकिन कुछ समय बाद उसने अपने पिता को यह कहते सुना, 'ठीक है,

यदि आप ऐसा कहते हैं तो मैं उसे आपके घर भेज दूँगा। जी हाँ, कल से।'

शिबू एक शब्द भी नहीं बोला, किंतु वह अंदर-ही-अंदर चीखता रहा, 'नहीं, नहीं, नहीं! मैं नहीं जाऊँगा, मैं नहीं जाऊँगा। वह राक्षस है। अगर मैं उसके घर गया तो वह मुझे निगल जाएगा।

अगली सुबह शिबू सीधा फटिक दा के घर गया। उसके पास बहुत कुछ बताने के लिए गया था।

फटिक दा उससे बड़े प्यार से मिले। 'स्वागत! क्या तुम्हारे घर के पास कोई कैक्टस, नागफनी का पौधा तो नहीं है? अगर है तो क्या तुम उस पौधे के कुछ टुकड़े तोड़कर मेरे लिए ला सकते हो? मैंने एक नया नुस्खा बनाने के बारे में सोचा है।'

शिबू धीरे से बोला, 'फटिक दा!'

'क्या?'

'आपने मुझे बताया था कि जनार्दन बाबू एक राक्षस हैं!?'

'यह किसने कहा?'

'क्यों, आपने कहा!'

'निस्संदेह नहीं। या फिर तुमने मेरे शब्दों पर ध्यान नहीं दिया।'

'कैसे?'

'मैंने कहा था कि जनार्दन बाबू के दाँतों को ध्यान से देखना। फिर तुमने वापस आकर बताया कि उनके दाँत बड़े-बड़े और पैने हैं, जैसे कुत्तों के होते हैं। इसलिए मैंने कहा, मैंने सुना है कि राक्षसों के दाँत ऐसे होते हैं। उसका मतलब यह नहीं है कि जनार्दन बाबू एक राक्षस हैं।'

'क्या वह राक्षस नहीं हैं?'

'मैंने नहीं कहा कि वह राक्षस हैं।'

'तो अब मैं क्या करूँ?'

फटिक दा खड़े हो गए। उन्होंने अपना बदन झटका और जंभाई ली। फिर वह बोले, 'कल तुम्हारे अंकल को देखा। क्या वह मछली पकड़ने आए हैं? एक बार एक स्कॉटलैंड निवासी मि. मैकार्थी ने फिशिंग रॉड के एक बाघ को मार डाला था। क्या तुमने यह किस्सा सुना है?'

शिबू बेचैन होने लगा, 'फटिक दा, बेकार की बातें छोड़ो।'

'जनार्दन बाबू वास्तव में एक राक्षस हैं। मैं अच्छी तरह जानता हूँ। मैंने ऐसा बहुत कुछ देखा और सुना है।'

फिर उसने फटिक दा को पिछले दो दिनों में घटी घटनाओं का सविस्तृत वर्णन दिया। फटिक दा सारा किस्सा सुनकर गंभीर हो गए। अंत में उन्होंने कहा, 'हम्म्,' तो तुमने क्या करने का फैसला किया है?

'आप बताएँ, मुझे क्या करना चाहिए? आपको बहुत ज्ञान है।' फटिक दा गहरे सोच में डूब गए।

'हमारे घर में एक बंदूक है,' शिबू के मुँह से अचानक निकला।

इससे फटिक दा नाराज हो गए।

'मूर्ख मत बनो। तुम किसी राक्षस को बंदूक से नहीं मार करते। बंदूक से निकली गोली उलटकर बंदूक चलानेवाले को ही लग जाएगी।'

'सच में?'

'हाँ, माई डियर बॉय।'

'तो फिर मैं क्या करूँ?' शिबू ने दोबारा पूछा, 'क्या होने जा रहा है' फटिक दा? मेरे पिता चाहते हैं कि मैं आज से ही जाना शुरू कर दूँ!'

'अरे, चुप भी करो। तुम बहुत बोलते हो।'

दो मिनट की खामोशी के बाद फटिक दा ने अकस्मात् कहा, 'जाना ही होगा।'

'कहाँ?'

'जनार्दन बाबू के घर।'

'क्या?'

'मुझे उनकी जन्म-पत्री देखनी पड़ेगी। मैं अभी निश्चित रूप से कुछ नहीं कह सकता। परंतु उनकी जन्मपत्री से मुझे अवश्य ही कुछ पता चल सकता है। और मैं दावे के साथ कह सकता हूँ कि उन्होंने जन्म-पत्री अपने घर में कहीं छिपा दी है।'

'लेकिन...'

'रुको एक मिनट। पहले योजना सुन लो। कल दोपहर में हम दोनों जाएँगे। आज रविवार है, इसलिए वह आज घर पर होंगे। तुम उनके घर के पिछवाड़े जाओगे और उनको आवाज दोगे। उनको कहना कि तुम उनसे गणित सीखने आए हो। फिर उन्हें कुछ देर बातों में लगाए रखना; जो भी चाहो, कहते रहना, लेकिन उन्हें घर के अंदर मत जाने देना। इस बीच मैं उनकी जन्म-पत्री खोजने की चेष्टा करूँगा। और फिर तुम एक तरफ भाग जाना और मैं दूसरी तरफ चला जाऊँगा।'

'और इसके बाद?' शिबू ने पूछा। उसे यह योजना अधिक पसंद नहीं आई

लेकिन फटिक दा पर ही उसकी सारी उम्मीद टिकी थी।

'फिर तुम शाम को मेरे घर आओगे। तब तक मैंने उनकी जन्म-कुंडली देख ली होगी। अगर वह वास्तव में एक राक्षस है तो मैं जानता हूँ कि हमें क्या करना होगा। और अगर वह राक्षस नहीं निकला तो चिंता की कोई बात ही नहीं है। है क्या?'

लंच के कुछ समय बाद ही शिबू फटिक दा के घर पहुँच गया। फटिक-दा पाँच मिनट बाद बाहर आए और बोले, 'मेरी बिल्ली ने सूँघ लेना शुरू कर दिया है। हर तरफ समस्याएँ-ही-समस्याएँ हैं।'

शिबू ने ध्यान दिया कि फटिक दा के हाथों में एक जोड़ा चमड़े के दस्ताने हैं और एक साइकिल की घंटी है। उन्होंने वह घंटी शिबू को देते हुए कहा, 'अगर तुम्हें खतरा महसूस हो, तो यह घंटी बजा देना। मैं आकर तुम्हें बचा लूँगा।'

जनार्दन बाबू शहर के आखिरी छोर पर रहते थे। वह बिल्कुल अकेले रहते थे, कोई नौकर भी नहीं था उनके पास। बाहर से यह बताना असंभव था कि वहाँ कोई राक्षस रहता है।

शिबू और फटिक ने उस घर के लिए अलग-अलग रास्ता पकड़ा। जैसे ही उसने घर के पीछे का रास्ता खोजना शुरू किया, शिबू का गला फिर सूखने लगा। वह सोच में पड़ गया कि जनार्दन बाबू को आवाज लगाने के समय अगर उसकी आवाज उसे धोखा दे गई तो क्या होगा?

घर के पीछे एक ऊँची दीवार थी, दीवार के बीच में एक दरवाजा था और दरवाजे के पास अमरूद का एक पेड़ था। उस पेड़ के चारों तरफ कई जंगली पौधे और घास-पात उग आए थे।

शिबू धीरे-धीरे आगे बढ़ा। उसे जल्दी करनी चाहिए, वरना सारा खेल गड़बड़ा जाएगा।

थोड़ा नैतिक बल प्राप्त करने के लिए उसने अमरूद के पेड़ का सहारा लिया और जब उसने जनार्दन बाबू को पुकारने का इरादा किया, उसी समय वह अपने पैरों के समीप कोई चीज सरकने की आवाज से चौंक गया। उसने नीचे देखा तो पाया कि एक गिरगिट जा रहा है, जो जल्दी से एक झाड़ी के पीछे जाकर छिप गया। झाड़ी के पास कुछ सफेद सी चीजें पड़ी हुई थीं। उसने गिरी हुई एक टहनी उठाई और झाड़ी को इधर-उधर करके निकट से देखने का प्रयत्न किया। अरे नहीं, सफेद-सफेद दिखने वाली चीज हड्डियाँ थीं। लेकिन वे किसकी हड्डियाँ थीं?

कुत्तों की? बिल्लियों की? या मेमनों की?

'तुम क्या देख रहे हो, शिवराम?'

वही नकियानेवाली आवाज।

शिबू के बदन में सिहरन दौड़ गई। वह जल्दी से मुड़ा और जनार्दन बाबू को अपने पिछले दरवाजे पर खड़ा पाया, जो आँखों में विचित्र दृष्टि से उसे देख रहे थे।

'क्या तुम्हारी कोई चीज खो गई है?'

'नहीं सर, मैं···मैं···'

'क्या तुम मेरे पास आ रहे थे? तुम पीछे के दरवाजे पर क्यों चले आए? ठीक है, अंदर आओ।'

शिबू ने अपने कदम पीछे हटाने की कोशिश की, लेकिन देखा कि उसका एक पाँव बेल में फँस गया है।

'मुझे जुकाम हो गया लगता है।' जनार्दन बाबू ने कहा, 'कब से ऐसा ही चल रहा है। मैं तुम्हारे घर गया था। तुम सो रहे थे।'

शिबू समझ गया कि उसे जल्दी से दौड़ जाना चाहिए। फटिक दा का काम अभी पूरा नहीं हुआ होगा। वह पकड़े जा सकते हैं। क्या उसे घंटी बजानी चाहिए?

नहीं, उन्हें कोई खतरा नहीं है। है क्या? अगर वह बेकार में घंटी बजा दे तो फटिक दा नाराज हो सकते हैं।

'तुम इतनी उत्सुकता से क्या देख रहे थे?'

शिबू को कोई उचित उत्तर नहीं सूझा। जनार्दन बाबू आगे चले आए।

'यह जगह बहुत गंदी है। अब इधर से कभी मत आना। मेरा कुत्ता न जाने कहाँ से हड्डियाँ उठा लाता है और उन्हें यहाँ छोड़ देता है। मैंने कई बार उसे डपटना चाहा, लेकिन मैं ऐसा नहीं कर सकता। मुझे जानवरों से बहुत प्यार है, समझे।'

उन्होंने अपने हाथ के पीछे की ओर से फिर अपना मुँह पौंछा।

'चलो, अंदर आओ, शिवराम। तुम्हारे गणित के लिए हमें कुछ करना चाहिए।'

शिबू अब और प्रतीक्षा नहीं कर सका। 'आज नहीं, सर। मैं कल फिर आऊँगा,' उसने कहा और भाग गया।

वह तब तक नहीं रुका, जब तक साहा परिवार के पुराने और परित्यक्त मकान तक नहीं पहुँच गया। काफी लंबा रास्ता था। आज जो हुआ, उसे वह कभी भूलेगा नहीं। उसे पता नहीं था कि उसके अंदर इतनी हिम्मत है।

लेकिन फटिक दा को जन्म-कुंडली से क्या पता चला? शिबू शाम के समय

दोबारा उनके घर गया।

फटिक दा ने उसे देखते ही अपना सिर हिला दिया।

'मुसीबतें,' उन्होंने कहा, 'बड़ी मुसीबतें हैं।'

'क्यों, फटिक दा? आपको जन्म-कुंडली मिली नहीं क्या?'

'हाँ, मैंने खोज ली। तुम्हारा गणित अध्यापक निस्संदेह एक दैत्य है, राक्षस है। और वो भी एक पिरिंदो राक्षस। 350 पीढ़ियों पहले वे पूरे राक्षस थे। लेकिन उनके जींस इतने मजबूत और पक्के थे कि आज भी एक अर्ध-राक्षस उनमें देखा जा सकता है। बेशक, किसी भी समय देश में आज पूरे राक्षस नहीं हैं। हाँ, अफ्रीका, ब्राजील तथा बोर्नियो के जंगली इलाकों में तुम्हें कुछ मिल सकते हैं। लेकिन अर्ध-राक्षस बहुत बड़ी संख्या में अन्यत्र मौजूद हैं। जनार्दन बाबू उन्हीं में से एक हैं।'

'तो फिर समस्या कहाँ है?' शिबू की आवाज थोड़ी कँपकँपाने लगी। अगर फटिक दा के पास हल नहीं है तो फिर कौन मदद कर सकता है?

'क्या आपने आज सुबह मुझे नहीं बताया था कि आप जानते हैं, आपको क्या करना है?'

'ऐसा कुछ नहीं है, जो मैं नहीं जानता।'

'तो फिर?'

फटिक दा कुछ गंभीर सोच में पड़ गए। फिर अचानक उन्होंने सवाल किया, 'एक मछली के अंदर क्या होता है?'

ओह नहीं! उन्होंने फिर बेकार की बातें करना शुरू कर दिया था। शिबू को रोना आने लगा था, 'फटिक दा, हम राक्षसों के बारे में बात कर रहे थे। उसका मछलियों से क्या मतलब है?'

'बताओ मुझे!' फटिक दा चीखे।

'अँतड़ियाँ?' फटिक दा के चीखने से शिबू डर गया था।

'नहीं, नहीं, तुम गधे हो। इतने पिछड़े, मंदित ज्ञान से तुम किसी का मुँह बंद नहीं कर सकते! सुनो, मैंने यह कविता तब सुनी थी, जब मैं केवल ढाई वर्ष का था। मुझे यह अभी तक याद है—

मानव या पशु, तुम जो भी हो
तुम्हारा जीवन तुम्हारे हृदय में धड़कता है
एक राक्षस का जीवन बसता है मछली के पेट में
उसे आसानी से मार नहीं सकते, तुम चाहो तब भी।'

बेशक! शिबू ने भी अनेक परी-कथाओं में इसके बारे में पढ़ा था। राक्षस की जान हमेशा किसी मछली के पेट में छिपी पड़ी रहती है। उसे यह मालूम होना चाहिए था।

'इस दोपहर जब तुमने उसे देखा, वह कैसा लगता था?' फटिक दा ने पूछा।

'उन्होंने कहा कि उन्हें जुकाम है और हलका बुखार भी।'

'ठीक, ये सारे लक्षण मेल खाते हैं' फटिक दा की आँखें जोश से चमकने लगीं। 'अब समझ लो, उसका जीवन खतरे में है। ज्यों ही मछली पानी के बाहर आती है, उसे बुखार हो जाता है। अच्छा!'

फिर वह आगे आए और शिबू को कॉलर से पकड़कर बोले, 'शायद अभी भी बहुत देर नहीं हुई है। मैंने तुम्हारे अंकल को एक विशाल मछली लिये तुम्हारे घर वापस जाते देखा था। तभी मुझे विचार आया कि राक्षस जनार्दन के प्राण उसके अंदर हो सकते हैं। अब चूँकि तुमने उसकी बीमारी के बारे में मुझे बता दिया है, मुझे और अधिक विश्वास हो चला है। हमें उस मछली को काटना होगा।'

'लेकिन हम यह करेंगे कैसे?'

'हम कर सकते हैं, तुम्हारी मदद से। यह काम आसान नहीं होगा, लेकिन तुम्हें यह करना ही होगा। अगर नहीं करोगे तो मुझे सोचकर भी डर लगता है कि तुम्हारे साथ क्या हो सकता है।'

करीब एक घंटे बाद शिबू उस बड़ी मछली को रस्सी से बाँधकर घसीटता हुआ फटिक दा के घर पहुँच गया।

'किसी ने तुम्हें देखा तो नहीं?'

'नहीं,' शिबू ने हाँफते हुए कहा, 'पिताजी नहा रहे थे। अंकल मालिश करा रहे थे और माँ अंदर थी। मुझे रस्सी खोजने में कुछ समय लगा। हे भगवान्! कितनी भारी है यह मछली!'

'कोई बात नहीं, तुम तगड़े हो जाओगे।'

फटिक दा मछली को अंदर ले गए। शिबू आश्चर्यचकित था फटिकदा के ज्ञान के भंडार पर। अगर उसे खतरे से कोई बचा सकता था, तो वह अंदर था फटिक दा और केवल फटिक दा। प्यारे भगवान्! उन्हें वह चीज मिल जाने देना जिसकी वह तलाश कर रहे हैं।

दस मिनट बाद, फटिक दा बाहर आए और उन्होंने शिबू की तरफ एक हाथ बढ़ाया, 'इधर। ले लो इसे। इसे हर समय अपने पास रखना। रात को सोते समय इसे अपने तकिए के नीचे रख लेना। जब तुम स्कूल जाओ, इसे अपने बाएँ हाथ की

जेब में रखना। अगर तुम इसे अपने हाथ में रखोगे तो राक्षस पूरी तरह अशक्त हो जाएगा और अगर तुम इसे पीसकर चूरा कर दोगे तो वह मर जाएगा। मेरे विचार में तुम्हें इसका चूरा करने की आवश्यकता नहीं है; क्योंकि कहा जाता है, कुछ पिरिंदी राक्षस चौवन साल की उम्र में सामान्य आदमी बन जाते हैं। तुम्हारे जनार्दन नामक राक्षस की उम्र तिरेपन साल, ग्यारह महीने और छब्बीस दिन है।'

शिबू में अंततः इतनी हिम्मत आ गई कि वह अपने हाथ में रखी चीज को देख सके। एक छोटा सा, कुछ-कुछ गीला, सफेद पत्थर उसकी हथेली पर पड़ा हुआ था, जो आकाश में अभी-अभी ऊपर आए चाँद की रोशनी में टिमटिमा रहा था।

शिबू ने उसे अपनी जेब में रखा और जाने के लिए मुड़ा। फटिक दा ने उसे वापस बुलाया, 'तुम्हारे हाथों में मछली की गंध है, उन्हें अच्छी तरह धो लो। और ऐसा अभिनय करना जैसे तुम्हें कुछ भी पता नहीं है।'

अगले दिन जनार्दन बाबू को कक्षा में प्रवेश करने से पहले एक छींक आई और लगभग उसी समय उनका पाँव दहलीज से टकराया तथा उनका जूता क्षतिग्रस्त हो गया। शिबू का बायाँ हाथ, ठीक उसी क्षण में, उसकी बाईं ओर की जेब में पड़ा हुआ था।

एक लंबे समय के बाद शिबू को उस दिन गणित में पूरे अंक प्राप्त हुए।

□

सनकी महाशय

मैं सनकी महाशय का पूरा नाम कभी नहीं जान पाया। मुझे इतना ही पता चल सका कि उसका कुलनाम मुखर्जी था। उसकी सूरत-शक्ल ऐसी थी कि जो एक बार उसे देख ले, जिंदगी भर भूल नहीं सकता। वह करीब छह फीट लंबा था। उसके शरीर से स्पष्ट था कि मोटापे से उसका दूर-दूर तक कोई नाता नहीं रहा। उसकी पीठ धनुष के समान चापाकार थी और उसकी गरदन, भुजाओं, हाथों तथा माथे पर अनगिनत नसें उभरी हुई थीं, जिन्हें देखकर लगता था जैसे वे त्वचा के बाहर निकल आई हों। वह रोजाना एक ही पोशाक पहनता। सफेद कमीज के साथ फलालेन की काली पतलून, सफेद मोजे और सफेद टेनिस जूते। और वह हमेशा एक मजबूत छड़ी हाथ में लेकर निकलता। इस छड़ी की जरूरत शायद उसे इसलिए भी पड़ती थी, क्योंकि वह सैर के लिए प्राय: ऊबड़-खाबड़ कच्चे रास्तों और जंगली पेड़-पौधों के बीच से होकर जाता।

सनकी महाशय से मेरी मुलाकात दस वर्ष पूर्व हुई, जब मैं एक बैंक में काम करता था। उस वर्ष मैंने मई के शुरू में दस दिन का अवकाश लिया था और अपने मनपसंद पहाड़ी नगर दार्जिलिंग के भ्रमण पर गया हुआ था। वहाँ पहुँचकर पहले दिन ही सनकी महाशय से मेरी भेंट हो गई।

साढ़े चार बजे के करीब मैं सैर के लिए होटल से निकल गया था, एक प्याला चाय पीने के बाद। दोपहर में हलकी सी बारिश हो गई थी। चूँकि वहाँ फिर बारिश होने की पूरी संभावना थी, इसलिए मैंने बाहर निकलने से पहले बरसाती पहन ली थी। जब मैं दार्जिलिंग में सबसे रमणीय एवं शांत सड़क जबलपुर रोड पर चहल-कदमी करते हुए जा रहा था, मैंने करीब पचास गज की दूरी पर अचानक एक आदमी को देखा। वह उस जगह खड़ा हुआ था, जहाँ सड़क मुड़ती है। उसका शरीर आगे की ओर झुका हुआ था और वह एक छड़ी के सहारे झुक

कर सड़क किनारे उगी घास को बड़े ध्यान से देख रहा था। पहले तो मुझे इसमें कुछ भी असाधारण नहीं लगा। वह शायद किसी जंगली फूल या किसी कीट-पतंग को दिलचस्पी से देख रहा था। मैंने उसकी तरफ एक सरसरी निगाह डाली और चलता रहा।

तथापि, जैसे ही मैं उसके कुछ अधिक निकट पहुँचा, मैंने महसूस किया कि कुछ गड़बड़ जरूर है। उस आदमी की प्रगाढ़ एकाग्रता चकित करनेवाली थी। मैं कुछ ही कदम की दूरी पर खड़ा उसको घूर रहा था, लेकिन उसने मेरी तरफ कतई ध्यान नहीं दिया। वह अभी भी घास के ऊपर झुका हुआ था। उसकी दृष्टि घास पर ही लगी हुई थी। मुझसे नहीं रहा गया तो मैंने उससे पूछ ही लिया,'क्या आपकी कोई चीज खो गई है?'

कोई जवाब नहीं दिया उसने। क्या वह बहरा था?

मेरी उत्सुकता बढ़ गई। मैंने भी अब पक्का इरादा कर लिया कि देखते हैं, आगे क्या होता है। अत: मैंने एक सिगरेट सुलगाई और इंतजार किया। करीब तीन मिनट बाद उस आदमी के अंगों में जान पुन: लौट आई लगती थी। वह थोड़ा और आगे झुक गया और उसने अपनी एक बाँह घास की तरफ बढ़ा दी। फिर उसने अपनी उँगलियाँ घनी घास के अंदर डाल दीं और एक पल के बाद ही अपना हाथ खींच लिया। अँगूठे और तर्जनी के बीच उसने एक छोटी चक्की जैसी कुछ पकड़ा हुआ था। मैंने ध्यान से देखा, यह एक बटन था, पचास पैसे के सिक्के जितना बड़ा। शायद यह बटन कभी उसकी जाकेट में लगा रहा होगा।

उस आदमी ने बटन को अपनी आँखों के पास लेकर बड़े ध्यान से जाँचा, कई बार उलट-पलटकर देखा और फिर जीभ से 'टक्, टक्, टक्' कर खेद प्रकट करते हुए उसे जेब में डालकर माल की तरफ चल दिया। मेरी ओर उसने देखा भी नहीं।

बाद में शाम के समय जब मैं होटल लौट रहा था, रास्ते में मुझे दार्जिलिंग के एक पुराने निवासी डॉ. मौलिक टकरा गए। वह माल पर फव्वारे के पास खड़े हुए थे। डॉ. मौलिक मेरे पिता के सहपाठी थे और मुझे बहुत प्यार करते थे। मैं उनको बताए बिना नहीं रह सका कि आज कैसे अजीब सनकी आदमी को मैंने देखा। मेरी बात सुनने के बाद डॉ. मौलिक बोले, 'ठीक है, तुमने जो हुलिया बताया, उससे लगता है कि सनकी महाशय से तुम्हारी भेंट हो चुकी है।'

'कौन महाशय?'

'सनकी। यह एक अफसोसनाक किस्सा है। असल में मुझे उसका पहला

नाम याद नहीं आ रहा। उसका कुलनाम (अर्थात् सरनेम) मुखर्जी है। वह करीब पाँच वर्ष से दार्जिलिंग में है। उसने ग्रिंडलेज बैंक के निकट एक कॉटेज में एक कमरा किराए पर लिया हुआ है। यहाँ आने से पहले वह कटक में रावेन्शा कॉलेज में फिजिक्स पढ़ाया करता था। मैं समझता हूँ, वह एक समय मेधावी छात्र था, और उसके पास फिजिक्स में एक जर्मन डिग्री है। लेकिन उसने नौकरी छोड़ दी और यहाँ रहने चला आया। शायद उसके पास कोई पैतृक संपत्ति है या कोई निजी आमदनी है, जिसके सहारे उसकी जिंदगी चल रही है।'

'आप क्या उसे जानते हैं?'

'यहाँ आने के कुछ ही समय पश्चात् वह एक बार मेरे पास आया था। वह कहीं लड़खड़ा गया था और गिर पड़ा था। उसके घुटने में घाव हो गया था। घाव सड़ने लगा था। मैंने उसका इलाज किया और वह ठीक हो गया।'

'लेकिन उसे सनकी क्यों कहा जाता है?'

डॉ. मौलिक ठठाकर हँसने लगे। उसके अजीबोगरीब शौक के कारण उसका यह नाम पड़ा। मैं नहीं बता सकता कि पहले-पहले किसने उसे यह नाम देने के बारे में सोचा।

'उसका शौक क्या है?'

'तुमने खुद ही देख लिया, नहीं देखा क्या? उसने सड़क किनारे से एक बटन उठाया और अपनी जेब में रख लिया। यही उसकी हॉबी, उसका शौक है। वह कोई भी पुरानी चीज उठा लेता है और उसे कमरे में सुरक्षित रखता है।'

'कोई भी पुरानी चीज? क्या मतलब?' किसी कारण से उस आदमी के बारे में जानने की मेरी उत्कंठा बढ़ती गई।

'खैर,' डॉ. मौलिक ने कहा, 'मैं इसे उसका शौक कहता हूँ; लेकिन उसका दावा है कि उसके संग्रह में हर वस्तु अत्यंत महत्त्वपूर्ण और बहुमूल्य है। स्पष्टत: उन सब चीजों के पीछे कोई-न-कोई कहानी है।'

'उसे यह कैसे पता?'

डॉ. मौलिक ने अपनी घड़ी देखी—'तुम उससे स्वयं क्यों नहीं पूछते?' उन्होंने कहा। 'उससे कोई मिलने जाए तो उसे हमेशा अच्छा लगता है, क्योंकि उसकी कहानियाँ खत्म नहीं होती हैं। कहानियों का अकूत भंडार है उसके पास। हालाँकि वह सब निरी बकवास है। कहना नहीं चाहिए, लेकिन उसे सुनाने में मजा आता है। तुम उसके किस्से सुनकर खुश होते हो या नहीं, यह दूसरी बात है।'

अगली सुबह, नाश्ते के बाद मैं होटल से जल्दी निकल गया और सनकी महाशय का मकान तलाशने लगा। मकान आसानी से मिल गया, क्योंकि ग्रिंडलेज बैंक के पास रह रहे अधिकतर लोगों को पता था कि वह कहाँ रहता है। मैंने 17 नंबर के मकान के दरवाजे पर दस्तक दी। उस आदमी ने अविलंब दरवाजा खोला और मुझे हैरानी हुई, जब वह तुरंत मुझे पहचान गया।

'तुमने कल मुझसे कुछ पूछा था, नहीं पूछा था क्यों? लेकिन मैं जवाब नहीं दे सका। मेरा विश्वास करें, मेरी बोली नहीं निकली। ऐसे समय में अगर मैं ध्यान भटकने दूँ तो बड़ी मुसीबत खड़ी हो सकती है। कृपया अंदर आएँ।'

उसके कमरे में दाखिल होते ही मेरी निगाह सबसे पहले दीवार से लगी शीशे की एक अलमारी पर पड़ी, जिसके हर खाने में बहुत ही साधारण विविध वस्तुएँ रखी हुई थीं और उनमें एक भी वस्तु ऐसी नहीं थी, जिसका दूसरी वस्तु से कोई संबंध हो। उदाहरण के लिए, एक खाने में किसी पौधे की जड़ थी, एक जंग लगा ताला था, गोल्ड फ्लेक सिगरेट का एक पुराना टीन का डिब्बा था, बुनाई में काम आनेवाली एक सूई थी, जूतों का एक ब्रश था और टॉर्च की पुरानी बैटरी थी। उसने मुझे उन चीजों को घूरते हुए देख लिया और कहा, 'इनमें से कोई भी चीज तुम्हें रुचिकर नहीं लगेगी, क्योंकि इनका मूल्य सिर्फ मैं जानता हूँ।'

'मैं समझता हूँ, आपके संग्रह में हर चीज के पीछे कोई कहानी छिपी है?'

'हाँ, यह बात बिल्कुल सही है।'

'लेकिन यह बात तो अधिकतर चीजों के मामले में सच नहीं है क्या? मान लीजिए, अगर आप इस घड़ी के बारे में विचार करें जो आप पहने हुए हैं⋯।' मैंने कहना शुरू किया।

लेकिन उस आदमी ने एक हाथ उठाया और मुझे रोक दिया।

'हाँ, कोई विशेष घटना अनेक चीजों से संबंधित हो सकती है,' उसने कहा। 'किंतु उनमें से कितनी चीजें अतीत की यादों को सँभाले रख सकेंगी? जो उन्होंने देखा है, उनकी स्मृति को? उस जैसी कोई वस्तु शायद ही कभी तुम्हें मिले। मिसाल के लिए, यह बटन, जो कल मैंने पाया⋯।'

वह बटन कमरे में सामने की तरफ के अंत में लिखने की मेज पर पड़ा हुआ था। सनकी महाशय ने बटन उठाया और मुझे पकड़ा दिया। वह बादामी रंग का बटन था और स्पष्टत: किसी जाकेट से निकला हुआ था। मुझे उसमें कुछ भी विशेष नजर नहीं आया।

'क्या तुम कुछ देख सकते हो?' उसने पूछा।

मुझे मानना पड़ा कि मैं कुछ नहीं देख सका। सनकी महाशय ने कहना शुरू किया, 'वह बटन एक अंग्रेज की जाकेट से टूटा था।'

वह घोड़े पर सवार होकर जबलपुर रोड से जा रहा था। वह करीब 60 वर्ष का था। घुड़सवारी की पोशाक पहने हुए था, हट्टा-कट्टा था और एक सैनिक अधिकारी था। जब वह उस जगह पहुँचा, जहाँ वो बटन मुझे मिला था, उसको एक दौरा पड़ा और वह अपने घोड़े से गिर गया। वहाँ से गुजरते हुए दो लोगों ने उसे देखा और उसकी मदद के लिए दौड़ आए। लेकिन वह पहले ही मर चुका था। घोड़े से गिरते समय उसकी जाकेट से यह बटन टूटकर गिर गया था।'

'क्या तुमने कल यह घटना होते देखी? मेरा मतलब, ये सभी भूतकालीन घटनाएँ?'

'स्पष्ट रूप से। मैं जितना अधिक एकाग्रचित्त होता हूँ, उतना ही बेहतर देख पाता हूँ।'

'ऐसी चीजें आप कब देख सकते हैं?'

'जब कभी कोई ऐसी वस्तु मेरे सामने आती है, जिसमें मुझे अतीत में वापस ले जाने की विशेष शक्ति होती है। इसकी शुरुआत एक सिरदर्द से होती है। फिर मेरी दृष्टि धुँधलाने लगती है और मुझे ऐसा प्रतीत होता है कि मैं मूर्च्छित हो जाऊँगा। कभी-कभी मुझे सहारे की जरूरत महसूस होती है, अन्यथा लगता है कि मैं गिर जाऊँगा। लेकिन तभी विभिन्न दृश्य मेरी आँखों के सामने झिलमिलाने लगते हैं,और मेरी टाँगें पुनः स्थिर हो जाती है। जब यह सारी स्थिति समाप्त हो जाती है, मेरा ज्वर बढ़ जाता है। हर बार। पिछली रात आठ बजने तक मेरा ज्वर 102 डिग्री के आस-पास था। लेकिन कुछेक घंटे ही रहता है। आज मैं बिल्कुल स्वस्थ महसूस कर रहा हूँ।'

उसने जो कुछ भी कहा, बहुत अतिशयोक्तिपूर्ण लग रहा था, लेकिन मुझे बहुत मजा आया।

'क्या आप मुझे एक-दो उदाहरण और बता सकते हैं?' मैंने पूछा।

'वह शीशे की अलमारी उदाहरणों से भरी हुई है। वह नोटबुक देखते हो? उसमें प्रत्येक घटना का विस्तृत वर्णन दिया हुआ है। तुम कौन सा सुनना चाहोगे?'

इससे पहले कि मैं कुछ कहूँ, वह शीशे की अलमारी तक गया और उसमें से दो चीजें निकालकर ले आया। एक बहुत पुराना चमड़े का दस्ताना था और दूसरा चश्मे का एक लेंस था। उसने दोनों चीजों को मेज पर रख दिया।

'यह दस्ताना,' उसने मुझे बताया, 'पहली चीज है, जो मुझे मिली। मेरे संग्रह

में यह पहली वस्तु है। जानते हो, यह मुझे कहाँ मिला? स्विट्ज़रलैंड में, लूसर्न के बाहर एक वन में। तब तक मैं मारबर्ग में अपनी पढ़ाई समाप्त कर चुका था और भारत वापस आने से पहले उस महाद्वीप का भ्रमण कर रहा था। उस दिन मैं सुबह की सैर के लिए निकला था। उस वन के बीच से एक शांत एवं एकांत रास्ता जाता था। कुछ देर चलने के बाद मैंने कुछ थकान महसूस की और मैं एक बेंच पर बैठ गया। बस, तभी मेरी निगाह उस दस्ताने के एक हिस्से पर पड़ी, जो एक पेड़ के तने के पास झाड़-झंखाड़ से बाहर निकला हुआ था। उसी क्षण मेरा सिर चकराने लगा। फिर मेरी दृष्टि धुँधला गई। और फिर···फिर मैं सबकुछ स्पष्ट देख सकता था। ऐसा लग रहा था जैसे आप कोई फिल्म देख रहे हों। अच्छे, शानदार वस्त्र पहने हुए संभवत: किसी अभिजात वर्ग का एक पुरुष उसी मार्ग पर टहल रहा था। उसके मुँह में एक स्विस पाइप था, हाथों पर चमड़े के दस्ताने थे और वह एक छड़ी लिये हुए था। अचानक झाड़ियों के बीच से दो आदमी बाहर निकले और उन्होंने उस पर हमला कर दिया। उस भद्र-पुरुष ने उनसे मुकाबला करने की कोशिश की उसी भिड़ंत के चलते उसके सीधे हाथ का दस्ताना निकल गया। उन दुष्टों ने उसे पकड़ लिया, उसे बेरहमी से मार डाला और उसकी जेबों में से सारा रुपया-पैसा लूट लिया तथा उसकी सोने की घड़ी उतारकर ले गए।'

'क्या वास्तव में ऐसी कोई घटना हुई थी?'

'मुझे तीन दिन अस्पताल में रहना पड़ा। मुझे बुखार था और सरसाम हो गया लगता था। कुछ अन्य समस्याएँ भी थीं। वहाँ के डॉक्टर कोई निदान नहीं कर सके। लेकिन एक-दो दिन बाद ही मैं पूरी तरह ठीक हो गया, जैसे कोई जादू हो गया हो। अस्पताल छोड़ने के बाद, मैंने छानबीन शुरू कर दी। अंतत: मुझे पता चला कि दो वर्ष पहले काउंट फर्डीनेंड नामक एक अमीर आदमी उस जगह मारा गया था, ठीक उसी तरह जैसा मैंने देखा था। उसके पुत्र ने दस्ताना पहचान लिया।'

उस आदमी ने यह कहानी इतनी सरलता और इतने स्वाभाविक रूप से सुनाई कि मुझे उस पर विश्वास न करने का कोई कारण नहीं सूझा।

'क्या आपने उसी समय से चीजें इकट्ठा करना शुरू किया?' मैंने पूछा।

'खैर, उस पहली घटना के बाद दस वर्ष तक कुछ नहीं हुआ। तब तक मैं घर लौट आया था और कटक में एक कॉलेज में पढ़ाने लगा था। कभी-कभी मैं अवकाश पर चला जाता। एक बार मुझे वाल्टेयर जाने का मौका मिला। दूसरी

घटना उसी दौरान हुई। मैंने यह लेंस तट पर चट्टानों के बीच फँसा पाया। एक दक्षिण भारतीय सज्जन ने अपना चश्मा उतारकर रख दिया था और वह समुद्र में नहाने चला गया था। वह कभी वापस नहीं आया। तैरते समय उसकी टाँगों में मरोड़ आ गई थी और वह डूब गया। मैं अभी तक उसे पानी में से अपने हाथ ऊपर उठाए और मदद के लिए चीखते हुए देख सकता हूँ। यह दिल तोड़नेवाली घटना थी, बड़ी दर्दनाक घटना। यह लेंस जो मुझे उस घटना के चार वर्ष बाद मिला, उसके चश्मे से निकला हुआ है। हाँ, मैंने जो देखा वो सच था। जैसा कि मुझे बाद में पता चला, यह डूबने की एक मशहूर घटना थी। डूबकर मरनेवाले आदमी का नाम शिवरामन था। वह कोयंबतूर का था।'

सनकी महाशय ने दोनों चीजें वापस वहीं रख दीं, जहाँ से उठाई थीं। फिर वह बैठ गया। 'क्या आप जानते हैं, मेरे संग्रह में कितनी चीजें हैं? एक सौ बहत्तर। मैंने उन्हें तीस वर्षों से अधिक समय में एकत्रित किया है। क्या आपने कभी सुना है कि किसी व्यक्ति के पास ऐसी वस्तुओं का भंडार हो सकता है?'

मैंने अपना सिर हिला दिया 'नहीं, आपका शौक अद्‌भुत है, इसमें कोई शक नहीं। लेकिन मुझे बताएँ, क्या इनमें से हर वस्तु का मौत से कुछ संबंध है?

वह आदमी गंभीर हो गया—'हाँ, ऐसा ही प्रतीत होता है। सिर्फ मृत्यु नहीं, बल्कि अचानक या अस्वाभाविक मृत्यु—हत्या, खुदकुशी, अपमृत्यु, दिल की धड़कन रुक जाने के कारण मृत्यु—इसी प्रकार की घटनाएँ।'

'क्या ये चीजें आपको सड़क किनारे पड़ी हुई मिलीं या आपने इन्हें सागर-तटों पर और वनों में पाया?'

'हाँ, इनमें से अधिकांश को। शेष वस्तुओं को मैंने नीलामी में प्राप्त किया या प्राचीन वस्तुओं की दुकानों में पाया। कट ग्लास के बने उस मद्यपात्र (शराब के जग) को देखो? यह मुझे कलकत्ता में रसेल स्ट्रीट में एक नीलामी-गृह में मिला। उन्नीसवीं सदी में किसी समय उस जग से दी गई शराब में विष मिला दिया गया था। एक अंग्रेज—ओह, कितना लंबा और तगड़ा था वह—कलकत्ता में उस शराब को पीकर मर गया।'

अब मैंने शीशे की उस अलमारी की तरफ देखना बंद कर दिया था और मैं उस आदमी को निकट से देख रहा था। लेकिन उसके हाव-भाव में मुझे कुछ भी ऐसा नहीं दिखा, जिससे लगे कि वह झूठ बोल रहा है या कि वह कोई ठग है। क्या वह पागल था शायद? नहीं, ऐसा भी नहीं प्रतीत होता था। उसकी आँखों में झाँकने से जरूर ऐसा लगता था जैसे वह कहीं दूर देख रहा हो; लेकिन यह

कोई असामान्य बात नहीं थी। कवियों की आँखों में प्राय: ऐसा भाव होता है या फिर अत्यंत धार्मिक और आध्यात्मिक लोगों की आँखों में।

मैं अधिक देर नहीं रुका। जैसे ही मैंने 'गुडबाई' कहा और कमरे के बाहर निकलने को हुआ, उस छूट सरीखे लोगों के लिए हमेशा खुला रहता है। आप कहाँ ठहरे हुए हैं?'

'एलिस विला।'

'समझा। यहाँ से सिर्फ दस मिनट का रास्ता है। मुझे आपसे मिलकर खुशी हुई। कुछ ऐसे लोग होते हैं, जिन्हें मैं बरदाश्त नहीं कर सकता। आप सहानुभूतिपूर्ण एवं समझदार लगते हैं।'

डॉ. मौलिक ने उस शाम मुझे चाय पर बुलाया था। दो अन्य मेहमान भी थे। चाय के साथ कुछ मसालेदार चीजों का आनंद लेते हुए मैंने सनकी महाशय का विषय छेड़ दिया।

डॉ. मौलिक ने पूछा, 'तुम वहाँ कितनी देर रुके?'

'करीब एक घंटा।'

'हे भगवान्!' डॉ. मौलिक की आँखें आश्चर्य से चौड़ी हो गईं। 'तुम उस धोखेबाज को एक घंटे तक सुनते रहे?'

मैं हँस पड़ा। 'इतनी तेज बारिश हो रही थी कि मेरे लिए कहीं और जाना तथा अपना मन-बहलाव करना संभव नहीं था। अपने होटल के कमरे में पड़े रहने से तो उसके किस्से सुनना कहीं अधिक रुचिकर था।'

'आप किसके विषय में बात कर रहे हैं?'

यह सवाल करीब चालीस वर्ष के एक आदमी ने किया। डॉ. मौलिक ने मुझे उसका परिचय श्रीमान खस्तगीर के रूप में दिया था। डॉ. मौलिक ने जब सनकी महाशय के बारे में बताया, खस्तगीर ने एक व्यंग्यपूर्ण मुसकान फेंकते हुए कहा, 'आपने ऐसे लोगों को दार्जिलिंग में आने और बसने क्यों दिया, डॉ. मौलिक? वे कुछ नहीं करते, सिर्फ हवा को दूषित करते हैं।'

डॉ. मौलिक के होंठों पर एक हलकी मुसकान उभरी।

'क्या इतने बड़े स्थान की हवा सिर्फ एक आदमी से प्रदूषित हो सकती है? मैं ऐसा नहीं समझता हूँ।, उन्होंने टिप्पणी की।

तीसरे मेहमान थे श्रीमान नसकर। श्री नसकर ने हमारे समाज पर धोखेबाजों और ठगों के प्रभाव पर एक छोटा-मोटा भाषण दे डाला। अंत में मुझे कहना ही पड़ा कि सनकी महाशय इस कदर अकेलेपन में रहता है कि दार्जिलिंग में समाज

को उसके द्वारा प्रभावित किए जाने की संभावना अत्यंत क्षीण है।'

डॉ. मौलिक को दार्जिलिंग में रहते हुए तीस वर्ष से अधिक हो चुके थे। खस्तगीर भी एक पुराने निवासी थे। कुछ समय बाद मैंने उनसे केवल एक प्रश्न पूछा, 'क्या किसी अंग्रेज को घोड़े पर सवार होकर जलपहार रोड से जाते हुए कभी दिल का दौरा पड़ा था? क्या आपको ऐसी कोई घटना याद आती है?'

'कौन, आपका तात्पर्य मेजर ब्रैडले से है क्या?' डॉ. मौलिक ने जवाब दिया। 'वो घटना करीब आठ वर्ष पहले की है। उसे दौरा पड़ा था। हाँ, मैं समझता हूँ, यह घटना जलपहार रोड पर ही घटी थी। उसे स्थानीय अस्पताल लाया गया था; लेकिन तब तक बहुत देर हो चुकी थी। पर आप किसलिए पूछते हैं?'

मैंने उन्हें उस बटन के बारे में बताया, जो सनकी महाशय को मिला था। श्रीमान खस्तगीर ने घोर अपमानित महसूस किया। 'आपका मतलब है, उस आदमी ने आपको यह किस्सा सुनाया और दावा किया कि उसके पास कोई अलौकिक शक्ति है? वह आदमी अव्वल दर्जे का पागल लगता है! क्यों, उसने दार्जिलिंग में कुछ ही वर्ष बिताए हैं, ठीक कह रहा हूँ न? उसने ब्रैडले की मौत के बारे में सुन लिया होगा किसी को बात करते। इसमें अलौकिक क्या है?'

'सच कहूँ तो यही विचार मेरे मन में भी आया था। अगर सनकी महाशय ने दार्जिलिंग में कसी के मुँह से यह किस्सा सुना हो तो इसमें कुछ भी आश्चर्यजनक नहीं था।' मैंने विषय बदल दिया।

अगले कुछ पल इधर-उधर की दूसरी बातें करने में बीत गए। जब उठकर चलने का समय हुआ तो श्रीमान नसकर भी खड़े हो गए। उन्हें मेरे होटल के आगे जाना था। उन्होंने कहा, इसी कारण वह मेरे साथ वापस जाना चाहते थे। हमने डॉ. मौलिक को 'गुड बाय' कहा और चल पड़े।

अँधेरा छाने लगा था। दार्जिलिंग में आने के बाद से पहली बार मैंने ध्यान दिया कि घने व काले बादल इधर-उधर छिटके हुए हैं। बादलों के बीच दरारों से अस्त होते सूरज की रोशनी फूट रही है और नगर के ऊपर तथा नगर को घेरे हुए पहाड़ों पर एक प्रकाश-बिंदु की तरह गिर रही है।

नसकर महोदय मुझे बहुत चुस्त-दुरुस्त लगे थे। लेकिन अब यह स्पष्ट हो गया कि उन्हें चढ़ावदार रास्ते पर चलने में कठिनाई हो रही है। तथापि, चलते-चलते बीच-बीच में रुककर उन्होंने मुझसे पूछा, 'यह सनकी महाशय रहते कहाँ हैं?'

'क्यों, आप उनसे मिलना चाहते हैं क्या?'

'नहीं, नहीं। यूँ ही उत्सुकतावश।'

मैंने उन्हें बता दिया कि सनकी महाशय कहाँ रहते हैं। फिर मैंने आगे कहा, 'वह आदमी अकसर लंबी सैर के लिए जाता है। वह कब हमसे टकरा जाए, कौन जानता है!'

हैरानी की बात है, दो मिनट के बाद ही, जब हम एक मोड़ पर पहुँचे, मैंने सनकी महाशय को विपरीत दिशा से आते हुए देखा। उसके एक हाथ में मोटी सी छड़ी थी, दूसरे हाथ में अखबार में लपेटा हुआ एक पैकेट था। मुझे देखकर वह मुसकराया नहीं; लेकिन फिर, ऐसा भी नहीं लगा कि वह नाराज है।

'मेरी बिजली सप्लाई के साथ कुछ गड़बड़ है,' उसने कहा 'घर में बिजली नहीं है, इसलिए मैं मोमबत्ती खरीदने बाहर आ गया।'

सौजन्यता की खातिर मैं श्रीमान नसकर की तरफ मुड़ा।

'यह श्री मुखर्जी हैं और ये हैं नसकर महोदय,' मैंने परिचय देते हुए कहा।

श्री नसकर काफी पाश्चात्य ढंग के निकले। 'नमस्कार' कहने के बजाय उन्होंने अपना हाथ बढ़ा दिया। सनकी महाशय ने एक शब्द भी बोले बिना हलके से हस्तमिलाप किया। फिर वह एक मूर्ति बने उसी जगह खड़े रहे। नसकर और मुझे यह देखकर थोड़ी बेचैनी महसूस हुई। करीब आधा मिनट के बाद नसकर ने चुप्पी तोड़ी, 'तो ठीक है, मुझे अब चलना चाहिए।' उन्होंने कहा, 'मैंने आपके बारे में सुना था, मि. मुखर्जी। आज किस्मत से मैंने आपके दर्शन भी कर लिये।'

'मुझे भी कुछ कहना था। गुडबाय मि. मुखर्जी!' मैंने कहा, कुछ-कुछ मूर्खता के एहसास के साथ। सनकी महाशय सच में बावला लगता था। वह सड़क के बीच में खड़ा था, सोच में डूबा हुआ। उसने हमें शायद सुना नहीं और न हमें जाते हुए देखा। हो सकता है, नसकर महोदय उसे पसंद न आए हों, लेकिन क्या उसी दिन सुबह उसने मुझसे एक अच्छे मित्र जैसा व्यवहार नहीं किया?

हमने उसे पीछे छोड़ दिया और चलना जारी रखा। कुछ ही मिनट बाद मैंने अपनी मुंडी घुमाई और पीछे देखा। सनकी महाशय अभी तक वहीं खड़ा था, जहाँ हमने उसे छोड़ा था। 'आपने हमें जो बताया, उनके हिसाब से मैंने सोचा कि उसे 'सनकी' कहना उचित ही होगा।' श्री नसकर ने कहा, 'लेकिन अब मैं सोचता हूँ, यह उससे भी कहीं बढ़कर है।'

शाम के नौ बजे का समय था। मैंने अभी-अभी अपना डिनर ग्रहण किया था। एक पान अपने मुँह को अर्पण किया था और एक जासूसी उपन्यास पढ़ते-पढ़ते सोने की तैयारी कर रहा था कि तभी एक बैरा आया और उसने मुझे बताया

कि कोई मुझसे मिलना चाहता है। मैं अपने कमरे से बाहर आया और सनकी महाशय को मेरी प्रतीक्षा करते हुए देखकर मुझे बहुत आश्चर्य हुआ। रात के नौ बजे मेरे होटल में उसका क्या काम? वह अभी तक कुछ स्तब्ध लग रहा था।

'क्या हम कहीं बैठकर अकेले में कुछ बात कर सकते हैं?' उसने पूछा, 'हम बाहर जाकर भी बात कर सकते थे, लेकिन फिर बारिश हो रही है।'

मैंने उसे अपने कमरे में बुला लिया। बैठने के बाद उसने राहत की साँस ली और उसने कहा, 'क्या आप मेरी नाड़ी महसूस कर सकते हैं, कृपया?'

मैंने उसका हाथ लिया और स्पर्श से ही मुझे पता लग गया कि उसे तेज बुखार है।

'मेरे पास एनासिन है। क्या आप एक गोली लेना चाहेंगे?' मैंने चिंता व्यक्त करते हुए कहा।

उस आदमी को हँसी आ गई, 'नहीं, इस समय कोई गोली असर नहीं करेगी। यह ज्वर कल सुबह से पहले नीचे नहीं उतरेगा। फिर मैं एकदम ठीक हो जाऊँगा। लेकिन मुझे अपने इस ज्वर या बुखार की चिंता नहीं है। मैं आपके पास डॉक्टरी इलाज के लिए नहीं आया हूँ। मुझे वो अँगूठी चाहिए।'

अँगूठी? कौन सी अँगूठी? मेरे चेहरे पर आए हैरानी के भाव को देखकर सनकी महाशय खीज गया था।

'वो आदमी—नस्कर या टस्कर जो भी नाम है उसका।' सनकी ने कुछ अधीरता से कहा, 'क्या आपने उसकी अँगूठी नहीं देखी? वह एक मामूली, सस्ती और पुरानी अँगूठी है। कोई बहुमूल्य पत्थर या हीरे नहीं जड़े हैं उसमें। लेकिन मुझे वह अँगूठी चाहिए।'

अब मुझे याद आया। हाँ, नसकर ने अपने सीधे हाथ की उँगली पर चाँदी की एक अँगूठी पहनी हुई थी। सनकी महाशय अभी बोले जा रहा था, 'मैंने जब उससे हाथ मिलाया, मैं अपनी हथेली पर उसकी अँगूठी की रगड़ महसूस किए बिना नहीं रह सका। उसी समय मुझे ऐसा लगा कि मेरा सारा शरीर फट पड़ेगा। फिर वही पहले वाली बात हुई। मैं बेहोशी में चला गया और तरह-तरह के दृश्य देखने लगा, जो मेरी आँखों के आगे आ रहे थे। लेकिन दृश्यों का पूरा सिलसिला समाप्त होने के पहले ही विपरीत छोर से एक जीप आई और उसने सबकुछ बरबाद कर दिया।'

'तो आपने पूरी घटना नहीं देखी?'

'नहीं, लेकिन मैंने जितना भी देखा वो काफी बुरा था। मैं आपको बता दूँ।

यह एक हत्या थी। मैंने हत्यारे का चेहरा नहीं देखा। मैंने उसका केवल हाथ देखा, जो पीड़ित की गरदन को जकड़ने के लिए आगे बढ़ रहा था। उसके हाथ पर वही अँगूठी थी। पीड़ित अर्थात् हत्या के शिकार ने एक राजस्थानी टोपी पहनी हुई थी और सुनहरी फ्रेम का चश्मा पहन रखा था। उसकी आँखें उभरी हुई थीं। चीखने के लिए उसका मुँह खुला हुआ था। उसके नीचे के एक दाँत पर सोना चढ़ा हुआ था। मैंने बस यही देखा। मुझे वह अँगूठी हर हालत में चाहिए।'

कुछ पल के लिए मैंने सनकी महाशय को घूरा, फिर कहा, 'देखो मि. मुखर्जी, अगर आपको वो अँगूठी चाहिए तो आप नसकर से खुद क्यों नहीं माँग लेते? मैं नसकर को बहुत अच्छी तरह जानता नहीं हूँ। इसके अलावा मुझे नहीं लगता कि आपके शौक से उसे कोई सहानुभूति होगी।'

'ऐसी स्थिति में मेरे माँगने का भी क्या फायदा होगा? बेहतर होगा, यदि आप…'

'बहुत खेद है, मुखर्जी महोदय,' मैंने सीधे-स्पष्ट बोलते हुए उसे बीच में टोक दिया, 'अगर मैं नसकर के पास गया और उससे अँगूठी देने के लिए कहा, तब भी बात बननेवाली नहीं है। कुछ लोगों को अपनी चीजों से बहुत अधिक जुड़ाव होता है। शायद नसकर अपनी अँगूठी देना न चाहे। अगर यह कोई ऐसी वस्तु होती, जिसका इस्तेमाल वह वास्तव में रोजाना नहीं कर रहा होता तो शायद वह…' मैं अचानक रुक गया।

सनकी महाशय ने एक पल भी बेकार नहीं किया। उसने ठंडी आह भरी, उठ कर खड़ा हुआ और अँधेरी गीली रात में मेरे होटल से निकलकर गायब हो गया। उसकी माँग वास्तव में विलक्षण थी, मैंने अपने मन में सोचा। सड़क किनारे से चीजें उठाकर इकट्ठा करना एक बात थी, लेकिन अगर कोई किसी चीज का इस्तेमाल कर रहा है तो उस चीज की माँग सिर्फ इसलिए करना गलत था कि आपके भंडार में एक और चीज जुड़ जाए। इस मामले में किसी ने भी उसकी मदद नहीं की होती। इसके अलावा, नसकर बाबू कोई कल्पनाशील आदमी नहीं लगते थे। उनसे यह अपेक्षा करना मूर्खता थी कि वह बात को समझेंगे और अपनी अँगूठी उतारकर दे देंगे।

अगली सुबह यह देखकर कि बादल छितरे हुए हैं और दिन खिला-खिला है, मैं एक प्याला चाय के बाद सैर के लिए निकल गया। मेरा उद्देश्य बर्चहिल तक जाना था। माल पर लोगों का जमघट था। मुझे सावधानी से चलना पड़ रहा था, ताकि चलनेवाले मेरे जैसे दूसरे पैदल चलनेवालों से टकरा न जाऊँ। कुछ

मिनट चलने के बाद मैं ऑब्जरवेटरी हिल के पश्चिम की ओर जानेवाले मार्ग पर पहुँच गया। यह मार्ग अपेक्षाकृत शांत था।

सनकी महाशय का उदास चेहरा बार-बार मेरी दृष्टि में कौंधता रहा। अगर संयोगवश नसकर से मेरी भेंट हो जाए तो शायद मैं उस अँगूठी के बारे में उससे बात कर लूँगा। यह कोई बहुत बड़ा सौदा नहीं होगा। हो सकता है कि अँगूठी देने में उसे कोई आपत्ति न हो। मैं भलीभाँति कल्पना कर सकता था कि अगर मैं अँगूठी लाकर सनकी महाशय को सौंप दूँ तो उसके चेहरे पर क्या भाव प्रकट होगा। मुझे अपने बचपन में डाक-टिकट एकत्रित करने का शौक था, इसलिए मुझे संग्रहकर्ता की सनक के बारे में कुछ-कुछ पता था। कभी-कभी किसी व्यक्ति की सनक मनोग्रस्ति, अर्थात् शौक में बदल जाती है।

एक बात और थी, सनकी महाशय किसी के बीच टाँग नहीं अड़ाता था। वह अपने बावले शौक के साथ ही अकेले खुश था। वह किसी दूसरे को हानि पहुँचाने की कोशिश नहीं कर रहा था और यह शायद पहली बार था कि वह किसी दूसरे की वस्तु को पाने के लिए ललचा रहा था, हालाँकि वो कोई मूल्यवान् वस्तु नहीं थी। सच कहूँ तो पिछली रात मैं उस निष्कर्ष पर पहुँचा कि सनकी महाशय के पास कोई अलौकिक शक्ति नहीं है। उसका संग्रह केवल उसकी अनोखी कल्पना पर आधारित था। लेकिन उससे उसे यदि खुशी एवं संतुष्टि प्राप्त होती है तो किसी को क्यों आपत्ति होनी चाहिए?

मैंने बर्चहिल पर चहलकदमी करते हुए करीब दो घंटे बिता दिए, लेकिन नसकर कहीं नजर नहीं आए। माल से लौटते हुए मुझे पुनः भीड़ के बीच से अपना रास्ता पकड़ना पड़ा। तथापि इस समय भीड़ में अनेक लोग किसी बात को लेकर उत्तेजित हो रहे थे। लोगों के झुंड इधर-उधर बिखरे हुए थे और गुस्से में भरे हुए किसी विषय पर चर्चा कर रहे थे। जैसे ही मैं कुछ अधिक निकट पहुँचा, मैंने 'पुलिस', 'जाँच पड़ताल' और 'हत्या' जैसे शब्द सुने। उस भीड़ में मुझे एक वृद्ध सज्जन दिखे और मैंने उनसे जानने का निश्चय किया कि आखिर हुआ क्या है? 'ओह, उन लोगों का कहना है कि एक संदिग्ध अपराधी कलकत्ता से भागकर यहाँ आ गया। पुलिस उसका पीछा करते हुए आई और अब उसे हर जगह खोज रही है, उस भद्र पुरुष ने मुझे बताया।

'क्या आप उसका नाम जानते हैं?'

'उसका असली नाम तो मुझे पता नहीं। मैं समझता हूँ, वह स्वयं को नसकर कहता है।'

मेरा दिल उछलकर मेरे मुँह में आ गया। केवल एक व्यक्ति था, जो मुझे अधिक जानकारी दे सकता था—डॉ. मौलिक।

संयोग ऐसा हुआ कि मुझे उनके घर नहीं जाना पड़ा। वह और खस्तगीर दोनों मुझे एक रिक्शा-स्टैंड के पास मिल गए।

'जरा सोचिए!' डॉ. मौलिक ने विस्मय से कहा 'कल ही तो वह मेरे घर आया था और चाय पीकर गया था। कुछ समय पहले वह पेट-दर्द की शिकायत लेकर मेरे पास आया था। उसने कहा था कि वह इस शहर में नया है, अतः मैंने उसका उपचार किया और सोचा कि कुछ दूसरे लोगों से उसका परिचय करा दूँगा। यह कल की बात है, खुदा की कसम। और अब यह!'

'क्या वह गिरफ्तार हो चुका है?' मैंने उत्सुकता से पूछा।

'नहीं, अभी तक नहीं। पुलिस उसकी तलाश कर रही है। वह अभी तक दार्जिलिंग में है। अतः वे देर-सबेर उसे खोज ही लेंगे। परेशानी की कोई बात नहीं।'

डॉ. मौलिक खस्तगीर के साथ चले गए। मेरी धड़कन की गति तेज हो गई। यह सिर्फ इतनी बात नहीं थी कि नसकर कहाँ छिपा हुआ था? उसने किसको मारा था? उसने किस तरह मारा था?

साढ़े तीन बजे मेरे होटल के मैनेजर मि. सौंधी ने मुझे खबर दी। पुलिस ने वो घर खोज लिया है, जहाँ नसकर ठहरा हुआ था। ठीक उस घर के पीछे एक गहरा गड्ढा था। नसकर का शव उस गड्ढे में पाया गया था। उसका सिर कुचला हुआ था। तरह-तरह की अटकलें लगाई जा रही हैं। कोई इसे आत्महत्या कह रहा था तो कोई इसे क्षणिक पागलपन बतला रहा था। कुछ लोगों का कहना था कि वह निकल भागने के चक्कर में गिरकर मर गया। स्पष्टतः उसका अपने व्यवसाय में साझेदार के साथ कुछ मतभेद था। नसकर ने उसकी हत्या कर दी थी, उसकी देह को छिपा दिया था और भागकर दार्जिलिंग चला आया था। पुलिस ने कलकत्ता में अंततः उसके शव को ढूँढ़ निकाला और नसकर की तलाश शुरू कर दी।

अब मुझे सनकी महाशय से मिलना ही था, हर हालत में मिलना था। मैं उसके शब्दों को खारिज नहीं कर सकता था।

स्विट्जरलैंड और वाल्टेयर में घटी घटनाएँ भले ही मनगढ़ंत रही हों, दार्जिलिंग में बौउले की मौत के बारे में हो सकता है, उसने सुन लिया हो; लेकिन उसने यह कैसे जाना कि नसकर एक हत्यारा था?

पाँच बजे के लगभग भारी बरसात एक बूँदाबाँदी में बदल गई। मैं अपने होटल से निकलकर दोबारा सनकी महाशय के घर की ओर चल पड़ा। इस बार दरवाजा तत्काल खुल गया। सनकी महाशय मुझसे मुसकराकर मिला और उसने यह भी कहा, 'अंदर आओ, मेरे दोस्त, अंदर आओ मैं अभी आपके बारे में ही सोच रहा था।'

मैंने अंदर कदम रखा। अंदर लगभग अँधेरा था। मेज पर एक इकलौती मोमबत्ती झिलमिल कर रही थी।

'बिजली नहीं है।' सनकी महाशय ने एक फीकी मुसकान के साथ बतलाया। 'उन्होंने बिजली सप्लाई अभी दोबारा जोड़ी नहीं है।' मैंने बेंत की एक कुरसी खींची और उस पर ठीक से बैठने के बाद कहा, 'क्या आपने सुना है?'

'टस्कर के संबंध में? मुझे कुछ भी सुनने की आवश्यकता नहीं है। मुझे पहले से सारा किस्सा मालूम है। फिर भी मैं उसके प्रति आभारी हूँ।'

'आभारी?' मुझे बहुत हैरानी हुई।

'उसने मेरे खजाने में रखने के लिए सबसे महत्त्वपूर्ण वस्तु दी है।'

'आपको दी है?' मेरा गला अचानक सूख गया।

'वह यहाँ है, उस मेज पर। देख लो!'

मैंने दोबारा मेज पर दृष्टि डाली। मोमबत्ती के आगे नोटबुक थी और उसके एक खुले पन्ने पर श्रीमान नसकर की अँगूठी रखी थी।

'मैं सारा ब्योरा दर्ज कर रहा था। मद सं. 173,' सनकी महाशय ने कहा।

एक सवाल मुझे परेशान कर रहा था। 'क्या मतलब है आपका? उसने यह अँगूठी आपको दी? उसने कब ऐसा किया?'

'खैर, स्वाभाविक है, उसने स्वेच्छा से यह अँगूठी मुझे नहीं सौंपी। मुझे बल-प्रयोग करना पड़ा।' सनकी महाशय ने आह भरी।

उसकी यह बात सुनकर मैं पूरी तरह स्तब्ध एवं अवाक् रह गया। खामोशी के उस दौर में सिर्फ घड़ी की टिक-टिक सुनाई दे रही थी।

'मुझे आपके आने की खुशी है। मैं आपको कुछ देना चाहता हूँ। इसे आप अपने पास रखें।'

सनकी उठा और एक अँधेरे कोने में खो गया। मैंने एक हलकी खड़खड़ाहट सुनी और फिर उसकी आवाज—'यह वस्तु निश्चित रूप से मेरे संग्रह में रखने योग्य है, किंतु मैं अपने ऊपर इसका प्रभाव सहन नहीं कर सकता। मेरा तापमान ऊँचा चढ़ने लगता है और एक अत्यंत अप्रिय दृश्य मेरी आँखों के सामने उभर आता है।'

वह अँधेरे से निकला और एक बार फिर मोमबत्ती के निकट खड़ा हो गया। उसका सीधा हाथ मेरी ओर बढ़ा हुआ था। उसकी उँगलियाँ पुरानी, जानी-पहचानी, भारी छड़ी के चारों ओर कसकर लिपटी हुई थीं।

मोमबत्ती की मंद रोशनी में भी मैं बता सकता था कि उस छड़ी की मूठ पर पड़े लाल धब्बे कुछ और नहीं, बल्कि सूखे हुए खून द्वारा छोड़े गए निशान थे।

□

पीकू की डायरी

मैं अपनी डायरी लिख रहा हूँ। मैं अपनी नई ब्लू नोटबुक में लिख रहा हूँ। अपने पलंग पर बैठकर। दादू भी डायरी लिखते हैं; लेकिन अब नहीं, क्योंकि वह बीमार हैं, इसलिए अभी नहीं। मैं उनकी बीमारी का नाम जानता हूँ और वो नाम है 'कॉरोनानी थॅम्बोसी'। बाबा डायरी नहीं लिखते हैं। माँ या दादा भी नहीं। केवल मैं और दादू। मेरी नोटबुक दादू की नोटबुक से बड़ी है। ओनुकूल लेकर आया यह नोटबुक उसने बताया। इसकी कीमत एक रुपया है और माँ ने उसे कीमत चुका दी। मैं प्रत्येक दिन डायरी में लिखूँगा। हाँ, जब स्कूल नहीं होगा।

आज स्कूल नहीं है, लेकिन यह रविवार नहीं है। सिर्फ हड़ताल के कारण स्कूल नहीं खुला। हमारे यहाँ स्ट्राइक (हड़ताल) आए दिन होती रहती है और स्कूल नहीं लगता तो मजा आता है। अच्छी बात कि इस डायरी में लाइनों के बिना सीधा लिख सकते हैं और निस्संदेह बाबा भी; लेकिन बाबा के लिए आज छुट्टी नहीं है। दादी या माँ ऑफिस नहीं जाती है, सिर्फ घर में काम करती है। अभी माँ बाहर है हितेष काकू के साथ। उसने कहा कि वह न्यू मार्केट से मुझे कुछ दिलाएगी। इन दिनों वह मुझे बहुत चीजें लाकर देती है। एक पेंसिल शॉपनर, एक रिस्ट वॉच लेकिन यह केवल तीन बजे का समय दिखाती है और एक हॉकी स्टिक तथा एक बॉल। ओह, और एक किताब। यह किताब है—'ग्रिम्स फेयरी टेल्स'। इसमें बहुत सारी तसवीरें हैं। भगवान् जाने, आज वह मेरे लिए क्या लाएगी; एयरगन हो सकती है, चलो देखते हैं।

धींगड़ा ने एयरगन से एक मैना मारी। अत: मैं उस गौरैया पर निशाना लगाऊँगा। वह रोज आती है और रेलिंग पर बैठ जाती है। मैं निशाना लगाऊँगा और घोड़ा दबा दूँगा—बैंग-बैंग, वो जरूर मर जाएगी। पिछली रात एक बम फट

गया। बड़ा धमाका हुआ। बाबा ने कहा बम है। माँ बोली, नहीं-नहीं, पुलिस की बंदूक हो सकती है। बाबा ने कहा, बम ही है; इन दिनों मैं अपनी खिड़की से अकसर धमाके सुनता हूँ। हे, यह कार हॉर्न की आवाज है। मैं जानता हूँ, यह हितेष काकू की स्टैंडर्ड हेराल्ड है। इसका मतलब, माँ वापस आ गई है।

कल माँ ने मुझे एयरगन दी, लेकिन हितेष काकू ने कहा, 'पीकू बाबू, यह मैं लाया हूँ, तुम्हारी मम्मी नहीं।' हितेष काकू ने अपनी रिस्ट वॉच के लिए एक फीता खरीदा। मैंने कहा, 'इसका नाम रिसॉट है।' लेकिन हितेष काकू बोले, 'ओह नहीं, इसे टिसॉ कहते हैं क्योंकि अंतिम अक्षर 'टी' बोला नहीं जाता है।' मेरी एयरगन बहुत अच्छी है और एक बड़े डिब्बे में गोलियाँ हैं, बहुत सारी गोलियाँ। सौ से भी ज्यादा। हितोष काकू ने मुझे फायर करना (यानी गोली दागना) सिखाया, सो मैंने आसमान में फायर किया और ओनुकूल डर गया। गौरैया कल कभी नहीं आई और आज भी नहीं। गौरैया बहुत शैतान है लेकिन कल उसे अवश्य आना चाहिए, मैं तैयार रहूँगा।

बाबा ने ऑफिस से आने के बाद मेरी एयरगन देखी। उन्होंने माँ से कहा, 'तुमने इसे एयरगन क्यों लाकर दी।' माँ ने कहा, 'तो क्या हुआ।' बाबा बोले, 'हम वैसे ही सारे समय धमाके सुनते रहते हैं, घर में कोई बंदूक लाने की क्या जरूरत थी।' माँ ने कहा, 'कोई फर्क नहीं पड़ता।' लेकिन बाबा ने कहा, 'तुम्हारे अंदर कोई अकल नहीं है।' इस पर माँ ने जवाब दिया, 'इतना चिल्ला क्यों रहे हो, अभी-अभी तो तुम ऑफिस से वापस आए हो।' बाबा ने अंग्रेजी में कुछ कहा, और माँ ने भी जल्दी से अंग्रेजी में कुछ कहा, ठीक वैसे ही जैसे सिनेमा में लोग बोलते हैं। मैंने जैसी लूइस और क्लिंट ईस्टवुड देखी और एक हिंदी सिनेमा लेकिन इसमें कोई लड़ाई नहीं थी। मैंने इसे मीलू दीदी के साथ देखा; ओह नहीं! मेरे पेन में स्याही खतम हो रही है।

मैं बाबा की हरी स्याही, जिसे क्विंक कहते हैं, एक ड्रॉपर से अपने फाउंटेन पेन में भर लेता हूँ। यह ड्रॉपर माँ का है। माँ को जब जुकाम होता है तब वह इसका प्रयोग करती है नाक में बूँदें टपकाने के लिए। आज मैं अपनी डायरी बाबा के डेस्क पर लिख रहा हूँ। अभी-अभी फोन की घंटी बजी, तो मैं उठकर गया और फोन उठा कर मैंने जैसे ही हेलो कहा, पता है उधर से कौन बोला। बाबा थे। उन्होंने कहा, 'पीकू, तुम हो।' मैंने कहा, 'हाँ,' और फिर बाबा ने पूछा, 'माँ नहीं है क्या,' मैंने कहा कि नहीं है। बाबा ने पूछा कि माँ कहाँ है, मैंने जवाब

दिया कि वह हितेष काकू के साथ बाहर गई है। बाबा ने 'ओह समझा' कहकर फोन नीचे रख दिया और मैंने 'क्लिक' की आवाज सुनी। फिर मैंने एक साथ चार डायल किए। उन्होंने मुझे समय बता दिया। कभी-कभी मैं समय जानने के लिए ऐसा करता हूँ, लेकिन वे क्या बोलते हैं, मैं समझ नहीं सकता। आज वह गौरैया आई। मैं अपनी एयरगन के साथ खिड़की में तैयार था, सो मैंने गोली चला दी। गोली दीवार पर लगी और मैंने धींगड़ा की दीवार में एक छेद देखा। गौरैया बहुत डर गई और उड़कर दूर चली गई। कल दादा का निशाना बहुत अच्छा था। दादा ने हमारी छत पर टंकी के ऊपर मिट्टी की एक बहुत छौआी हाँडी रख दी और दूर से निशाना लगाया, हाँडी के टुकड़े-टुकड़े हो गए। कुछ टुकड़े सड़क पर जा गिरे; मैंने कहा, हे भगवान्, यदि किसी को चोट लग गई तो हम मुसीबत में पड़ जाएँगे। दादा बहुत बड़े हैं, बारह वर्ष बड़े हैं, इसीलिए उनका निशाना इतना अच्छा है। वह कॉलेज जाते हैं और मैं स्कूल जाता हूँ। दादा रोज बाहर जाते हैं, लेकिन मैं घर पर ही रहता हूँ, मैं सिर्फ कभी-कभी सिनेमा जाता हूँ और मैंने एक थिएटर देखा। दादा पिछली रात बड़ी देर से वापस आए, अत: बाबा ने दादा को डाँट लगाई और दादा इतनी जोर से चीखे कि मैं जाग गया, इस कारण मैं अपना प्यारा सपना पूरा नहीं देख पाया। मैं एक घोड़े पर सवार था और इतनी तेजी से जा रहा था कि धींगड़ा मुझे पकड़ नहीं सका। फिर हितेष काकू ने मुझे एक नई गन दी, यह एक रिवॉल्वर थी, जिसका नाम उन्होंने फिस्सो बताया और कहा कि दादू क्लिंद ईस्टवुड की तरह एक घुड़सवार है। फिर वह बोले कि चलो विक्टोरिया मेमोरियल चलते हैं; बस तभी मेरी आँख खुल गई और सपना टूट गया। अब मैं बाथरूम जाऊँगा।

कल हमारे घर एक पार्टी थी। नहीं, यह मेरे जन्मदिन की पार्टी या उस तरह की कोई पार्टी नहीं थी; बस एक पार्टी थी। पार्टी में केवल वृद्ध लोग थे, इसलिए मैं उधर नहीं गया, बस थोड़ा देख लिया। केवल बाबा के दोस्त थे और माँ के दोस्त थे, लेकिन दादा का एक भी दोस्त नहीं था। दादा घर में नहीं हैं। वह परसों या उससे भी एक दिन पहले बाहर चले गए; लेकिन कहाँ गए हैं, मुझे नहीं पता। दादा राजनीति (पॉलिटिक्स) करते हैं। बाबा ने कहा कि पॉलिटिक्स बकवास है और माँ भी यही कहती है। माँ ने कहा कि जहाँ पार्टी चल रही है, उधर मत जाना। इसलिए मैं नहीं गया। लेकिन मैंने तीन कबाब खाए और एक कोकाकोला लिया। पार्टी में एक साहिब था वह जोर-जोर से हो-हो-हा-हा करके हँस रहा

था और एक मेम भी थी। और मिस्टर मेनन और श्रीमती मेनन मौजूद थे; एक सरदार भी था, उसने पगड़ी पहनी हुई थी इसलिए मैं पहचान सका। सब लोग हँस रहे थे और मैं अपने कमरे से सुन सकता था। फिर माँ अंदर आई और बाथरूम में घुस गई। उसने अपना चेहरा शीशे में निहारा। एक और लेडी अंदर आई और वह भी बाथरूम में चली गई। उसने खुशबू लगाई हुई थी, एक नई खुशबू। वैसी सुगंध माँ के पास नहीं है। फिर माँ दुबारा अंदर आई और कहने लगी, 'क्यों बच्चे, तुम क्यों अभी तक जाग रहे हो, सो जाओ।' तो मैंने कहा कि 'मुझे अकेले डर लग रहा था।' माँ ने कहा, 'मूर्ख मत बनो; ग्यारह बज रहे हैं। बस अपनी आँखें बंद करो और तुम्हें नींद आ जाएगी।' मैंने पूछा दादा कहाँ हैं। माँ ने कहा, 'बहुत हुआ, अब चुपचाप सो जाओ।' फिर माँ चली गई। लेकिन बाबा मेरे कमरे में नहीं आए। अब बाबा और माँ लड़ रहे थे; अंग्रेजी ज्यादा बोलते हैं, बँगला सिर्फ कभी-कभार बोलते हैं। लेकिन पार्टी में नहीं, वे पार्टी में नहीं लड़ते, इसलिए पार्टी अच्छी है। कोई लड़ाई-झगड़ा नहीं, सिर्फ पीना-खाना। एक दिन कोई बीमार था। माँ ने कहा, उसे अपनी तबीयत कुछ ठीक नहीं लग रही है, लेकिन ओनुकूल का कहना था कि वह शराब पी रहा था, इसी कारण। हमारे फ्रिज में बोतलें हैं; वे जब खाली हो जाती हैं माँ उनमें पानी भर देती है। उनमें से जब गंध आती है, माँ सुखदेव को डाँटती है, तुम बोतलों को ठीक से धोते क्यों नहीं। सुखदेव कहता है—नो मेमसाब। वह माँ को 'मेमसाब' क्यों कहता है। माँ क्या मेम है या कोई साब है माँ। नहीं, कितनी अजीब बात है यह। फिर मैं सो गया। कोई नहीं जानता, नींद कैसे आती है। दादू कहते हैं, अगर कोई मर जाता है तो वह लंबी नींद में चला जाता है और फिर वह जो चाहे सपना देख सकता है। हर समय सिर्फ सपना-ही-सपना।

मैं अपनी डायरी ऐसी जगह छिपाता है, जो किसी को नहीं पता। यह हमारा पुराना ग्रामोफोन है, अब इसे कोई नहीं बजाता है, क्योंकि नया बिजली से चलता है इसमें बड़ा रिकॉर्ड लगता है जो कई बार रो-रोकर चलता है और उबा देता है, इसलिए कोई इसे छूता भी नहीं, इसी कारण मैं अपनी डायरी इसमें छिपाकर रखता हूँ किसी को पता भी नहीं चलता कि मैं डायरी लिखता हूँ। मैं बहुत ज्यादा लिखता हूँ, मेरी उँगली दर्द करने लगती है। माँ जब मेरे नाखून काट रही थी, मेरे मुँह से 'ऊह' निकला। तो माँ ने कहा, 'इसमें दर्द क्यों है?' मैंने कह दिया, नहीं, नहीं, ऐसा कुछ नहीं है, वरना माँ जान जाएगी कि मैं डायरी लिखता हूँ। दादू ने

कहा, अपनी डायरी किसी को मत दिखाना। तुम लिखोगे और तुम ही पढ़ोगे, कोई दूसरा नहीं। मेरे पास 22 गोलियाँ बची हैं, मैंने गिनती की; लेकिन वह गौरैया बहुत शैतान है, दुबारा कभी आई नहीं। मैं छत पर जाता हूँ और टंकी पर गोली चलाता हूँ, टंग-टंग की जोरदार आवाज होती है और फिर छोटे गोल-गोल निशान बन जाते हैं तो मैं सोचता हूँ अब मैं कबूतरों को मारूँगा। कबूतर सिर्फ बैठे रहते हैं, भाड़ा लेते भी हैं लेकिन वे उतना ज्यादा उड़ते नहीं हैं। दादा को गए हुए पाँच दिन हो गए, उनका कमरा खाली है। वहाँ सिर्फ एक कमीज है, सफेद कमीज रैक पर और एक ब्लू पैंट है। उनकी कुछ किताबें हैं और कुछ दूसरी चीजें।

कल मैं बुलबुले उड़ा रहा था, फिर मैंने एक हॉर्न सुना और मैं समझ गया कि यह हितेष काकू हैं। माँ ने कहा, 'बच्चे तुम जाकर धींगड़ा के साथ क्यों नहीं खेलते, उसकी छुट्टी है आज।' मैंने कहा, 'धींगड़ा मेरे बाल खींचता है मुझे दर्द होता है, मैं नहीं जाऊँगा।' तब माँ ने कहा, तो ठीक है, तुम अपनी बंदूक लेकर छत पर चले जाओ, मैंने कहा कि 'मैं कबूतरों को मारूँगा।' माँ बोली, 'नहीं, ऐसा मत करना, सिर्फ हवा में फायर करना।' मैंने कहा, 'यह तो ठीक नहीं है मैं हवा में निशाना कैसे लगा सकता हूँ।' माँ ने कहा, 'तो फिर अनुकूल के पास चले जाओ' मैंने कहा, 'ओनुकूल सिर्फ ताश खेलता है, और दरबान तथा सुखदेव और एक और आदमी, वे सब मिलकर सारा दिन ताश ही खेलते हैं, इसलिए मैं कहीं नहीं जाऊँगा।' तब माँ ने मुझे जोरदार थप्पड़ मारा और मेरा सिर मेरे पलंग की पाटी से जा टकराया। मेरी चीख निकल गई, मैं रोया, लेकिन अधिक नहीं। माँ चली गई तो मुझे थोड़ा और रोना आया; फिर मैं सोचने लगा कि अब मैं क्या करूँ। मेरे मन में आया कि फ्रिज में देख लूँ, क्या-क्या पड़ा है उसमें। फ्रिज में एक क्रीमरोल था और दो गुलाब जामुन थे। मैंने उन्हें खा लिया और फिर सीधा बोतल से पानी पी लिया। नहीं, मैंने किसी गिलास में डालकर नहीं लिया। फिर मेरी निगाह एक 'इलेस्ट्रेटेड वीकली' पर पड़ी, यह पत्रिका बाबा के डेस्क पर थी, लेकिन उसमें कोई अच्छी तसवीर नहीं थी, बस एक डोनाल्ड डक की तसवीर थी। फिर मैं दौड़कर बरामदे की ओर चला गया, वहाँ मैंने एक छोटे स्टूल पर चढ़ कर ऊँची कूद लगाई जो मुझे बहुत आसान लगा। लेकिन जब मैंने एक बड़े स्टूल से छलाँग मारी तो मैं गिर गया और मेरे एक जगह चोट लग गई। थोड़ा-सा खून निकला, लेकिन बाथरूम में डेटॉल था, डेटॉल चुभता नहीं है। टिंचराइडीन से जलन होती है, अतः मैंने डेटॉल लगा लिया। फिर मैं बाहर निकल गया,

क्योंकि एक जेट विमान बड़ा शोर करता हुआ जा रहा था। मैंने देखा था जब बाबा एक जेट में गए थे, मैं दमदम गया था, वह लंदन से एक इलेक्ट्रिक शेवर लाए थे जो उनके लिए था। मेरे लिए जूते और एक बहुत बड़ा अंतरिक्ष-यात्री लेकर आए थे, लेकिन रोनी दा ने उसे खराब कर दिया। अब मैं समझता हूँ, मुझे चलना चाहिए और गणित के कुछ सवाल हल करने चाहिए।

मैं अपनी डायरी आज दोबारा लिख रहा हूँ। मेरी सभी गोलियाँ खत्म हो गई हैं; एक भी गोली कबूतर को क्यों नहीं लगी? वो बंदूक जरूर बेकार है। मैं इसे फेंक दूँगा। मैंने दादा की दराज में माचिस की एक डिब्बी देखी। इसका मतलब है कि दादा सिगरेट पीते हैं, वरना उन्हें माचिस रखने की क्या जरूरत है। लेकिन दादा वापस नहीं आए। भगवान् जाने, वह कहाँ हैं या शायद भगवान् को भी पता नहीं। अगर माँ भी चली गई तो मुश्किल होगी क्योंकि पिछली रात माँ ने बाबा से कहा कि वह चली जाएगी। दोपहर को मैं बरामदे में सोने गया था। लेकिन सो नहीं सका, मैं जाग रहा था; मैंने अपनी आँखें कसकर बंद की हुई थीं, ताकि उनको लगे कि पीकू सो रहा है; वे जोर-जोर से बातें कर रहे थे। अब घर में कोई नहीं है, बस मैं हूँ और दादू हैं; ओनुकूल कहाँ है, वह जरूर ताश खेल रहा होगा; अतः घर में केवल दादू हैं और मैं हूँ। दादू नीचे रहते हैं, क्योंकि डॉक्टर बनर्जी ने कहा है कि कॅरोनानी थम्बॅसी के कारण दादू सीढ़ियाँ नहीं चढ़ सकते। इसलिए दादू के पास एक घंटी रहती है। घंटी जब टिंग-टिंग-टिंग करती है, हम सब सुन सकते हैं। आज मैंने घंटे की आवाज एक बार फिर सुनी उस समय मैं खिड़की के बाहर बहुत दूर तक थूक फैंकने का अभ्यास कर रहा था। मैं समझ गया, यह दादू हैं, लेकिन मैंने दुबारा चार बार थूकने का प्रयास किया; एक थूक बाहर की दीवार के ऊपर तक चला गया। फिर मैंने सोचा, अब मुझे चलकर देखना चाहिए, दादा क्या माँग रहे हैं। मैं दौड़ा-दौड़ा नीचे गया। लकड़ी की सीढ़ियाँ बहुत आवाज करती हैं। लेकिन दादू लेटे हुए थे, बोल नहीं रहे थे, लेकिन वह सो भी नहीं रहे थे। तो मैंने पूछा, 'क्या बात है, दादू?' लेकिन दादू ने कुछ नहीं कहा। वह केवल पंखे को घूर रहे थे। एक यही उषा पंखा है, बाकी सबके पंखे जीईसी के हैं। फिर मैंने फोन की बजने की आवाज सुनी; मैं दौड़कर गया, तब तक घंटी कई बार बज चुकी थी। मैंने हेलो कहा, तो उधर से कोई पूछ रहा था कि मिस्टर शर्मा हैं क्या घर पर। मैंने कहा, यहाँ कोई शर्मा नहीं है, रॉन्ग नंबर और मैंने फोन नीचे रख दिया। क्लिक की आवाज हुई। मैं बुरी तरह हाँफ रहा था और मेरी साँस फूल रही थी। मैं इतनी तेजी

से दौड़ा था कि मैं अपनी टाँगें ऊपर करके सोफे पर पसर गया, क्योंकि माँ मुझे डाँटेगी लेकिन अभी वह यहाँ नहीं है। मैंने तभी देखा कि मेरे पैर गंदे हैं, पर कोई बात नहीं, माँ यहाँ नहीं है। मैं अब अपने पलंग पर बैठा हुआ अपनी यह डायरी फिर से लिख रहा हूँ, लेकिन अब डायरी में कोई पन्ना नहीं बचा है और इस समय घर में दादू तथा मेरे सिवा कोई नहीं है। हाँ, एक मक्खी है, जो बार-बार आ जाती है। एक बड़ी बेवकूफ मक्खी, क्यों परेशान करती है, और अब यह पन्ना समाप्त हुआ। नोटबुक पूरी हुई। इति।

□□□